विस्मृति के बाद

भारतीय साहित्यालोचना में परम्परा और प्रगति

विस्मृति के बाद

भारतीय साहित्यालोचना में परम्परा और प्रगति

गणेश देवी

अनुवाद
अवधेश त्रिपाठी

वाणी प्रकाशन

वाणी प्रकाशन
4695, 21-ए, दरियागंज, नयी दिल्ली 110 002

शाखा

अशोक राजपथ, पटना 800 004

फ़ोन : +91 11 23273167 फ़ैक्स : +91 11 23275710

www.vaniprakashan.in
vaniprakashan@gmail.com
editorial@vaniprakashan.in
sales@vaniprakashan.in

VISMRITI KE BAAD
by Ganesh Devy
Translated by Awadhesh Tripathi

ISBN : 978-93-5072-756-0
Criticism

प्रथम संस्करण 2015
मूल्य : ₹ 295

मल्टीकलर सर्विसेज, दिल्ली-110 020 में मुद्रित

वाणी प्रकाशन का लोगो मक़बूल फ़िदा हुसेन की कूची से

परिचय

यह निबन्ध समसामयिक भारत में साहित्यालोचना के बारे में है। आज भारतीय आलोचना के संकट के बारे में आम सहमति है, यह निबन्ध उसे ऐतिहासिक सन्दर्भों में व्याख्यायित करने की कोशिश है। इसका मकसद मौजूदा फैशनवाले सैद्धान्तिक दृष्टिकोणों का विश्लेषण करना नहीं है। मेरा मानना है कि समसामयिक भारतीय साहित्य के सन्दर्भ में नये और अर्थपूर्ण सैद्धान्तिक प्रकृति के प्रश्नों को सूत्रबद्ध करना तब तक सम्भव नहीं होगा, जब तक कि इस क्षेत्र के ऐतिहासिक मानक तय न कर लिये जायें। साहित्य और साहित्यालोचना के बारे में आत्मसजग दृष्टिकोण, देशी परम्पराओं की बेहतर समझदारी और उनके आधुनिक परिवर्तनों के बारे में सही अन्तर्दृष्टि होना साहित्यालोचना के काम और व्यवहार के बारे में संगत और उपयोगी बहस की शुरुआत करने की पूर्वशर्त है। यह दृष्टिकोण भारतीय आलोचकों को सैद्धान्तिक सूत्र प्रस्तावित करने में मददगार होगा।

अभी ऐसा माना जाता है कि परम्परागत आलोचना को आधुनिक पाश्चात्य आलोचना ने पूरी तरह विस्थापित कर दिया और इसे भारतीय साहित्य और सौन्दर्यबोध की नयी धारा के रूप में मान्यता प्राप्त है। लेकिन क्या पूर्ववर्ती धारा ने अपने पीछे कोई ऐसा तन्तु नहीं छोड़ा जिसने नयी धारा में कुछ बदलाव किये हों? इसके अलावा क्या केवल एक मुख्यधारा थी या फिर वह अनेक सह-धाराओं से मिलकर बनी थी जो आज ओझल हो गयी हैं? क्या स्थानीय का अपर-देशीय द्वारा विस्थापन सामान्य और एकीकृत परिघटना थी? ऐसे सवाल सन्तोषजनक उत्तर की प्रतीक्षा में हैं। लेकिन भारतीय आलोचना के संकट की वास्तविक प्रकृति को समझने के लिए एक इससे भी महत्वपूर्ण सवाल पर विचार करने की जरूरत है। इस सवाल का सम्बन्ध न तो काव्यशास्त्र की संस्कृत परम्परा से है और न ही पाश्चात्य साहित्य विचार से। इसका सम्बन्ध आधुनिक भारतीय भाषाओं से है या यदि परम्परागत भारतीय शब्द इस्तेमाल करें तो भाषाओं से है।

हर भाषा की एक परिपक्व साहित्यिक परम्परा है, जिसे परिपक्व परम्परा के बतौर व्याख्यायित किया जा सकता है। कुछ भाषाओं जैसे कन्नड़ या तमिल का

हजार साल से ज्यादा का साहित्यिक इतिहास है, कुछ दूसरी भाषाओं जैसे मराठी या गुजराती का सात-आठ सौ सालों का साहित्यिक इतिहास है। भाषाएँ संस्कृत काव्यशास्त्र से तेजी से दूर जा रही थीं और पाश्चात्य सौन्दर्यशास्त्र से भी उनका परिचय कई शताब्दियों पुराना नहीं है। यह परिचय अंग्रेज़ी औपनिवेशिक अनुभव के परिणामस्वरूप हुआ। मराठी साहित्य की गौरवशाली शुरुआत तेरहवीं शताब्दी से मानी जाती है, जबकि मराठी साहित्यालोचना की शुरुआत उन्नीसवीं शताब्दी के मध्य में दादोबा पांडुरंग (1865), परशुराम तन्त्या गोडबोले (1867) और महादेव मोरेश्वर कुंटे (1869)[1] गोवर्द्धनराम (1855-1907) की 'भूमिकाओं' से मानी जाती है। इसी तरह गुजराती में साहित्य परम्परा की शुरुआत हेमचन्द्र (1088-1173) के कोशों और कविताओं से मानी जाती है, उन्होंने संस्कृत में उत्कृष्ट आलोचना भी लिखी लेकिन आलोचनात्मक परम्परा की शुरुआत नवलराम (1836-88) और गोवर्द्धनराम (1855-1907)[2] से मानी जाती है। यह बात समझ से बाहर लगती है कि भाषाएँ पाँच सौ से अधिक सालों से महान साहित्य तो पैदा कर रही थीं, लेकिन अपरिष्कृत किस्म की भी साहित्यालोचना विकसित नहीं कर सकीं। या फिर क्या भारतीय साहित्येतिहास उस विकास के प्रति असंवेदनशील रहा है?[3]

यदि एक अधिक विश्वसनीय साहित्येतिहास की अभिधारणा करनी है तो भाषा परम्पराओं का ठीक-ठीक विवरण प्रस्तुत करना होगा। इस बात की परीक्षा आवश्यक होगी कि आलोचनात्मक संवेदना से अलग आलोचनात्मक अभिव्यक्ति के परिमाण को बढ़ाने में प्रिंटिंग तकनीक ने क्या भूमिका निभायी। इसी तरह भारतीय 'परम्परा' में पाश्चात्य 'आधुनिकता' के समावेशीकरण—एक ऐसी प्रक्रिया जो हर अपर-देशीय बौद्धिक उपकरण आत्मसात करने के पहले उसे रस्म का दर्जा दे देती है—की प्रक्रिया की भी सावधानीपूर्वक परीक्षा की जरूरत होगी। स्वाभाविक तौर पर स्वीकृत ऐतिहासिक दृष्टिकोण, यदि वह पर्याप्त यथार्थपरक है तो भारतीय साहित्यालोचना के बारे में अधिक उपयोगी विवरण प्रस्तुत करने और उसे पाश्चात्य आलोचना व संस्कृत काव्यशास्त्र की जड़ छवियों से मुक्त करने में मददगार होगा।

साहित्यालोचना या किसी अन्य साहित्यिक गतिविधि के बारे में बात करने से 'इंडिया' और 'पश्चिम' जैसे पदों का इस्तेमाल होता है। पद 'इंडिया' किसी एटलस के पृष्ठ पर हो सकता है कि ठीक हो, लेकिन सांस्कृतिक स्तर पर यह अत्यन्त अपर्याप्त और सरलीकृत है। यह पद औपनिवेशिक इतिहास लेखन की पैदावार है, जो हमारी राजनीतिक रूप से रंजित आत्म-छवि प्रस्तुत करता है और सांस्कृतिक विस्मृति का भी संकेतन करता है। यह भी कहा जा सकता है कि उपनिवेशवाद ने इसी तरह से भारत में पश्चिम की उतनी ही गलत छवि प्रस्तुत की; एक ऐसी छवि जो अतिशयोक्तिपूर्ण है, स्थिर और अजेय है। इसीलिए पश्चिम के बारे में भारत के

विचार आदर्शीकरण और ऐच्छिक विखंडन से भरपूर हैं।[4] इस विरूपक औपनिवेशिक ज्ञानमीमांसा ने सांस्कृतिक मूल्यों का भ्रामक ढाँचा खड़ा किया जो ज्ञान को श्रेष्ठ (पश्चिमी) और तुच्छ (भारतीय) के रूप में स्तरीकृत करता है।

इस निबन्ध में यह स्थापित करने की कोशिश की गयी है कि ये गलत छवियाँ गम्भीर रूप से गलत साहित्यालोचना की पद्धति को जन्म दे सकती हैं। इस निबन्ध में प्रयुक्त पद 'भारत' इस उपमहाद्वीप की सांस्कृतिक एकता या अखंडता की कोई पूर्वधारणा नहीं रखता। निश्चित रूप से यह ज्यादा उपयोगी होगा कि किसी कल्पित सांस्कृतिक इकाई और उसकी एकता के बारे में बात करने की जगह खास भाषा परम्पराओं और भाषाई क्षेत्रों के बारे में बात की जाये। 'आधुनिक भारतीय भाषाओं में साहित्य' जैसे लम्बे पद की जगह मैंने परम्परागत पद 'भाषा' का इस्तेमाल किया है। इस तरह भाषा साहित्य या भाषा आलोचना जैसे पद इस्तेमाल किये गये हैं, लेकिन ये बहुत से अलग-अलग साहित्यों के एक समूह का संकेतभर करते हैं। इसे 'योरपीय साहित्य' या 'कॉमनवेल्थ साहित्य' जैसी कोटियों के अनुरूप ही समझना चाहिए।

भारत में समकालीन साहित्यालोचना में संकट के कारणों पर विचार करते हुए यहाँ इसे सांस्कृतिक स्मृति में एक चूक के रूप में व्याख्यायित किया गया है। मैंने अनेक भाषाओं से उदाहरण लिये हैं, लेकिन मुख्यतः मराठी और गुजराती पर और कभी-कभार भारतीय अंग्रेज़ी आलोचना पर निर्भर होना पड़ा है, क्योंकि मैं ये भाषाएँ जानता हूँ। भाषा साहित्य के कई आलोचकों ने अंग्रेज़ी में भी आलोचना लिखी है। आलोचना और साहित्यिक लेखन में दो भाषाओं का ज्ञान भारतीय संस्कृति की परम्परा में रहा आया है। इसे सतही भाषाई चुनाव की जगह उन लोगों की सांस्कृतिक रणनीति के बतौर समझना चाहिए जो 'मार्ग' और 'देशी' यानी बड़ी परम्परा और लघु परम्पराओं के द्वन्द्व के बीच पले-बढ़े हैं। खैर, इस निबन्ध का मुख्य विषय भाषा आलोचना है।

मैंने यथासम्भव यह कोशिश की है कि पाश्चात्य बौद्धिक निदर्शनों का न्यूनतम इस्तेमाल हो और ज्यादा से ज्यादा आधुनिक भारतीय बौद्धिक विमर्श से बिना किसी आडम्बर के मदद ली जाये। यह विमर्श एम.एन. श्रीनिवास (समाजशास्त्र), रोमिला थापर और रंजीत गुहा (इतिहास), अनिल सील और पार्थ चटर्जी (राजनीतिशास्त्र), सुधीर कक्कड़ (मनोविज्ञान), आशीष नन्दी (सांस्कृतिक इतिहास और मनोविज्ञान), मीनाक्षी मुखर्जी और भालचन्द्र नेमाड़े (साहित्यालोचना) जैसे बौद्धिकों के सम्मिलित प्रयासों से उभर रहा है। यद्यपि यह विमर्श धीरे-धीरे विकसित हो रहा है, लेकिन इसमें अनेक कमियाँ हैं, जो इस पर आधारित तर्कों को निस्सन्देह भोथरा बनाती हैं। फिर भी अत्यन्त परिष्कृत किन्तु यूरोकेन्द्रित पाश्चात्य सिद्धान्तों पर निर्भर होने की

जगह मुझे इस निबन्ध में इन विमर्शों पर निर्भर करना कहीं बेहतर सांस्कृतिक और आलोचनात्मक नीति लगी है। यह निबन्ध आलोचना को अमूर्त सैद्धान्तिक संरचना समझने की जगह सांस्कृतिक उपतन्त्र के रूप में देखता है।

पश्चिम की नकल करने की भारतीय प्रवृत्ति की आलोचना करने का कोई बहुत मतलब नहीं है। श्री अरविन्द, एम.एन. रॉय और महात्मा गाँधी जैसे बीसवीं शताब्दी के सबसे मौलिक चिन्तकों के विचार भी पाश्चात्य प्रभावों से नहीं बचे रह सके थे। सांस्कृतिक रूप और बौद्धिक व्यवस्थाएँ लगातार बदलती रहती हैं और कोई भी उत्तर-औपनिवेशिक देश औपनिवेशिक काल से अप्रभावित बाहर निकल आने का दावा नहीं कर सकता। औपनिवेशिक अतीत से यों ही छुटकारा नहीं मिल सकता।

औपनिवेशिक अनुभव उपनिवेशित समाजों में अनेक टकरावपूर्ण प्रवृत्तियों को जन्म देता है। एक बहुत आम प्रवृत्ति होती है कि उपनिवेशकों की नकल की जाये और उनका अनुमोदन हासिल किया जाये। लेकिन यह राष्ट्रवादी भावनाओं को उभारनेवाला भी हो सकता है जो औपनिवेशिक प्रभावों का विरोध करने की प्रवृत्ति को जन्म दे सकता है। साथ ही यह पुनरुत्थानवादी रूमानियत और कठोर यथातथ्यवादी राजनीति को भी जन्म दे सकता है। इन परस्पर विरोधी प्रवृत्तियों के एक साथ जन्म के चलते विचित्र किस्म के सांस्कृतिक गतिविज्ञान का जन्म होता है। उपनिवेशित संस्कृति एक ही साथ हिंसात्मक ढंग से प्रगतिशील और आक्रामक रूप से प्रतिगामी हो जाती है, और इसके परिणामस्वरूप उसमें गतिहीन बने रहने की सम्भावना होती है। इस सांस्कृतिक गतिहीनता को समझने में एक उपयुक्त इतिहासशास्त्र की बहुत महत्वपूर्ण भूमिका होगी।

मनमाने तरीके से होनेवाली इतिहास की पुनरुत्थानवादी पुनर्रचना वास्तविक सांस्कृतिक बदलावों और उन्हें समझने की बौद्धिक पद्धतियों के बीच की दूरी बढ़ा देती है। इसी तरह से आधुनिकता की प्रक्रियाओं को समेकित रूप से प्रगति मान लेने की विचारधारात्मक और मनमानी अवधारणा साहित्यालोचना जैसी बौद्धिक व्यवस्थाओं की सन्तोषजनक व्याख्या नहीं कर पाती, क्योंकि ये परम्परा और प्रगति के विचारधारात्मक खाँचों में फिट नहीं बैठती। मौजूदा निबन्ध भारतीय साहित्यालोचना के संकट के प्रमुख पहलुओं की व्याख्या करने का विनम्र और प्रतिबद्ध प्रयास है।

हर साहित्य अपने तरह के साहित्येतिहास लेखन की माँग करता है। भारत में यह क्षेत्र लगभग उपेक्षित रहा है[5]। इस उपेक्षा का सबसे बड़ा परिणाम यह हुआ कि भारतीय संस्कृति और साहित्य के बारे में विलियम जोंस, ऑल्ब्रेख्ट वेबर, जॉर्ज ग्रियर्सन, मॉरिस विंटरनित्ज[6] आदि जैसे योरपीय भारतविद्यावादियों द्वारा बनाया गया समझ का सामान्य ढाँचा काम करता रहा। कहने का आशय यह नहीं कि साहित्येतिहास के क्षेत्र में भारतीय विद्वानों द्वारा कोई काम ही नहीं किया गया। लेकिन इस तरह के लेखन

ने समझ का भारतविद्यावादी सामान्य ढाँचा बरकरार रखा जिसमें यह बुनियादी बात भी शामिल थी कि भारतीय आधुनिक साहित्य की शुरुआत अंग्रेज़ी औपनिवेशिक काल का पर्याय और समकालिक है। भारतविद्या के संस्थापक सर विलियम जोंस ने 1786 में अपने 'तीसरे वार्षिक विमर्श' में घोषित किया कि 'भारत के इतिहास सम्बन्धी इन तमाम पड़तालों को मैं अपने शोध में 11वीं शताब्दी में मुसलमानों की जीत तक सीमित रखूँगा, जबकि इसे जितना सम्भव हो उतना पीछे, मानवजाति के शुरुआती प्रमाणों तक, ले जाने की कोशिश करूँगा।'[7]

इस विचार के प्रभाव में प्राचीन भारत 'शानदार' हो जाता है और अंग्रेज़ों के अधीन भारत 'प्रगतिशील' हो जाता है और बीच की शताब्दियाँ सांस्कृतिक रूप से असभ्यता का आगार बन जाती हैं। यह पद्धतिगत सहूलियत इतिहासशास्त्र का चलन बन जाती है और यह भारतीय साहित्येतिहास का निर्विवाद सिद्धान्त बन चुकी है। जाहिर है, ऐसे भ्रामक इतिहासशास्त्र से विकसित होनेवाली आलोचना नयी सैद्धान्तिक जमीन तोड़ने में अक्षम होती है। इसीलिए यह निबन्ध आलोचना के संकट का विवरण देने के बाद भारतीय आलोचना का ढीला-ढाला इतिहासशास्त्र भी प्रस्तावित करता है।

सन्दर्भ

1 भारतीय भाषाओं में साहित्यालोचना के बारे में व्यापक सर्वेक्षण के लिए देखें *कम्पेरेटिव इंडियन लिटरेचर* सं. के.एम. जॉर्ज (मैकमिलन, बॉम्बे, 1984-86)।

2 *गुजराती साहित्यानो इतिहास,* 4 खंड, गुजरात साहित्य परिषद, सम्पादक—उमाशंकर जोशी, अनन्तराय रावल और यशवन्त शुक्ल, खंड 3, *दलपत्रमथी कालपी* (अहमदाबाद, 1978)।

3 *दलपत्रमथी कालपी* के परिचयात्मक अध्याय में यशवन्त शुक्ल लिखते हैं : "गुजराती साहित्य के आधुनिक युग का आरम्भ गुजरात पर अंग्रेज़ी आधिपत्य के पूरी तरह कायम होने (1818) के साथ मानने का चलन एकदम दृढ़ है। स्वर्गीय गोविन्दभाई हाथीभाई देसाई, जिन्होंने गुजराती साहित्येतिहास पर एक पुस्तक लिखी, ने अपने समकालीन इतिहासकारों का अनुसरण किया और कहा कि आधुनिक काल की शुरुआत इस्लाम के शासन की स्थापना के साथ होती है। लेकिन आज इसे कोई भी स्वीकार नहीं करेगा" (पृ.1) (उद्धरण का अंग्रेज़ी में अनुवाद जी.एन. देवी)।

4 देखें आशीष नन्दी, *ट्रेडिशंस, टायरनी एंड यूटोपिया : एस्सेज इन द पॉलिटिक्स ऑफ अवेयरनेस* (नयी दिल्ली, 1987)।

5 इस विषय में एकमात्र ध्यान देने योग्य भारतीय अंग्रेज़ी में पुस्तक सुजीत मुखर्जी की पुस्तक *टुवर्डस अ लिटरेरी हिस्ट्री ऑफ इंडिया* (शिमला, 1975) है और मराठी में एकमात्र पुस्तक *वांगमयेतिहासची संकल्पना* (पुणे, 1986) है।

6 भारतीय साहित्य के भारतविद्यावादी इतिहासों की बेहतरीन सन्दर्भ सूची के लिए सुजीत मुखर्जी (1975) पृ. 92-103।

7 सर विलियम जोंस, 'डिस्कोर्स', *वर्क्स ऑफ सर विलियम जोंस,* वॉल्यूम 1 (पृ. 19-34) से। *अ रीडर इन नाइंटीन्थ सेंचुरी इंडो-योरोपियन लिंग्विस्टिक्स,* सम्पादक विन्फर्ड पी. लेमन (ब्लूसमिंगटन व लन्दन, 1867) पृ. 7-20 (पृ. 12)।

अनुक्रम

परम्परा और विस्मृति

प्राचीन भारत में तीसरी से दसवीं शताब्दी के बीच विकसित हुए सांस्कृतिक रूप मौजूदा सहस्राब्दी की शुरुआत में बड़े बदलावों से गुजरने शुरू हुए। इनमें से सबसे महत्वपूर्ण था पूरे उपमहाद्वीप में नयी जबानों–भाषाओं का उदय। इन भाषाओं ने संस्कृत और इसके द्वारा पैदा की गयी वर्चस्वशाली संस्कृति के विरुद्ध क्षेत्रीय व परम्परा विरोधी भावनाओं को अभिव्यक्ति दी। दक्षिण में भी इसी तरह तमिल के खिलाफ भी एक आन्दोलन शुरू हुआ जिसने दो हजार सालों के सतत इतिहास के बाद तेलुगू (ग्यारहवीं शताब्दी) को जन्म दिया। कन्नड़ पहले ही तमिल की एक स्वतन्त्र बोली के रूप में विकसित हो चुकी थी (पाँचवीं शताब्दी)। नौ सौ वर्ष बाद तमिल और कन्नड़ ने साझे तौर पर मलयालम को जन्म दिया (चौदहवीं शताब्दी)। उत्तर भारत में अपभ्रंश के नाम से जानी जानेवाली बोलियों ने स्वतन्त्र भाषाओं के रूप में दावा पेश किया। इसके चलते मध्य की भारतीय-आर्य बोलियाँ बांग्ला और उड़िया में विभाजित हो गयीं (दसवीं शताब्दी)। बाद में बांग्ला से असमिया पैदा हुई (तेरहवीं शताब्दी)। उत्तर-पश्चिमी बोलियाँ कश्मीरी (तेरहवीं शताब्दी), सिन्धी (पन्द्रहवीं शताब्दी) और पंजाबी (पन्द्रहवीं शताब्दी) में विकसित हुईं। मध्य भारतीय-आर्यभाषा की पश्चिमी अपभ्रंश हिन्दी (जोकि उन्नीसवीं शताब्दी की शुरुआत तक विभिन्न बोलियों के रूप में मौजूद रही), गुजराती (ग्यारहवीं शताब्दी) और मराठी (ग्यारहवीं शताब्दी) में बँट गयी। हिन्दी परिवार की बोलियों ने चौदहवीं शताब्दी में अपनी स्वायत्तता विकसित कर ली। इसने इस्लामिक भाषाओं फ़ारसी (जो भारत में तेरहवीं से उन्नीसवीं शताब्दी के बीच बोली जाती थी) और अरबी (जो ग्यारहवीं से उन्नीसवीं शताब्दी के बीच प्रचलन में थी) से अन्तःक्रिया की और छावनी की एक नयी भाषा को जन्म दिया। यह उर्दू थी जो आगे चलकर महान साहित्यिक भाषा बनी। उर्दू दक्षिण में खासतौर पर गुलबर्गा में अरबी सैनिकों की छावनी की भाषा के रूप में विकसित हुई थी।

इनमें से कई भाषाओं की उत्पत्ति को कुछ शताब्दियों पहले भी खोजा जा सकता है। उदाहरण के लिए हमें बताया जाता है कि मराठी और गुजराती के आरम्भिक

रूप आठवीं शताब्दी के छिटपुट अभिलेखों और कविताओं में मौजूद हैं।[1] ऐसा लगता है कि इन भाषाओं द्वारा स्वतन्त्र पहचान हासिल कर लेने के एक या दो शताब्दी बाद तक उनकी अपनी साहित्यिक परम्पराओं का उभार नहीं हुआ। फिर भी सभी भाषाएँ पन्द्रहवीं शताब्दी के अन्त तक साहित्यिक भाषाएँ बन चुकी थीं। ये साहित्यिक परम्पराएँ दो लम्बे विदेशी शासनों के बावजूद बची हुई हैं और इनमें से ज्यादातर भाषाओं में महान साहित्य रचा गया और महान रचनाकार हुए। इतनी सारी भाषाओं में परिपक्व साहित्यिक परम्पराओं का उभार और उनका बचे रहना भारतीय संस्कृति की महानतम घटना है।

मराठी का पहला गद्य म्हाईभाता का *लीलाचरित्र* (1278 में पूरा किया गया) है। पहला बचा रह गया काव्यग्रन्थ मुकुन्दराजा का *विवेकसिन्धु* (वास्तविक तिथि विवादित है)[2] है। ज्ञानदेव की *ज्ञानेश्वरी* (1290 में पूरी की गयी) विद्वानों द्वारा प्रशंसित मराठी का पहला उत्कृष्ट ग्रन्थ है। गुजराती साहित्यिक परम्परा की शुरुआत बारहवीं शताब्दी के मध्य में कवि-सन्त व वैय्याकरण हेमचन्द्र से होती है। जिस समय इन नयी साहित्यिक परम्पराओं का उदय हो रहा था, उस समय तक संस्कृत और एक हद तक तमिल साहित्यालोचना अत्यन्त परिष्कृत व विकसित बौद्धिक अनुशासन बन चुकी थी। संस्कृत में ईसा पूर्व पाँचवीं शताब्दी में व्यास से लेकर ग्यारहवीं शताब्दी में भोज तक, सोलह शताब्दियों की अत्यन्त समृद्ध साहित्यिक परम्परा थी। रचनात्मक साहित्य की महान परम्परा ने संस्कृत आलोचना को अत्यन्त परिष्कृत साहित्य विचार पद्धति के रूप में विकसित होने में मदद की।

संस्कृत वैय्याकरणों, विद्वानों और लेखकों ने बड़ी गहराई से भाषा और भाषाविज्ञान (पाणिनि—ईसा पूर्व चौथी शताब्दी, वररुचि—पहली शताब्दी, पतंजलि—दूसरी शताब्दी), छन्दशास्त्र, रीति और शब्द-विन्यास (वामन—आठवीं शताब्दी, भोज—ग्यारहवीं शताब्दी), नाटक, नृत्य व नाट्यकला (भरत—चौथी शताब्दी), रूपक, प्रतीक व शब्द-विन्यास (आनन्दवर्द्धन—आठवीं शताब्दी, अभिनवगुप्त—ग्यारहवीं शताब्दी), विधा व रूप (भामह—पाँचवीं(?) शताब्दी) और साहित्य का समाजशास्त्र (राजशेखर—दसवीं शताब्दी) आदि पर विचार किया।[3] इन आलोचकों के विचार इस तरह प्रस्तुत किये गये थे कि भारतीय तर्कशास्त्र को स्वीकार्य हों और इन्हें पांडुलिपियों के जरिये संरक्षित किया गया था। नाटक और कविता सम्बन्धी सिद्धान्त विश्वविद्यालयों में पढ़ाया जाता था, विद्वान उस पर टिप्पणी करते थे और दार्शनिकों द्वारा उसे गम्भीरता से लिया जाता था। उदाहरण के लिए स्फोट के भाषा -सिद्धान्त ने नवीं शताब्दी में शंकर के अद्वैत वेदान्त के दर्शन में बहुत प्रमुखता हासिल कर ली थी। स्फोट का अर्थ है—अचानक विस्फोट। भाषाविदों ने इसकी परिकल्पना मौखिक छवियों के अर्थगत प्रत्ययों के रूप में बदलने की प्रक्रिया की व्याख्या करने के लिए की थी।

शंकर ने भाषावैज्ञानिक अर्थ के इस सिद्धान्त को अस्तित्व के अर्थ में, ब्रह्म पर अपने विशेष जोर को व्याख्यायित करने के लिए किया।[4] संस्कृत आलोचकों को साहित्यालोचना के क्षेत्र का बहुत बारीक ज्ञान था और उन्होंने इसे विभिन्न उप-विधाओं में विभाजित किया था। राजशेखर ने काव्यमीमांसा में नौ प्रकार की आलोचना का उल्लेख किया है : क) सूत्र—गद्य में तर्कपूर्ण व संक्षिप्त ढंग से निबद्ध विचार; ख) कारिका—पद्य में तर्कपूर्ण व संक्षिप्त ढंग से निबद्ध विचार; ग) व्याख्या—स्पष्टीकरण; घ) वृत्ति—स्पष्टीकरण व दृष्टान्त; च) भाष्य—किसी दृष्टिकोण का सार-संक्षेप, उस पर टिप्पणी; छ) टीका—मूल्यांकन; ज) मीमांसा—विश्लेषण; झ) समीक्षा—समालोचना; ट) शास्त्र—अन्य ज्ञान सिद्धान्तों से सम्बद्ध साहित्य सिद्धान्त।[5]

गुजराती काव्य परम्परा की शुरुआत करनेवाला जैन साधू हेमचन्द्र एक कवि, कोशकार व सिद्धान्तकार था। काव्यानुशासन (1140 में पूरा किया गया) को संस्कृत आलोचना में उसके महत्वपूर्ण अवदान के रूप में माना जाता है। यह संस्कृत में लिखा गया था और अपने विचारों में मौलिक होने की जगह अत्यन्त वैदुष्यपूर्ण था। हेमचन्द्र के आधुनिक भाष्यकार यह स्वीकार करते हैं कि हेमचन्द्र संस्कृत काव्यशास्त्र की पूरी परम्परा को गुजराती साहित्य की दहलीज तक ले आया। हेमचन्द्र के एक हालिया मूल्यांकन में कहा गया है :

वह शायद इस काल का सर्वाधिक चयनधर्मी व्यक्ति है जो विभिन्न दर्शनों से ग्रहण करता है। बिना किसी भी सिद्धान्त से बँधे (रस/ध्वनि भी नहीं) अलंकारशास्त्र और नाट्यशास्त्र के विभिन्न विषयों का विस्तृत ब्यौरा देने में सफल रहता है। दूसरे शब्दों में कहें तो उसका काम आधुनिक तरह का है। वह स्वयं पर संग्रहकर्ता होने के आरोप लगाये जाने के लिए तैयार है। काव्य दृष्टान्त देने के मामले में उसका जाल बहुत बड़ा किन्तु सन्तुलित है (विभिन्न रचनाकारों का करीब 1500)। ऐसा लगता है कि उसके पास भारतीय शास्त्रियों का अत्यन्त दुर्लभ गुण—सन्देह भी था।[6]

हेमचन्द्र की तरह ही मुकुन्दराज—जिन्हें मराठी का पहला कवि माना जाता है—को भी संस्कृत की बौद्धिक परम्परा का विस्तृत ज्ञान था। एक आलोचक की टिप्पणी इस प्रकार है :

मुकुन्दराज ज्ञानदेव के ऐसे पूर्ववर्ती हैं, जिन्होंने अपनी दो रचनाओं 'परमामृत' और 'विवेकसिन्धु' के जरिये उनका मार्ग प्रशस्त किया। इन दोनों रचनाओं में वेदान्तियों के खास किस्म के बौद्धिक तरीके से वेदान्त के बारे में लिखा गया है। यह अत्यन्त विचित्र है कि मराठी साहित्य की शुरुआत वहाँ से होनी चाहिए, जहाँ सामान्यतया अन्य साहित्य समाप्त होते हैं। लेकिन यह तथ्य है और इसका कारण मराठी के पीछे की संस्कृत है जिसे अपभ्रंश के पतन के बाद यह पुनर्जीवित करने की कोशिश कर रही थी।[7]

मराठी और गुजराती को यह लाभ हासिल था कि उन्होंने अपनी साहित्यिक परम्परा की नींव संस्कृत के बौद्धिक विकास के ऊपर डाली। अन्य भाषा साहित्यों को भी संस्कृत से सम्पर्क का लाभ था।

भाषा साहित्यों का उद्‌भव भारत पर इस्लामी शासन का सहवर्ती है, भले ही वह पूरी तरह इस्लामी शासन के कारण न पैदा हुआ हो। अरब, तुर्क व मुग़ल इस्लामी शासक अपने साथ नयी सांस्कृतिक धाराएँ लेकर आये और उदार राजनीतिक संरक्षण के जरिये इन्हें वैधता प्रदान की। उनकी भाषाओं मुख्यत; अरबी और फ़ारसी और उनके प्रभाव में यहीं पैदा होनेवाली उर्दू ने काव्य रचना और संगीत की नयी पद्धतियों को जन्म दिया। इस्लामी संस्कृति के साथ गहन परिचय ने भाषा साहित्यों के सतत विकास की सम्भावनाएँ पैदा कीं।

अठारहवीं शताब्दी के मध्य से अंग्रेज़ों ने भारत में सक्रिय राजनीतिक हस्तक्षेप की नीति अपनायी। एक बार राजनीतिक वर्चस्व कायम हो जाने के बाद उन्नीसवीं सदी के दौरान अंग्रेज़ शासकों ने तय किया कि भारत को शिक्षित करना उनकी ऐतिहासिक ज़िम्मेदारी है। औपनिवेशिक शासन की दूसरी व्यावहारिक जरूरतों ने इन विश्वास को और भी पुष्ट किया। अंग्रेज़ औपनिवेशिक अधिकारियों द्वारा भारत के लिए तैयार की गयी शिक्षा नीति सभ्यता में हीनतर नस्लों को सभ्य बनाने के विचार पर आधारित थी। जैसाकि लॉर्ड लॉरेंस ने कहा, "लोगों के लिए सबसे अच्छा करने के दौरान हम अपने अन्तःकरण के प्रति प्रतिबद्ध हैं, न कि उनके।"[8] अंग्रेज़ी पर आधारित और अंग्रेज़ी भाषा द्वारा फैलनेवाली एक नयी शिक्षा व्यवस्था की शुरुआत की गयी। इसी के साथ साभ्यतिक प्रभाव के बतौर अंग्रेज़ी साहित्य का भी प्रचलन हुआ। चलते-चलते इस बात पर गौर किया जा सकता है कि अंग्रेज़ी इतिहास के विक्टोरिया काल में स्वयं अंग्रेज़ी विश्वविद्यालय अंग्रेज़ी साहित्य को किसी सभ्य संस्थान में अध्ययन के विषय के रूप में मान्यता नहीं देते थे। अंग्रेज़ी साहित्य को इंग्लैंड में यह सौभाग्य महज आधी शताब्दी पहले ही हासिल हो सका।[9] जबकि भारत में यह ब्रिटिश औपनिवेशिक विस्तारवाद के जरिये पैदा किये गये औद्योगिक उत्पादों के साथ उन्नीसवीं शताब्दी के मध्य तक प्रचलित हो गया था।

अंग्रेज़ी साहित्यिक शिक्षा अपने साथ—पहले अंग्रेज़ी से फिर योरपीय भाषाओं से अंग्रेज़ी माध्यम में—नये साहित्यिक प्रतिरूप और आलोचनात्मक अवधारणाएँ लेकर आयी। भारतीय साहित्य और साहित्यिक संवेदना में उन्हें जगह मिलने लगी। यह तय करना मुश्किल है कि उन्होंने किस हद तक भारत को 'सभ्य' बनाया। जबकि निश्चय के साथ इतना कहा जा सकता है कि बाहरी साहित्यिक दबाव की हिंसक घुसपैठ ने भाषा साहित्यों में कई अनपेक्षित प्रवृत्तियों को जन्म दिया। इस परिघटना का सबसे नुकसानदेह परिणाम हुआ सांस्कृतिक विस्मरण, जिसके चलते सामान्य

भारतीय बौद्धिक अपनी परम्परा को उन्नीसवीं शताब्दी के मध्य से पीछे नहीं खोज पाता। और जब परम्पराएँ और पीछे खोजी भी जाती हैं तो उनमें विभेद करने के विवेक का ज्यादातर अभाव होता है।

उपनिवेशवाद सांस्कृतिक निरुत्साह पैदा करता है। यह उपनिवेशितों के ज़ेहन में अपने इतिहास और परम्परा के बारे में एक झूठी शर्मिन्दगी का भाव पैदा करता है। उपनिवेशवाद के शिखर के काल से ही इस प्रवृत्ति ने भारतीय आलोचकों को भाषा साहित्यों के अतीत के साथ कोई स्वस्थ सम्बन्ध बनाने से वंचित कर दिया। संस्कृत काव्यशास्त्र और पाश्चात्य आलोचनात्मक सिद्धान्त के बीच अतीत के अविवेकपूर्ण उत्थान और अनालोचनात्मक नकार के बीच फँसी आज की भाषा आलोचना बौद्धिक 'विमर्श' नहीं रह गयी है। विस्मृति और आत्मविस्मृति के संयुक्त प्रभाव से पाँच से दस शताब्दियों के साहित्यिक इतिहासवाले भाषा साहित्य एक क्षति से गुजर रहे हैं, यही भारतीय साहित्यालोचना का विकट संकट है।

साहित्यालोचना में संकट

आधुनिक भारतीय साहित्यालोचना के समक्ष मौजूद कुछ अधिक महत्वपूर्ण संकटों की हमें सूची बना लेनी चाहिए। ये हैं : पाश्चात्य आलोचनात्मक दृष्टिकोणों और विचारकों पर बंजर किस्म की टिप्पणियों की प्रचुरता; बाहर से आयात करते समय आलोचनात्मक अवधारणों, औजारों और मानदंडों में बदलाव के लिए पहलकदमी का अभाव; पश्चिम में विकसित आलोचनात्मक पदावली का ज्यादातर सन्दर्भ से काटकर अनुशासनहीन और अनावश्यक तरीके से अनुचित प्रयोग; आलोचना कर्म का समर्थन करने के लिए विद्वतापूर्ण सामग्री का अभाव—साहित्यिक जीवनियों, सन्दर्भग्रन्थ सूचियों, भारतीय व विदेशी कृतियों के अनुवाद, सम्पादकीय विद्वता और प्रासंगिक आलोचनात्मक बहस की जरूरत; साहित्य को अन्य कलाओं, माध्यमों व सामाजिक-राजनीतिक परिघटनाओं से सम्बद्ध करने में अक्षमता; प्रभावित करने का अनालोचनात्मक और अज्ञानपूर्ण रवैया; आत्म और परम्परा दोनों के बारे में जागरूकता का अभाव; मनमाने और ज्यादातर विदेशी आलोचनात्मक प्रतिमान आदि। ये केवल भारतीय आलोचना की ही असफलताएँ नहीं भी हो सकती हैं। शोषणकारी राजनीतिक संरचना और फासीवादी सांस्कृतिक परिप्रेक्ष्य में नव-औपनिवेशिक दुनिया में भौतिक रूप से पिछड़ी हुई किसी भी संस्कृति में कमोबेश यही हालात हो सकते हैं। फिर भी भारतीय सन्दर्भ में यह खास गम्भीरता अख़्तियार कर लेती है, क्योंकि यहाँ ये हालात उस संवेदना को विकलांग बनाते हैं जो लम्बी व समृद्ध साहित्यिक परम्परा के जरिये पैदा हुई थी। अव्यवस्थित ढंग से ऊपर दी गयी साहित्यालोचना की असफलताओं की सूची का आशय यह नहीं है कि साहित्यालोचना का कोई

पूर्वनिर्धारित परिप्रेक्ष्य है। यद्यपि इस बात का खतरा है कि इस सूची से मौजूदा हालात के निवारण के किसी नुस्खे की माँग की जाये, लेकिन नुस्खा बताने की हमारी कोई मंशा नहीं है। यह अनेक भाषा साहित्य के आलोचकों द्वारा पिछली एक शताब्दी में की गयी वृहद टिप्पणियों का सारांश है और इन आलोचकों द्वारा की गयी आत्मनिन्दा के विषयों की सूचीभर है।

आइये मराठी और गुजराती साहित्यालोचना से कुछ उदाहरण लें। उन्नीसवीं शताब्दी के उत्तरार्द्ध में साहित्यिक संस्कृति का अध्ययन करनेवाले मराठी आलोचक के.बी. मराठे से लेकर समकालीन महत्वपूर्ण उपन्यासकार भालचन्द्र नेमाड़े तक सभी ने सही आलोचनात्मक प्रतिमानों के अभाव के बारे में तीखी निराशा व्यक्त की है। 1872 में अपने लेख 'थियेटर और उपन्यास के बारे में' में के.बी. मराठे ने लिखा, "इन लेखकों में सौ में से एक भी सिद्धान्तों और नियमों से परिचित नहीं है"[10] इसके बाद वे स्वयं उपन्यास और नाटक के सिद्धान्तों का निरूपण करने की कोशिश करते हैं, जिसके बारे में उनकी स्वीकारोक्ति है कि उन्होंने इसे "एडिसन, स्कॉट, मैकाले के निबन्धों...और अलंकार के विज्ञान से" उधार लिया है। इस 'समन्वय' ने मराठी साहित्यालोचना की कोई खास मदद नहीं की। इसीलिए 1902 में राजवाड़े को मराठी की कथा आलोचना पर विचार करते हुए पूछना पड़ा कि "यह कौन-सी अक्लमन्दी है जो विदेशी लेखक जो कुछ भी अपने साहित्य के बारे में कहते हैं, उसे उठा लेती है और उसे हूबहू अपने साहित्य पर लागू करती है?"[11] अस्सी साल बाद भालचन्द्र नेमाड़े ने मराठी की विचारहीन कथा आलोचना को ह्रासोन्मुख साहित्यिक संस्कृति के रूप में लक्ष्य किया। मराठी उपन्यासों के निर्भीक और क्रान्तिकारी पुनर्मूल्यांकन (1980) के निष्कर्ष के रूप में नेमाड़े कहते हैं : "जब तक अगली पीढ़ी आलोचना में क्रान्तिकारी बदलाव नहीं करती और मराठी की भ्रष्टप्राय साहित्यिक रुचि को ठीक नहीं करती, तब तक स्थितियों में बदलाव की सम्भावना बहुत कम है।"[12]

यह रेखांकित करने की जरूरत है कि भारतीय साहित्यालोचना के आत्मप्रशंसापूर्ण मूल्यांकनों की कोई कमी नहीं है। इनमें से एक भारतीय आलोचनात्मक उपलब्धियों की जनगणना जैसे सर्वेक्षणों के रूप में सामने आता है। 1965 में मनसुखलाल झवेरी ने गुजराती के करीब पन्द्रह आलोचकों को चिन्हित किया जिन्होंने बहुत "महत्वपूर्ण" योगदान किया है, जिनके मानक "बहुत ऊँचे हैं" और जो "सर्वोत्कृष्ट से कम में सन्तुष्ट नहीं होते।"[13] इसी तरह के दावे 1986 में प्रकाशित भारतीय साहित्य के एक सर्वेक्षण में भी किये गये थे।[14] साहित्य अकादमी गुजराती में उत्कृष्ट आलोचनात्मक कार्यों के लिए अब तक आठ बार पुरस्कार दे चुकी है। इसी तरह 1965 में अनन्त कानेकर और 1980 में सुधीर रसल द्वारा मराठी साहित्यालोचना की उपलब्धियों के बारे में किये गये दावे भी कम प्रभावशाली नहीं हैं।[15] ऐसा लगता है कि मराठी

आलोचक बिना किसी कारण ही इस बात में सहज विश्वास करते हैं कि मराठी आलोचना ने साहित्य के सौन्दर्यशास्त्र और सामान्यतौर पर सौन्दर्यशास्त्र के क्षेत्र में महत्वपूर्ण योगदान किया है।

मराठी की समकालीन आलोचना को आत्मसजग गतिविधि बनाने में आर.बी. पाटणकर का योगदान महत्वपूर्ण है। उन्होंने एक विस्तृत निबन्ध में 1940 से मराठी साहित्यालोचना के विकास का विश्लेषण किया है (1980)। एक अनुशासन के रूप में सौन्दर्यशास्त्र के बुनियादी सिद्धान्तों की व्याख्या करने और मराठी आलोचना के सैद्धान्तिक दृष्टिकोणों की तार्किक असंगतियों की चर्चा करने के बाद वे निष्कर्ष निकालते हैं :

अब जबकि हमें सौन्दर्यशास्त्र की प्रकृति के बारे में निश्चित रूप से कुछ पता है, तो हमें यह देखने में मुश्किल नहीं होनी चाहिए कि मराठी आलोचक और सौन्दर्यशास्त्री क्या कर सके हैं और क्या नहीं कर सके हैं। सौन्दर्य के सिद्धान्त कला परम्पराओं की कोख से उपजते हैं, और यदि उस समुदाय में मजबूत बौद्धिक परम्परा हो तो उन्हें तार्किक गहनता के साथ सूत्रबद्ध किया जा सकता है। यदि हम स्वयं के महिमामंडन की उत्सुकता पर लगाम लगा सकें और यथार्थ का सामना करने का निश्चय करें तो हमें स्वीकार करना पड़ेगा कि तीन क्षेत्रों–सौन्दर्यशास्त्र, आलोचना और रचनात्मक लेखन–में कुछ भी महत्वपूर्ण नहीं हुआ है। यह अत्यन्त दुखद अनुभूति है कि यह दरिद्रता कोई तात्कालिक घटना नहीं है; यह दशकों से मौजूद है। इस दरिद्रतापूर्ण माहौल में सौन्दर्य के किसी नये सिद्धान्त के उदय की असम्भाव्यता भी दुखद है। हम मानविकी के अन्तर्गत आनेवाले सभी अनुशासनों के बारे में ऐसे ही निष्कर्ष पर पहुँचेंगे। जब समाज सभी पहलुओं, परम्पराओं और संस्थाओं में जीवन और जोश से स्पन्दित होगा, तभी नयी सैद्धान्तिक व्यवस्थाओं के उदय की सम्भावना बनेगी। इस तरह के जीवन्त समाजों के समक्ष बड़ी समस्याएँ खड़ी होती हैं और ऐसे समाजों की परम्पराएँ लोगों को प्रतिभासम्पन्न बनाकर इनका सामना करने के लिए पैदा करती हैं। हमारी कला परम्पराओं में ऐसी विकराल समस्याएँ ही नहीं उत्पन्न हुईं और हमने उनका सामना करने के लिए महान प्रतिभाशाली लोग भी नहीं पैदा किये।[16]

आत्मभर्त्सना मराठी हास्यवृत्ति का एक अंग है और ये टिप्पणी सहज ही विश्वास कर लेनेवाले किसी बाहरी व्यक्ति को मराठी आलोचना के दिवालियेपन का गलत यकीन दिला सकती है। लेकिन आत्मभर्त्सना को उचित जगह देने के बाद भी यह स्वीकार करना पड़ेगा कि पाटणकर के कठोर आरोप बदहाली के यथार्थ के अनुरूप ही हैं।

गुजराती साहित्यालोचना के बारे में इसी तरह का कठोर लेकिन जरूरी आरोप

सुरेश जोशी के दावे में देखा जा सकता है कि गुजराती में साहित्यिक लेखन के मूल्यांकन के मानक "साहित्यिक मानक नहीं" हैं और "अवरोधग्रस्त समाज ने कूड़ा-करकट को कला में और कला को कूड़ा-करकट में तब्दील कर दिया है।"[17] इसे वे साहित्य का उत्तर-संस्कृति काल कहते हैं। उनके *चिन्तयामि मानस* (1981) को 1983 में साहित्य अकादमी पुरस्कार दिया गया। लेकिन जोशी ने इसे यह कहते हुए अस्वीकार कर दिया कि उनकी पुस्तक "छिटपुट आलोचनात्मक लेखों" के संकलन से अधिक और कुछ नहीं है। हमारी सुरेश जोशी के दृष्टिकोण से सहमति है, क्योंकि गुजराती आलोचना ने अनुशासित तरीके से बहुत बुनियादी आलोचनात्मक पदावली के बारे में भी विचार नहीं किया है।

भारतीय अंग्रेज़ी आलोचना का प्रदर्शन भी इससे बेहतर नहीं है। भारतीयों द्वारा अंग्रेज़ी में की गयी सैद्धान्तिक आलोचना के एकमात्र संकलन (इसे लिखते वक़्त तक) की भूमिका में एस.के. देसाई द्वारा की गयी यह टिप्पणी इस क्षेत्र के अपर्याप्त विकास को रेखांकित करती है :

भारत में आलोचना के देशी सम्प्रदाय या आन्दोलन नहीं रहे हैं...कोई भी भारतीय आलोचक आधुनिक भारतीय आलोचनात्मक परम्परा के बारे में जागरूक नहीं रहा है। एक तरह से बीसवीं सदी के भारतीय आलोचनात्मक सिद्धान्तों का इतिहास और कुछ नहीं नयी शुरुआतों की शृंखलाभर है। यहाँ हर आलोचक एक नया पथप्रदर्शक लगता है, जिसके कम्पास की सुई एकदम असम्बद्ध आलोचना परम्परा की ओर संकेत करती है, जो समय (प्राचीन भारतीय काव्यशास्त्र) और सांस्कृतिक देश (पाश्चात्य आलोचनात्मक सिद्धान्त) के लिहाज से बहुत दूर की होती है। जो हो असफलताओं का एक सामान्य ढर्रा है...और असफलताओं का यह सामान्य ढर्रा ही आधुनिक भारतीय आलोचना की संक्षिप्त परम्परा को रेखांकित करता है।[18]

आधुनिक भारतीय आलोचना की भर्त्सना के अनन्त उदाहरण गिनाये जा सकते हैं। ये उदाहरण यह स्पष्ट करते हैं कि समय-समय पर किये जानेवाले महान उपलब्धियों के दावों को गम्भीरता से लेने की जरूरत नहीं है। यदि ऊपर उद्धृत आलोचकों के अनुसार भाषा आलोचना असफल हुई है तो किन आलोचनात्मक आधारों पर वह असफल हुई है? इस सवाल का जवाब देते हुए हमें भाषा आलोचना के संकट के आधारभूत चरित्र की व्याख्या करनी होगी।

भारतीय आलोचनात्मक परिदृश्य के किसी भी सामान्य प्रेक्षक के मन में जो सबसे पहली बात आयेगी वह है सिद्धान्त के प्रति अत्यधिक रुचि। शायद इस रुचि की व्याख्या पांडित्य पर निर्भरता की भारतीय आदत के सन्दर्भ में की जा सकती है। शायद यह अमूर्तनों के बीच रहने की वास्तविक क्षमता है। कारण जो हो, लेकिन यह हकीकत है कि बहुत से भारतीय आलोचकों ने साहित्य सिद्धान्त की समस्या के बारे

में विलक्षण चिन्ता व्यक्त की है। श्री अरविन्द (1872-1950)[19] ने काव्य का सिद्धान्त देने की कोशिश की, जबकि बी.एस. मारधेकर (1908-56)[20] ने अलग-अलग युगों के पश्चिमी सिद्धान्तों के आधार पर सौन्दर्यशास्त्र के सिद्धान्त रचने की कोशिश की। पाटणकर इस बात का रोना रो रहे हैं कि समकालीन भारतीय समुदाय सिद्धान्तों को जन्म देने में अक्षम है।[21]

कृष्ण रायन (लगभग 1966) और नगेन्द्र (लगभग 1983)[22] जैसे संस्कृत के विद्वान मानते हैं कि संस्कृत में मौजूद साहित्य सिद्धान्त को आधुनिक भाषा साहित्य पर लागू किया जा सकता है। जबकि दूसरी ओर, दलित और ग्रामीण परम्परा विरोधी मौजूदा 'रूपवादी' साहित्य सिद्धान्त को पुराना पड़ गया पाते हैं। इन सभी आलोचकों के दृष्टिकोण में साझी बात यह है कि वे मानते हैं कि आधुनिक भारत में साहित्य सिद्धान्त में बड़े पैमाने पर कुछ नया करने की जरूरत है, ताकि इसे प्रभावशाली बनाया जा सके। कोई भी आलोचक मौजूदा आलोचनात्मक व्यवहार को सन्तोषजनक नहीं पाता। लेकिन कोई आलोचक इस बारे में आश्वस्त भी नहीं है कि इस संकट से पार पाया जा सकता है। आधुनिक भारतीय सिद्धान्त गढ़ने के प्रयास पहले से मौजूद सिद्धान्तों—अतीत (संस्कृत) या वर्तमान (पाश्चात्य)—पर अविवेकी ढंग से निर्भर है। उदाहरण के लिए मारधेकर ने जितना महत्व अरस्तू को दिया उतना ही क्लाइव बेल को। बावजूद इसके उन्होंने अपनी बौद्धिक ऊर्जा अरस्तू के सैद्धान्तिक सूत्रीकरणों को ठीक करने में भी लगायी, जिसकी भारत छोड़ो आन्दोलन के समय तेजी से बदलती बम्बई में रचे जानेवाले साहित्य के लिए कोई खास प्रासंगिकता नहीं थी। साहित्य सिद्धान्त के प्रति भारतीय जुनून की तुलना शायद उनके भगवानों के झुंड की पूजा के जुनून से की जा सकती है। आर.बी. पाटणकर बार-बार इम्मेनुअल कांट को उद्धृत करते हैं, सुरेश जोशी सार्त्र व मॉरिस मार्लेउ-पोंटी को, कृष्ण रायन, आनन्दवर्द्धन को और नगेन्द्र, भरत को। ये सभी लेखक एक ही वर्तमान साझा करते हैं, लेकिन अतीत की इतनी सारी भिन्न-भिन्न परम्पराओं को बेखटके उद्धृत करते हैं। ऐसे व्यवस्थित प्रयास यदा-कदा ही देखने को मिलते हैं, जो समकालीन साहित्य को देशी साहित्य परम्पराओं में अन्तर्निहित ज्ञान के जरिये समझें। इन अपवादों में भालचन्द्र नेमाड़े और देशी आलोचना सम्प्रदाय के उनके सहयोगियों की गणना की जा सकती है।[23]

यहाँ यह प्रस्तावित करने की मंशा नहीं है कि साहित्य के कोई सार्वभौम मूल्य नहीं होते या साहित्य के सिद्धान्त अन्तर्सांस्कृतिक संक्रमण में अक्षम होते हैं। लेकिन ऐसे संक्रमणों को अर्थवान और उपयोगी होने के लिए सांस्कृतिक विभिन्नता के बारे में स्पष्ट जागरूकता की छन्नी से गुजरना होगा। क्योंकि भाषा साहित्य और उन पर जबरन थोपे जानेवाले विभिन्न सिद्धान्त काफी भिन्न सांस्कृतिक सन्दर्भों में उत्पन्न

होते हैं, इसलिए उनके बीच अनिवार्यतः एक फाँक होती है। लेकिन यह दावा करना भी गलत होगा कि संस्कृत या पाश्चात्य साहित्य में रचनात्मक साहित्य व आलोचना के बीच कोई फाँक नहीं है। वास्तव में मरी क्रीगर जैसे पाश्चात्य आलोचक पाश्चात्य आलोचना परम्परा का पाठ ऐसी ही फाँकों के सिलसिले के रूप में करते हैं। क्रीगर (1976) पाश्चात्य आलोचना के विकास को रचनात्मक लेखक और आलोचक के बीच की असंगति का फल मानते हुए "किसी खास अनुभव की जटिलता और इसे नियन्त्रित करनेवाले सैद्धान्तिक सार्वभौमों के प्रति विरोध के समय किसी बड़े आलोचक में मौजूद सैद्धान्तिक बेचैनी"[24] की बात करते हैं।

लेकिन भारत में साहित्य और साहित्यालोचना के बीच फाँक का चरित्र अलग है। यह सिर्फ दार्शनिक या सौन्दर्यशास्त्री समस्याएँ ही नहीं खड़ी करता, बल्कि संस्कृति की राजनीति से पैदा होनेवाली समस्याएँ भी खड़ी करता है। उन्नीसवीं शताब्दी के मध्य से भारत में प्रयुक्त होनेवाले साहित्य सिद्धान्त का 'सार्वभौम' योरप में अधिकल्पित था और हाल के वर्षों में यह अमेरिका से आता है। इनमें एकमात्र 'सार्वभौम' होने का यूरोकेन्द्रिक आत्मविश्वास होता है। सिद्धान्त और रचनात्मक साहित्य के बीच की दरार के बारे में अभिज्ञान (जोकि भारतीय आलोचनात्मक परिदृश्य का खास चरित्र नहीं है) और जहाँ आज बौद्धिक शून्य मौजूद है, वहाँ नये और उपयुक्त सिद्धान्तों की रचना के जरिये सिद्धान्त और रचनात्मक साहित्य के बीच की दरार को पाटने में अक्षमता; इस शताब्दी की भारतीय साहित्यालोचना के दो बुनियादी संकट बने हुए हैं।

पूर्व में जिस आत्मभर्त्सना की चर्चा हुई है, वह इसी संकट की पहचान का परिणाम लगती है। इस पूरी शताब्दी में इस संकट की प्रकृति, व्यावहारिक आलोचना के क्षेत्र में इसके लक्षण और ऐसे सांस्कृतिक हालात पर भारतीय आलोचकों का रोष अपरिवर्तित बना हुआ है। के.बी. मराठे के आरोप कि मराठी लेखक साहित्य सिद्धान्तों के प्रति लापरवाह थे (1872) और आर.बी. पाटणकर के आरोप कि मराठी आलोचक साहित्यिक सौन्दर्यशास्त्र के बुनियादी मुद्दों को भी नहीं जानते (1984) के बीच बहुत थोड़ा गुणात्मक फर्क है। उनके आक्रमणों के लक्ष्य व तर्कों की बुनावट में फर्क आया है, न कि संकट की समझ में।

इसे अलग से कहने की जरूरत नहीं कि निकट अतीत में भारत पाश्चात्य बौद्धिक उत्पादों का उपभोक्ताभर रहा है। सामान्यतया यह भी माना हुआ तथ्य है कि इस आयात का साहित्य और साहित्यालोचना की देशी रचनात्मकता पर अस्वास्थ्यकर और उसे कमजोर करनेवाला असर हुआ है। साहित्यालोचना का संकट उतनी ही गम्भीर प्रकृति का है जितना मौजूदा समय में भारत में दूसरे बौद्धिक क्षेत्रों का संकट। तब भी यह सवाल पूछा जाना चाहिए कि क्या भारतीय संस्कृति के बारे में

समकालीन रुख में भी उतनी ही गड़बड़ी नहीं है। साहित्यालोचना संकटग्रस्त विधेय है। संकट की कर्ता आलोचक की प्रज्ञा है, जो इसे संकट के रूप में चिह्नित करती है। इसलिए संकट की वास्तविक जगह की पहचान करने के लिए यह जरूरी होगा कि वास्तविक आलोचनात्मक व्यवहार और संकट की समझ की प्रकृति; दोनों की परीक्षा की जाये। यह समझ किसी असम्बद्ध परिघटना के बारे में कोई एकान्तिक जानकारी नहीं है। बल्कि यह समझ आधुनिक भारतीय बौद्धिक की आत्म-पहचान को परिभाषित करनेवाली अनेक समझदारियों के संजाल से अनुकूलित होती है। उदाहरण के लिए यह निष्कर्ष निकालना सम्भव है कि भारतीय साहित्यालोचना के बारे में आत्म-भर्त्सनापूर्ण टिप्पणियों के पीछे एक अनकहा साहित्यिक आदर्शवाद काम कर रहा है। सतत भर्त्सना पहले से यह मानकर चलती है कि आलोचना को क्या होना चाहिए और क्या नहीं होना चाहिए। खासतौर पर आलोचना और आमतौर पर संस्कृति की एक आदर्श स्थिति भारतीय चेतना में बहुत गहरे धँसी हुई लगती है। यह आदर्शवाद अभी तक अनिश्चित परम्पराबोध के चलते अनिर्दिष्ट रहा है। साहित्यालोचना के बारे में भारतीय चेतना की धारणा को निर्धारित करनेवाली प्रवृत्तियों के पूरे संजाल के बारे में थोड़ा और पड़ताल करने के क्रम में कुछ प्रबल प्रवृत्तियों : 1) परम्परा, 2) पाश्चात्य विचार, 3) संस्कृत साहित्य परम्परा, 4) उपनिवेशवाद का प्रभाव और 5) भाषा साहित्य; के बारे में थोड़ा विस्तार से विचार करना उपयोगी होगा। हो सकता है कि ये सब मिलकर संकट की हमारी समझ में कुछ और जोड़ें।

परम्परा

भारतीय भाषाओं में अंग्रेज़ी का शब्द 'ट्रेडिशन' बहुत सी औपचारिक और अर्द्धऔपचारिक साहित्यिक चर्चाओं में इस्तेमाल होता है। औपचारिक इस्तेमाल में संस्कृत से व्युत्पन्न शब्द 'परम्परा' की जरूरत होती है, जिसका अब भाषाओं में देशीकरण हो चुका है। यद्यपि दोनों शब्द एक-दूसरे के स्थान पर प्रयुक्त किये जाते हैं, लेकिन उनके पीछे की अवधारणात्मक संरचना एक जैसी नहीं है। ऑक्सफोर्ड अंग्रेज़ी शब्दकोश के अनुसार 'ट्रेडिशन' शब्द का अर्थ है—"दिया जाना या दिया गया (हैंड डाउन या हैंडेड डाउन)" या और ठोस रूप में कहें तो, "किसी कला या साहित्य की शाखा के पूरे अनुभव और उसके उपयोग का पूर्ववर्तियों द्वारा दिया जाना, साधारणतया जिसका अनुगमन किया जाता है।" परम्परा शब्द परम् और परा शब्दों के योग से बना है जिसका अर्थ है, "दूरस्थ, आगे का, शत्रु, बाद का, परे, अन्य, अपरिचित, अगला, उस ओर का, दूसरी तरफ का, द्वितीय, सुदूर।" या और ठोस ढंग से कहें तो, "ऐसी चीज जो बहुत विशिष्ट है और बहुत दूरवर्ती है, लगभग समय की धारा के दूसरे छोर पर है, अगम्य है।"[25]

'परम्परा' के अर्थ में इसे आगे बढ़ाने का तरीका है कि इसकी उम्र को बढ़ा दिया जाये। पारिवारिक या सामुदायिक परम्परा में भारतीय गौरव के भाव का यही चरित्र होता है। उपयोगी हो या नहीं लेकिन परम्परा को बहुत पुराना होना चाहिए और सतत पारिवारिक विरासत के जरिये बचा होना चाहिए। परम्परा का यही बोध पाश्चात्य परम्परा (ट्रेडिशन) बोध से तब सीधे टकराव में आ गया जब लॉर्ड डलहौजी (1848-1856 तक भारत के गवर्नर जनरल) ने (रियासतों के) समाप्त होने के सिद्धान्त की शुरुआत की। इस सिद्धान्त ने उस खास राजनीतिक सन्दर्भ में डलहौजी को उन हिन्दू राज्यों पर कब्जा करने का अधिकार दे दिया जिनके शासक सीधे उत्तराधिकारी नहीं पैदा कर सके। सामान्य स्थितियों में इन शासकों ने किसी व्यक्ति को गोद ले लिया होता जो पारिवारिक परम्परा को आगे बढ़ाता। यह कयास लगाना भी काफी रोचक होगा कि क्या मूल्यों की यह टकराहट भी 1857 के सैन्य संघर्ष के लिए सीधे तौर पर जिम्मेदार थी।

परम्परा और संस्कृति की पाश्चात्य अवधारणा–जो 'विकास' के एक साझे विचार के तहत अन्तर्सम्बद्ध है–ने भारतीय साहित्यबोध को काफी हद तक प्रभावित किया है[26]। 1857 से (इसी वर्ष तीन अंग्रेज़ी ढंग के विश्वविद्यालय भी भारत में स्थापित किये गये थे) परम्परा की भारतीय और पाश्चात्य अवधारणाओं की टकराहट भारतीय मानस के भीतर हुई है। बीसवीं शताब्दी के आरम्भिक वर्षों में भारत के सांस्कृतिक जीवन की पहचान, सनातन और नूतन की पूरी बहस यही दिखाती है कि यह टकराहट अभी जारी थी। लगता है कि किसी भी अवधारणा को अन्तिम विजय हासिल नहीं हुई। इसीलिए भाषा आलोचना सम्बन्धी बहसों में कुछ मौकों पर परम्परा ब्रिटिश-पूर्व विरासत के अर्थ में प्रयुक्त होती है तो कुछ अन्य मौकों पर इसे ब्रिटिश काल में की गयी नयी शुरुआत के अर्थ में प्रयुक्त किया जाता है। दूसरे शब्दों में कहें तो समकालीन प्रयोगों में परम्परा की अवधारणा का अर्थ स्वीकरण और बदलाव के बीच झूलता रहता है।

परम्परा की अवधारणा में आरोपित अर्थों की अनिश्चितता, अवधारणा से सम्बद्ध परम्परागत और आधुनिक के महत्व की टकराहट और इसके चलते पैदा होनेवाला मिला-जुला भाव आधुनिक भारतीय चेतना के मुख्य घटक हैं। फिर भी इस प्रक्रिया के सरलीकरण से पैदा होनेवाले खतरों के प्रति सावधान रहना चाहिए। भारतीय इतिहास के सर्वज्ञात लक्षणों जैसेकि : विभिन्न दर्शनों से ग्रहण करना, बहुभाषिता, बहुसांस्कृतिकता आदि को देखकर यह विचार निर्विवाद लगता है कि आधुनिक भारतीय मानस ने दोनों परम्पराओं से पोषण ग्रहण किया है। फिर भी 'भारतीय' और 'पाश्चात्य' के बीच द्वन्द्वात्मक विरोध का साफ विभाजन यह नहीं दिखाता कि 'भारतीय' के अन्दर भी विभाजन और परस्पर विरोध है। 'भारतीय' के भीतर संस्कृत

और भाषाओं से सम्बद्ध सांस्कृतिक ताकतों के बीच विरोध है।

भारत में परम्परा का परम्परागत बोध (ट्रेडिशन सेंस) सारतः दो घटकों से निर्मित है : मार्ग—महानगरीय या मुख्यधारा की परम्परा और देशी—क्षेत्रीय और उपसांस्कृतिक परम्परा। भारतीय संस्कृति में इन दोनों के बीच तनाव और आदान-प्रदान का लम्बा इतिहास रहा है। यह मानना ठीक रहेगा कि इस तरह के सम्बन्ध में पाश्चात्य बौद्धिक परम्परा के जुड़ाव ने बहुत अधिक बदलाव नहीं किया। इस तरह 'परम्परा' के आधुनिक भारतीय बोध को देशी परम्परा, मार्ग परम्परा और पाश्चात्य परम्परा (ट्रेडिशन) के त्रिकोण के रूप में व्याख्यायित किया जा सकता है, जिसमें से प्रत्येक बाकी दोनों से अनेक तरीकों से टकराता है और गठजोड़ भी करता है।

मध्य भारतीय आर्य व तमिल से अन्य भाषाओं से उदय के वक़्त; समय, भाषा (लैंग्वेज) और आत्म से सम्बद्ध अवधारणाओं में बुनियादी बदलाव हुआ। शास्त्रीय रूपवाद से अलग हटने के एक सांस्कृतिक आन्दोलन में भाषाओं ने इन अवधारणाओं का मानवीकरण किया। यह प्रक्रिया ऐहिक और मानवीय, तत्वमीमांसा व सौन्दर्य तथा महानगरीय और अशिष्ट के बीच एक संघर्ष ले आयी। यह आदर्शवादी विश्व-दृष्टि और व्यावहारिक विश्व-दृष्टि के बीच का संघर्ष था।

इसलिए जब ब्रिटिश शासन पाश्चात्य बौद्धिक परम्परा लेकर आया तो यह परम्परा और बदलाव के बीच का संघर्ष भारत के लिए कोई नयी चीज नहीं थी। पाश्चात्य परम्परा और भारतीय परम्परा के संसर्ग से पैदा सांस्कृतिक द्वन्द्व अप्रत्याशित नहीं था। इससे यह सिद्ध होता है कि भारतीय संस्कृति बाहरी प्रभाव को अपने में समाहित करने के लिए उससे ज्यादा तैयार थी, जितना कि आमतौर पर माना जाता है। यह दृष्टिकोण ब्रिटिश शासन के चलते आयी संस्कृति के साथ भारत के सहयोग और संघर्ष के सम्बन्ध की जटिल प्रवृत्तियों की व्याख्या करने में मददगार हो सकता है।[27] इसलिए 'पाश्चात्य बनाम भारतीय' तरह का पूर्णतया विरोधी सूत्रीकरण वास्तविक की जगह काल्पनिक अधिक लगता है।

एम.एन. श्रीनिवास (1966), मिल्टन सिंगर (1971) और एडवर्ड शिल्स (1961) जैसे समाजशास्त्रियों के अध्ययनों ने यह साबित किया है कि भारतीय समाज में सांस्कृतिक परासरण की प्रक्रिया अत्यन्त जटिल है।[28] खासतौर पर मद्रास के एक समुदाय के बारे में सिंगर का अध्ययन दिखाता है कि भारतीय समाज चुनाव की एक सतर्क प्रक्रिया के जरिये बाहरी सांस्कृतिक रूपों को एक परम्परागत चेहरा-मोहरा देकर स्वीकार करता है। सिंगर का शोध यह दिखाता है कि भारतीय समाज में बाहरी प्रभावों को नियन्त्रित करने और उन्हें अपने लिए लाभकारी बनाने की एक अन्तर्निहित प्रतिभा है। दूसरे शब्दों में भारतीय संस्कृति में नयी परिस्थितियों के साथ अपनी शर्तों पर सामंजस्य बिठाने की अद्भुत प्रतिभा है। इस तरह की सामंजस्य

बिठाने और बदलाव करने की प्रक्रिया में संघर्ष अनिवार्य नहीं है। इसका मलतब यह हुआ कि उन्नीसवीं शताब्दी में भारत के बौद्धिक जीवन का अधिकांश घेरनेवाली परम्परा बनाम आधुनिकता की मौजूदा बहस, देश में सामाजिक बदलाव की प्रक्रिया की आंशिक समझ ही प्रदर्शित करती है। द्विध्रुवीय संघर्ष की धारणा औपनिवेशिक काल में बनी सांस्कृतिक सम्बन्धों की गलत समझ का परिणाम है।[29] साहित्यालोचना ने इसे ही विरासत के रूप में स्वीकार कर लिया है। प्रायः साहित्यालोचना में भारतीय बनाम पाश्चात्य के सांस्कृतिक विरोध को बहुत सैद्धान्तिक तरीके से प्रस्तुत किया जाता है, जो पूरी प्रक्रिया को अर्थहीन और भ्रामक बना देता है।

भारतीय आलोचकों ने संस्कृत काव्यशास्त्र में अन्तर्निहित वैचारिक प्रवृत्तियों का पाश्चात्य आलोचनात्मक सिद्धान्तों (भरत-अरस्तू : कांटक, 1984; हास्य-मेरेडिथ; जी.एस. अमर, 1976; ध्वनि-टी.एस. इलियट; कृष्ण रायन, 1965; करुणा-ट्रेजिडी; आर.बी. पाटणकर, 1967, आदि) के साथ मेल बिठाने की बहुधा कोशिशें की हैं।[30] मेल बिठाने के इन प्रयासों के पीछे धारणा यह है कि समकालीन भारतीय आलोचक एक दोराहे पर खड़ा है और उसे अपने साहित्यिक मानदंड इन्हीं परस्पर विरोधी युग्मों के बीच ही चुनना चाहिए। उदाहरण के लिए वी.वाई. कांटक का नाट्यशास्त्र में प्रस्तुत नाट्य पद्धति के बारे में उत्कृष्ट लेख भरत के सिद्धान्त पर अरस्तू के नाटक के सिद्धान्त की रोशनी में विचार करता है :

भरत के नाट्यशास्त्र में निहित बुनियादी वैचारित प्रवृत्तियों की परीक्षा करने के लिए अरस्तू का काव्यशास्त्र एक सुगम प्रस्थानबिन्दु—नाट्यशास्त्र के निरभ्र, गहन जल में खतरनाक गोता लगाने के लिए कूदने की एक जगह-जैसा है। आज हम जितने भी वैचारिक औज़ारों का प्रयोग करते हैं, वे बहुत हद तक प्लेटो और अरस्तू द्वारा शुरू की गयी विचारों की पाश्चात्य परम्परा से निःसृत हैं। फिर, अरस्तू का काव्यशास्त्र एक आदर्श प्रस्तुत करता है जो नाट्यशास्त्र के खास सूत्रीकरणों के विरुद्ध हैं, उनकी पहचान की जा सकती है और उन्हें दूर किया जा सकता है।[31]

इतने स्पष्ट और सुबोध तरीके से आलोचक हमें संस्कृत नाट्य सिद्धान्त के 'गहन, निरभ्र जल' में ले जाता है और हमें इस सवाल का जवाब देने के लिए छोड़ देता है कि "क्या हमारा रंगमंच अरस्तू और भरत के बीच घिसट रहा है और दोराहे पर खड़ा है?"

जिस तरह से कांटक भरत और अरस्तू को विकल्प के रूप में प्रस्तुत करते हैं और इस विरोधी युग्म को भारतीय रंगमंच की दुर्दशा के सार के रूप में प्रस्तुत करते हैं, उससे उन्नीसवीं सदी की शिक्षा के बारे में बहस की याद ताजा हो जाती है; जिसमें संस्कृत और अंग्रेज़ी को एकमात्र विकल्प के रूप में प्रस्तुत किया गया था। आधुनिक भारतीय आलोचना की पुनरुत्थानवादी और पाश्चात्यवादी प्रवृत्तियों

के मूल में वही धारणाएँ हैं। समकालीन आलोचना की ये दो मुख्य प्रवृत्तियाँ यह मानकर चलती हैं कि भाषा साहित्य के लेखक व आलोचकों की पाश्चात्य व संस्कृत विचार परम्परा तक आसान पहुँच है।

आधुनिक भारतीय बौद्धिक व पश्चिमी विचार

लोगों को यह भ्रम है कि उन्नीसवीं शताब्दी में भारत में शुरू की गयी ब्रिटिश शिक्षा के चलते आधुनिक भारतीय बौद्धिकों की पाश्चात्य विचार परम्परा तक पहुँच है। इसमें कोई सन्देह नहीं कि ब्रिटिश शिक्षा ने अमूल्य ज्ञान दिया और योरप में विकसित हुए अनेक विचारों से परिचित कराया। लेकिन व्यवस्था ने परम्परागत भारतीय ज्ञान और आधुनिक योरपीय ज्ञान के बीच अन्तःक्रिया या दोनों के बीच संश्लेष या भारतीय बौद्धिकों की योरपीय परम्परा में अर्थपूर्ण भागीदारी को बढ़ावा नहीं दिया। औपनिवेशिक समय में संस्कृत व अन्य पूर्वी बोलियों की खोज ने योरपीय विद्वानों के लिए महान प्रेरणा का काम किया। और उनमें से ज्यादातर ने स्वीकार किया कि संस्कृत में महान साहित्य रचा गया। फिर भी, जब योरप ने अपने साहित्यिक क्षितिज का विस्तार तुलनात्मक साहित्य की दिशा में करने की सोची तो इसने बड़ी ईमानदारी से नये अनुशासन के दायरे में पूर्वी साहित्य को शामिल नहीं किया। इस तरह, उदाहरण के लिए जब मैथ्यू आर्नाल्ड ने तुलनात्मक दृष्टिकोण की वकालत की तो उसने इसे महज योरपीय साहित्य तक सीमित रखना चाहा।[32] तत्कालीन औपनिवेशिक सन्दर्भ में यह बहुत स्वाभाविक था कि योरप ने भारतीय साहित्य को 'प्राच्यवाद'[33] और 'भारतविद्या' के दायरे में घेर देने की कोशिश की ताकि यह विशुद्ध व सांस्कृतिक रूप से श्रेष्ठतर साहित्य को दूषित न करे!

भारत के ब्रिटिश शिक्षाविदों के उद्देश्य पूरी तरह से व्यावहारिक थे।[34] उनका उद्देश्य भारतीयों को इसलिए 'शिक्षित' करना नहीं था कि वे सांस्कृतिक रूप से अंग्रेज़ों के बराबर ठहरें। उनका मकसद भारतीयों को महज इतना शिक्षित करना था कि वे साम्राज्य के लिए 'उपयोगी' हो सकें। फिर भी सांस्कृतिक रूप से हतोत्साहित भारतीय बौद्धिक अंग्रेज़ी संस्कृति को क्षयग्रस्त भारतीय संस्कृति से श्रेष्ठ मानने के लिए तैयार थे, इसलिए उन्हें 'न्यायपूर्ण' अंग्रेज़ी शिक्षा, प्रशासन और कानून को गले लगाने में कोई कठिनाई न हुई। इस स्वीकृति ने इस विश्वास को जन्म दिया कि योरपीय संस्कृति एक 'खुली व्यवस्था' थी और यदि भारतीय बौद्धिक न्यूनतम आवश्यक उत्कृष्टता हासिल कर लेते तो इसमें अन्तःक्रिया आधारित भागीदारी सम्भव थी। अंग्रेज़ी भाषा के जरिये उपलब्ध पाश्चात्य विचारों पर भारत की जारी एकतरफा निर्भरता के आलोक में भागीदारी और अन्तःक्रिया की इस सदिच्छा का विरोध करने की कोई जरूरत नहीं बचती।

पश्चिम के विचारों की सतत स्वीकार्यता का कारण उन विचारों में निहित मूलभूत मूल्य नहीं माने जा सकते। भारतीयों ने पश्चिमी ज्ञान की सांस्कृतिक श्रेष्ठता को उनमें निहित मूलभूत मूल्यों की परीक्षा के बाद स्वीकार करना नहीं शुरू किया। बल्कि इसके उल्टे उन्होंने पश्चिमी विचारों का अध्ययन इसलिए शुरू किया, क्योंकि उन्होंने अंग्रेज़ी संस्कृति की श्रेष्ठता पहले ही स्वीकार कर ली थी (जितनी लुटेरे औपनिवेशिक अधिकारियों की जीवन पद्धति में झलकती थी)। अंग्रेज़ों की सैन्य व तकनीकी श्रेष्ठता भारत में अंग्रेज़ी भाषा और अंग्रेज़ी पद्धति की शिक्षा शुरू होने से पहले ही स्वीकार की जा चुकी थी। इसलिए यह आश्चर्यजनक नहीं था कि अठारहवीं सदी के अन्त और उन्नीसवीं सदी की शुरुआत में बहुत से बंगाली बौद्धिकों ने अंग्रेज़ी के जरिये शिक्षा का पक्ष लिया था। भारत को सांस्कृतिक उपनिवेशीकरण अर्जित करने का मौका शुरुआत में ही नहीं काफी बाद में दिया गया था। शिक्षा की बहस सम्बन्धी तमाम वक्तव्यों की परीक्षा करने पर यह साफ हो जायेगा कि अंग्रेज़ी शिक्षा की शुरुआत का मकसद उतना भारत को 'सभ्य' बनाना नहीं था जितना कि अंग्रेज़ों के इस विचार को संस्थाबद्ध रूप देना कि भारत सभ्यता के मामले में बहुत बुरे स्तर पर था और इससे उबारने और साम्राज्य को चलाने के लिए कुछ आज्ञाकारी भारतीयों की जरूरत थी।

औपनिवेशिक शासन की शोषणकारी प्रकृति को देखते हुए यह स्वाभाविक ही था कि अंग्रेज़ी भाषा ने ज्ञान के क्षेत्र को राजनीतिक स्वार्थ के अनुरूप बनाने में महत्वपूर्ण भूमिका निभायी। यह एक जानी-पहचानी सामाजिक-भाषाई परिघटना है, जिसमें राजनीतिक रूप से प्रभुत्वशाली अल्पसंख्यक की भाषा को राजनीतिक रूप से दबाये हुए बहुसंख्यक श्रेष्ठ मानते हैं। इसी तरह शासक अल्पसंख्यकों के ज्ञान—इसमें सांस्कृतिक और तकनीकी विकास, विश्व-दृष्टि और प्रकृति को नियन्त्रित करने के तरीके आदि शामिल हैं—को शासित बहुसंख्यकों में श्रेष्ठ स्वीकार करने की प्रवृत्ति होती है, भले ही यह ज्ञान उनकी अपनी जरूरतों के लिहाज से एकदम ही अप्रासंगिक हो। औपनिवेशिक काल में भारतीय साहित्यिक बोध को इस तरह मूल्यों के राजनीतिक निर्धारण के दौर से गुजरना पड़ा है।

बौद्धिक परम्पराएँ संस्कृति-सापेक्ष होती हैं। वे उन्हें जन्म देनेवाले समाज और उस युग की खास जरूरतों के चलते अस्तित्व में आती हैं। जब ये परम्पराएँ प्रत्यारोपित की जाती हैं तो अपनी प्रामाणिकता और उपयोगिता भी खो देती हैं। सुधीर कक्कड़ ने भारत में बचपन और समाज के बारे में मनोविश्लेषणात्मक अध्ययन[35] में कहा है कि प्रयोग के लिए सार्वभौम माने जानेवाले पश्चिमी मनोवैज्ञानिक दृष्टिकोणों को गैर-पश्चिमी सांस्कृतिक सन्दर्भ में लागू करने से पहले उनकी सावधानीपूर्वक पड़ताल और जरूरी बदलाव करना चाहिए। वे स्पष्ट रूप से दिखाते हैं कि भारत में बचपन की

प्रकृति और पालन-पोषण पश्चिम में बचपन की प्रकृति और पालन-पोषण से कितना भिन्न है, और संस्कृति आधारित मनोविज्ञान की जरूरत को स्थापित करते हैं :

क्योंकि मैं योरप, अमेरिका और भारत में रहा हूँ, काम किया है और शिक्षा हासिल की है इसलिए मैं भारत के साथ जिन 'अन्य' संस्कृतियों की तुलना करता हूँ उनमें से अधिकांश पश्चिम की हैं। फिर भी मैं हर समाज की स्वायत्तता के प्रति सावधान रहा हूँ। मेरा मकसद भारत या पश्चिम के किसी एक समाज को 'अन्य' के रूप में मूल्यांकित करना नहीं रहा है। मैंने किसी समाज के किसी व्यक्ति के मनोवैज्ञानिक गुणों को विक्षिप्तता के लक्षण या फिर दूसरों में मौजूद किन्हीं सार्वभौम आदर्शों से विचलन के रूप में नहीं समझा है। बल्कि मैं इस धारणा पर आगे बढ़ा हूँ कि दोनों समाज सार्वभौम द्वन्द्वों के काफी भिन्न हल प्रस्तावित करते हैं, दोनों (धर्मनिरपेक्ष मनोवैज्ञानिक शब्दावली में) के पास 'स्वस्थ' व्यक्तित्व की खास धारणाएँ होती हैं और इस बात की भी धारणाएँ होती हैं कि सामाजिक सम्बन्धों को कैसे व्यवस्थित करना चाहिए कि इस मुश्किल लक्ष्य को हासिल किया जा सके।[36]

कक्कड़ जो कुछ भी मनोविज्ञान के लिए कह रहे हैं, उसी तर्क को साहित्यालोचना पर भी लागू किया जा सकता है। इसलिए आगे मैं उनकी व्याख्या उद्धृत कर रहा हूँ :

उदाहरण के लिए पश्चिम में अहं के मनोविज्ञान और मनोचिकित्सा के सिद्धान्त एक बहुत जटिल व्यक्तित्व की कल्पना करते हैं जो अपनी सभी मनो उप-संरचनाओं के लिए एक सामान्य उपचार खोजने की सतत कोशिश करता है। यह प्रक्रिया अहं के क्रियाकलापों के संश्लेष व संघटन की माँग करती है। दूसरी तरफ भारत में मनोवैज्ञानिक पूर्णता या 'परिपक्वता' का आदर्श... एक अपेक्षाकृत निष्क्रिय और कम भिन्न अहं के साथ काफी संगत है। मनोवैज्ञानिक परिपक्वता के किसी भी ऐसे आदर्श को विराम देने की जरूरत है जो एक समाज के अनुभवों व रवायतों को दूसरे समाजों के लिए सार्वभौम नियम मानकर चलता है। मुझे छह अन्धों और हाथी की कथा याद आ रही है, जिसमें एक आदमी हाथी की पूँछ छूने के बाद दूसरों पर अपना यह विचार थोपना चाहता था कि हाथी एक साँप है।[37]

यह चेतावनी साहित्यालोचना के लिए उतनी या उससे भी अधिक सही है, जिसका मनोविश्लेषण की तुलना में प्रतीकों और चिन्हों के अधिक व्यवस्थित समुच्चयों से पाला पड़ता है।

औपनिवेशिक काल में बहुत-सी साहित्यिक व आलोचनात्मक अवधारणाएँ भारतीय लेखकों व आलोचकों द्वारा श्रेष्ठतर अवधारणाओं के रूप में स्वीकार कर ली गयीं और शिक्षा प्रक्रिया में भी शामिल कर ली गयीं। भारत जैसे देश में जहाँ प्राधिकार के लगभग अन्ध-स्वीकार पर ही व्यवस्था टिकी हुई है, एक बार शिक्षा प्रक्रिया में

शामिल होने के बाद वे अवधारणाएँ एक पीढ़ी से दूसरी पीढ़ी में फैलती चली गयीं। जबकि वास्तव में ये अवधारणाएँ योरप केन्द्रित रही होंगी। महाकाव्य की अवधारणा इस नुकसानदेह प्रक्रिया का एक उदाहरण है। यह विधा भारत में उतनी ही पुरानी है जितनी कि योरप में। भारत में यह विधा भाग्यशाली रही कि इसे सातवीं शताब्दी में दंडी से लेकर ग्यारहवीं शताब्दी में भोज तक ऐसे समर्थ सिद्धान्तकार मिले जिन्होंने इसके रूप और अन्तर्वस्तु की संरचना पर विस्तृत अध्ययन किया। महाकाव्य के बारे में *काव्यादर्श* और *शृंगारप्रकाश* अत्यन्त सराहनीय सैद्धान्तिक ग्रन्थ हैं।[38]

महाकाव्य का विकास संस्कृत और भाषा दोनों में हुआ और इसकी कई उप-विधाएँ विकसित हुईं; जैसे कि आदिकाव्य (साहित्यिक महाकाव्य–रामायण), महाकाव्य (मौखिक महाकाव्य–महाभारत), सर्गबन्ध (क्लासिकल युग के आधुनिक महाकाव्य–रघुवंश), चम्पू (काव्य व गद्य मिश्रित लम्बे आख्यान), और महाकाव्यात्मक महत्ववाले अन्य क्षेत्रीय नायकत्वपूर्ण आख्यान। अंग्रेज़ी शिक्षा अपने साथ मिल्टन के महाकाव्य व योरपीय महाकाव्यों के अंग्रेज़ी अनुवाद लेकर आयी। और इनके साथ ही योरपीय महाकाव्य आलोचना भी भारत आयी, जोकि भारतीय महाकाव्य आलोचना की तुलना में काफी कमजोर थी लेकिन औपनिवेशिक शिक्षा के आशीर्वाद से लाभ की स्थिति में थी। योरपीय महाकाव्यों से परिचय भारतीय साहित्य के लिए समृद्धि कारी अनुभव था, लेकिन इसकी योरपीय आलोचना महाकाव्य के प्रति देशी अपेक्षा के अनुरूप नहीं थी। यदि अंग्रेज़ी औपनिवेशिक युग में संरचनावाद आलोचनात्मक चलन में रहा होता तो शायद दंडी की सर्गबन्ध और उसकी अन्तर्वस्तु को परिभाषित करती जटिल संरचना की अवधारणा को दूसरा जीवन मिल गया होता। लेकिन इंग्लैंड की कम विकसित महाकाव्य आलोचना के प्रभाव के चलते धीरे-धीरे भारतीय आलोचक भारतीय महाकाव्य के बारे में अनिश्चित होते चले गये।

भारत में बौद्धिक आयात की प्रक्रिया ने सांस्कृतिक आदान-प्रदान में एक असन्तुलन पैदा करने के साथ-साथ ज्ञान और यथार्थ के बीच एक फाँक पैदा कर दी। किसी दूर देश में पैदा हुई ज्ञान-पद्धतियों के अन्धानुकरण ने जीवन और उसके अध्ययन के लिए इस्तेमाल होनेवाली अवधारणाओं के बीच भी चौड़ी खाई पैदा कर दी। साहित्यालोचना भी इस गड़बड़ी का अछूती नहीं रही। आधुनिकतावाद की अवधारणा इसे समझने का अच्छा उदाहरण है। 'आधुनिकतावाद' कमोबेश योरपीय साहित्य व संस्कृति के एक खास काल को बताने के लिए प्रयुक्त होता है, जिसे योरप में एक निश्चित अर्थ (कभी-कभी बदलता हुआ और कभी परस्पर विरोधी भी) मिल चुका है। इस तरह कॉफ्का, थॉमस मान, जेम्स जॉयस, आन्द्रे गिडे, और अर्नेस्ट हेमिंग्वे जैसे अलग-अलग शैलियों के लेखकों को मूलतः आधुनिकतावादी लेखकों के बतौर व्याख्यायित किया जा सकता है। योरपीय आधुनिकतावाद के

प्रभाव से भारतीय साहित्य में पैदा हुए साहित्यिक आन्दोलन अपने चरित्र में योरपीय आधुनिकतावाद से पूरी तरह भिन्न हो सकते हैं। फिर भी भारतीय आलोचना ने योरपीय आधुनिकतावाद और उसके भारतीय अवतार के बीच फर्क करने की जरूरत नहीं महसूस की है। चूँकि भारत में साहित्यालोचना में अन्तर-सांस्कृतिक रूपान्तरणों पर ध्यान नहीं दिया जाता, इसलिए साहित्य से इसकी अपेक्षाएँ पश्चिमी चलन द्वारा निर्धारित होती हैं। कैसे कोई देरिदा के भिन्नता के बोध के सिद्धान्त का इस्तेमाल करते हुए ऐसे साहित्य के साथ न्याय कर सकता है, जो ऐसे समाज में पैदा हुआ है जिसने लोगोसेंट्रज्म से उद्भूत चिन्ताओं को कभी भोगा ही नहीं?

औपनिवेशिक और उत्तर-औपनिवेशिक भाषा आलोचना ने बहुत स्पष्ट तौर पर राजनीतिक श्रेष्ठता के औपनिवेशिक युग में पैदा हुए ज्ञान की श्रेष्ठताक्रमवाली संरचना को स्वीकार कर लिया है। एक बार बन जाने पर ये ढाँचे स्वयं का तर्क बन जाते हैं। यह उपनिवेशितों को स्वीकार्यता का मार्ग अपनाने के लिए प्रेरित करता है। और दूसरी तरफ यह उपनिवेशकों को प्रेरित करता है कि वे अपनी मूल्य व्यवस्था से किसी भी विचलन को निषिद्ध समझे या इससे भी बदतर इसे नृवैज्ञानिक उत्सुकता से देखे। 1826 में जेम्स मिल ने ब्रिटिश भारत का इतिहास में लिखा :

(रामायण और महाभारत) में ऐसे कई कार्य-व्यापार दिखाये गये हैं, जिनमें मनुष्य और देवता दोनों लगे हुए हैं। ये कल्पित कथाएँ न केवल ताम-झामवाली और अप्राकृतिक हैं, बल्कि संसार के भौतिक और नैतिक नियमों से भी ये कम मेल खाती हैं। ये कम शानदार और अधिक भयानक हैं। इनमें ऐसा कुछ भी नहीं है जो लगाव पैदा करे, सहानुभूति जगाये, प्रशंसा का भाव और श्रद्धा पैदा करे या फिर भय ही पैदा करे। ये अत्यन्त उबाऊ और नीरस हैं। अपने लम्बे-लम्बे अंशों में वे इतनी तुच्छ और बचकानी हैं कि योरपीय कविता से परिचित कोई भी व्यक्ति इसकी कल्पना भी नहीं कर सकता। वे जिन शैलियों में लिखी गयी हैं उनके बारे में यही कहा जा सकता है कि खासतौर से एशियाई अशिष्ट राष्ट्रों के चरित्र की सभी विशेषताएँ उनमें मूर्तिमान हैं। स्फीति; अत्यन्त हिंसक व अस्वाभाविक किस्म के शाश्वत रूपक; ज्यादातर अप्राकृतिक व हास्यास्पद; अन्धकारपूर्ण, पुनरुक्ति, दोहराव, शब्दाडम्बर, विभ्रम, असम्बद्धता; किस मामले में रामायण और महाभारत को अलगाया जा सकता है।[39]

यह बहुत स्वाभाविक था कि साम्राज्य निर्माण की प्रक्रिया के वाहक के बतौर मिल इस तरह की गलत धारणाओं पर कायम रहते। लेकिन औपनिवेशिक दुराग्रह के परिणामस्वरूप यदि कोई भारतीय आलोचक भारतीय साहित्य के अतीत के प्रति सहानुभूति नहीं महसूस करता तो ऐसी स्थिति में आमूल बदलाव की जरूरत है।

नृवैज्ञानिक स्वर में यदि संवेदना न मिली हुई हो तो वह जीवित संस्कृतियों

को महज विश्लेषण की वस्तुओं में संकुचित कर देता है। यही स्वर भारत के प्रति पश्चिम की प्रतिक्रिया में बहुतायत में मौजूद है। यह स्वर औपनिवेशिक विरासत है और इसकी गूंज सुसन लैंगर जैसी अच्छी मंशावाली प्रशंसात्मक टिप्पणीकारों में भी सुनी जा सकती है। नाटक के रस सिद्धान्त पर अपनी महत्वपूर्ण पुस्तक फीलिंग एंड फॉर्म, (1953) में लैंगर लिखती हैं :

रंगमंच में भाव के विभिन्न पक्षों के बारे में हिन्दू आलोचकों की समझदारी पश्चिमी आलोचकों की अपेक्षा बहुत बेहतर है, जिसे हमारे लेखक खतरनाक तरीके से भ्रमित कर देते हैं।[40]

क्या लैंगर चौथी शताब्दी के भरत की ओर संकेत कर रही हैं? या फिर उनका अभिप्राय ग्यारहवीं शताब्दी के अभिनवगुप्त से है? और वे रंगमंच के किस खास सिद्धान्त का उल्लेख करना चाहती हैं? हिन्दू आलोचकों के नाम भी थे, डेढ़ हजार वर्षों के सक्रिय साहित्य सिद्धान्तों के इतिहास के साथ उनके खास तरह के सम्बन्ध थे और वे सिद्धान्तों के विकास के किसी खास चरण से जुड़े हुए थे। लैंगर इन ऐतिहासिक सन्दर्भों को नजरअन्दाज कर देती हैं और 'हिन्दू आलोचक' की सपाट व अनैतिहासिक छवि प्रस्तुत करती हैं। पश्चिम द्वारा गढ़ी गयी भारत की इन अनैतिहासिक छवियों ने भारत के आत्म-बोध को भी प्रभावित किया।

ज्ञान के क्षेत्र के राजनीतिक रूप से स्तरीकृत होने ने आधुनिक भारतीय आलोचना के लिए बड़ी समस्या नहीं खड़ी की। बल्कि पश्चिमी संस्कृति के विचारों के जरिये हासिल होनेवाले आधुनिक भारतीय आत्म-बोध ने न सिर्फ समस्या खड़ी की है, बल्कि उसने इसे अत्यन्त विनाशकारी भी बनाया है। फिर जैसाकि पहले भी कहा जा चुका है, यह मानना कि भारतीय बौद्धिकों का पश्चिमी विचार परम्परा में 'दखल' है, एक खामखयाली से अधिक कुछ नहीं है। आधुनिक भारतीय संस्कृति के छात्रों के लिए यह कयास लगाना काफी रोचक हो सकता है कि ऐतिहासिक परिस्थितियों द्वारा पैदा किये गये इस संकट का भारत में अत्यन्त लोकप्रिय निष्काम प्रेम की अवधारणा से कोई गहरा सम्बन्ध तो नहीं है।

आशीष नन्दी (1983) ने औपनिवेशिक मुठभेड़ के मनोविज्ञान को व्याख्यायित करने के लिए एक पुरुष और महिला के सम्बन्धों के रूपक का इस्तेमाल किया है।[41] उनके अनुसार औपनिवेशिक स्थितियों में उपनिवेशित संस्कृति (स्त्री की प्रतिनिधि) उपनिवेशक संस्कृति (पुरुष की प्रतिनिधि) की नकल करने की कोशिश करती है और अन्ततः दोनों में कुछ भी नहीं बन पाती (उभयलिंगी की प्रतिनिधि)। नन्दी का रूपक एक हद तक आधुनिक भारतीय बौद्धिकों की खासकर साहित्यालोचना के क्षेत्र में बौद्धिक 'नपुंसकता' की व्याख्या करती है। अब इसे अलग से रेखांकित करने की जरूरत नहीं कि इस दुर्दशा का मुख्य कारण पश्चिमी ढाँचों की नकल है। नन्दी का

विवरण औपनिवेशिक सांस्कृतिक सम्बन्धों की अनुत्पादक प्रकृति को सामने लाता है। यह सम्बन्ध उपनिवेशित और उपनिवेशक दोनों की गलत आत्म-छवियों का उत्पादन करता है: पाश्चात्य विचारों में दखल के भ्रम की आड़ में भारतीय बौद्धिक औपनिवेशिक शासन द्वारा गढ़ी गयी अपनी आत्म-छवि को स्वीकार करता है और इसीलिए आत्म-छल को चुनता है। पाश्चात्य विचार परम्परा सिद्धान्ततः पहुँच से बाहर नहीं हैं, लेकिन व्यवहार में वे पहुँच से बाहर हैं। इसका कारण औपनिवेशिक विरासत के बतौर बची हुई असमान साझेदारी और एकतरफा सम्बन्ध हैं।

कालिदास (376-454?) के संस्कृत नाटक अभिज्ञानशाकुन्तलम् के सर विलियम जोंस द्वारा अंग्रेज़ी (1789) में किये गये अनुवाद से भारत और पश्चिमी विचार के बीच आधुनिक सम्बन्धों का सूत्रपात हुआ। इसका अध्ययन भारत की आत्म-छलना को व्याख्यायित करने के लिए एक प्रभावी रूपक दे सकता है। नाटक का नायक राजा दुष्यन्त शिकार (मृगया) के दौरान शकुन्तला से मिलता है और गुप्त रूप से उससे विवाह कर लेता है। इसे आधुनिक उपनिवेशीकरण के आरम्भिक प्रस्तुतीकरण के बतौर पढ़ा जा सकता है, क्योंकि यह एक शोषणपरक सम्बन्ध पर केन्द्रित है। वह उसे बुलाने का वचन देकर राजधानी वापस लौट जाता है, लेकिन अपना वादा पूरा नहीं करता। जब शकुन्तला अपनी पहल पर उसके दरबार में पहुँचती है, वह उसे पहचान नहीं पाता और शकुन्तला दुष्यन्त द्वारा दी गयी पहचान की अँगूठी खो देने के चलते अपनी पहचान साबित नहीं कर पाती। इस तरह शकुन्तला न तो अपने पति द्वारा स्वीकार की जाती है और न ही अपने पिता (पालन-पोषण करनेवाले) के घर वापस जा सकती है। उसने अपनी पहचान का चिन्ह (अँगूठी), उसे महत्व देनेवाला सांस्कृतिक सन्दर्भ (उसके पिता का आश्रम) और किसी भी सम्बन्ध की सम्भावना खो दी है। लेकिन सबसे महत्वपूर्ण तो यह कि उसने विमर्श की दुनिया में भागीदारी का अधिकार ही खो दिया। कोई इस रुक्ष सार-संक्षेप में यह जोड़ सकता है कि दुष्यन्त द्वारा शकुन्तला को न पहचान पाना एक अस्थाई स्मृतिभ्रंश के शाप के कारण था। आरम्भिक मुठभेड़ की औपनिवेशिक प्रकृति, स्मृतिभ्रंश और विमर्श इस नाटक के कथानक के ऐसे तत्व हैं जो इसे आधुनिक विश्लेषण के लिए एक रोचक पाठ बनाते हैं। कोई यह कयास लगा ही सकता है कि पश्चिमी दुनिया में भारत की छवि प्रस्तुत करने के लिए सर विलियम जोंस ने शूद्रक के मृच्छकटिकम् (एक यथार्थवादी प्रहसन, जिसमें नायिका का चरित्र बहुत मजबूत और सक्रिय है) जैसे नाटक को नहीं, बल्कि अभिज्ञानशाकुन्तलम् को चुना। पश्चिम और पश्चिमीकृत भारतीयों ने उस छवि को उसके सर्वाधिक जड़ रूप में संरक्षित रखने के लिए अब तक गठजोड़ किया हुआ है। इस बीच जीवन और साहित्य आगे निकल गये हैं।

आधुनिक भारत और संस्कृत परम्परा

आधुनिक भारतीय साहित्य और संस्कृत की साहित्य परम्पराओं के बीच बहुत कमजोर सम्बन्ध है। इसके प्रमुख कारण इस प्रकार हैं : 1) संस्कृत साहित्य परम्परा की आन्तरिक कमजोरियाँ, 2) विदेशी प्रभाव की अनेक लहरें और औपनिवेशिक शासन, जिसने गैर संस्कृत साहित्य को आधिकारिक संरक्षण दिया, 3) सतत सामाजिक परिवर्तन और भाषावैज्ञानिक शास्त्रविरुद्धता, और 4) शताब्दियों की सुविचारित उपेक्षा। संस्कृत की साहित्यिक व आलोचनात्मक परम्पराएँ आधुनिक भारतीय बुद्धिजीवियों को उनकी कल्पना में ही उपलब्ध हैं। आधुनिक आलोचक कह सकता है कि एक हजार साल पहले भारत में साहित्यालोचना की गौरवशाली परम्परा थी। लेकिन यह कहने के बाद वह इस परम्परा को अपनी बौद्धिक गतिविधि के दौरान जीवित परम्परा के रूप में इस्तेमाल नहीं कर पाता। दूसरे शब्दों में कहें तो आधुनिक भारतीय बौद्धिक के लिए अतीत को वर्तमान में प्रक्षेपित करना और ज्यादातर तो वर्तमान को अतीत में प्रक्षेपित करने की सम्भावना तो लगती है, लेकिन अतीत और वर्तमान के बीच कोई आवयविक सम्बन्ध नहीं सम्भव लगता।

अतीत के बारे में भारतीय रुख को बहुत अच्छी तरह दर्ज करनेवाला माधव देशपांडे (लगभग 1979) का अध्ययन दिखाता है कि हाल ही में उद्भूत चीजों को अत्यन्त प्राचीन कल्पित कर लेना काल के बारे में भारतीय ज्ञानमीमांसा का अनिवार्य घटक है। इस तर्क का समर्थन मिल्टन सिंगर का समाजशास्त्रीय शोध भी करता है, जिसकी चर्चा पहले की जा चुकी है। देशपांडे के तर्क का सार निम्न उद्धरण में देखा जा सकता है :

प्राधिकार के पदानुक्रम का सबसे महत्वपूर्ण हिस्सा यह धारणा है कि कालान्तर में वैदिक ग्रन्थ और संहिताओं की जगह ऐसी रीतियाँ चल पड़ीं जो उनके प्राधिकार के खिलाफ नहीं थीं। यह इतिहास की बहुत अलग धारणा पेश करता है। एक आधुनिक शोधकर्ता वैदिक ग्रन्थों को देखता है और निष्कर्ष निकालता है कि अमुक चीजें वैदिक समय में मौजूद थीं क्योंकि उनका उल्लेख वैदिक ग्रन्थों में है। जहाँ तक ऐसी चीजों का सवाल है जो आज मौजूद हैं लेकिन उनका उल्लेख वैदिक ग्रन्थों में नहीं है तो आधुनिक इतिहासकार यह नहीं कह सकता कि वे भी वैदिक काल में मौजूद थीं। जो हो, शास्त्रीय भारतीय परम्परा वर्तमान को अतीत में प्रक्षेपित करते समय 'सन्देह के लाभ' की प्रविधि का इस्तेमाल करती थी। वैदिक आर्यों के ठीक वैसे ही व्यवहार किये होने की उम्मीद की जाती है जैसाकि उनके मध्यकालीन या आधुनिक भारतीय वारिस कर रहे हैं। वर्तमान का औचित्य अतीत में ढूँढ़ा जाता है, लेकिन इस प्रक्रिया में ठोस वर्तमान का औचित्य सिद्ध करने के लिए काल्पनिक अतीत गढ़ लिया गया।[12]

इतिहास और काल के बारे में सामान्य भारतीय नजरिये का यह काफी सटीक विश्लेषण है, भले ही अलग-अलग धार्मिक समूहों और सम्प्रदायों के बीच कुछ भिन्नताएँ दिखायी जा सकें। बीसवीं शताब्दी की भारतीय साहित्यालोचना में हर नयी तकनीक को पुरातात्विक अतीत से जोड़ने की प्रवृत्ति अत्यन्त सक्रिय देखी जा सकती है। मौजूदा शताब्दी में भारतीय आलोचना ऐसे अनेक प्रयासों की साक्षी रही है जिन्होंने संस्कृत विचारों और आलोचना की महत्ता इस आधार पर सिद्ध करने की कोशिश की कि उन विचारों को योरपीय आलोचक आधुनिक काल में ही सोच सके। ऐसे प्रयास करनेवालों में भारत के सर्वाधिक प्रतिभाशाली आलोचक; मसलन आनन्द के. कुमारस्वामी (1877-1947), जी.एस. अमर (लगभग 1976), कृष्ण रायन (1966) और के. कृष्णमूर्ति (1969) शामिल रहे हैं। चूँकि अतीत की रचनात्मक तरीके से व्याख्या की जाती है या उसे जानबूझकर विकृत किया जाता है, इसलिए वह उस अतीत से मेल नहीं खाता, जो वास्तव में था। अतीत की वर्तमान अवधारणाओं में वास्तविक अतीत शामिल नहीं है। उसके साथ एक रूमानी सम्बन्ध है जो फँतासी के जरिये फलता-फूलता है।

वहीं दूसरी ओर काव्यशास्त्र समेत समग्र संस्कृत बौद्धिक परम्परा की जड़ता की अवधारणा भारतविद्या की पैदाइश है। जाहिर है, उस परम्परा के जीवित व सशक्त विचारों की व्यवस्था में बदले हुए रूप में भी शामिल होने की सम्भावना नहीं है। साथ ही यह भी स्वीकार करना जरूरी है कि संस्कृत की बौद्धिक परम्परा को पूर्वी सांस्कृतिक क्षेत्र में अमूर्त व जड़ मानने की भारतविद्या की अवधारणा इतिहासतः सही नहीं थी। सर विलियम जोंस ने हिन्दू संस्कृति के बारे में अपने प्रसिद्ध व्याख्यान में यही धारणा प्रस्तुत करने की कोशिश की थी। 1786 में कलकत्ता में एशियाटिक सोसाइटी के समक्ष दिये गये व्याख्यान 'डिस्कोर्स' में जोंस ने घोषणा की थी कि भारतीय इतिहास को खँगालने की अपनी परियोजना में वे सुदूर अतीत की पुरावस्तुओं तक जायेंगे, लेकिन अपने शोध को ग्यारहवीं शताब्दी तक सीमित रखेंगे।[43] इस तरह उन्होंने प्राचीन भारतीय संस्कृति और मध्यकालीन भारतीय संस्कृति के बीच विभाजन को जन्म दिया। जोंस के बाद की हर भारतविद्यावादी परियोजना ने इस विभाजन को बरकरार रखा; जिसके अनुसार प्राचीन भारत हिन्दुत्व की विशुद्ध सांस्कृतिक हालात का आधार है।[44]

भारत के बारे में भारतविद्यावादी दृष्टिकोण विद्वतापूर्ण ग्रन्थों के जरिये प्रकट किया गया, लेकिन इसने जो दृष्टिकोण प्रस्तुत किया उसमें उदासीन पांडित्य के अतिरिक्त भी कई घटक शामिल थे। इसने अपने तात्कालिक राजनीतिक व सामाजिक सन्दर्भ से उससे अधिक ग्रहण किया था, जितना मानने को तैयार था। वी.जी. किअर्नन और एडवर्ड सईद ने दिखाया है कि औपनिवेशिक समय में पूर्व के बारे

में अराजनीतिक दिखनेवाली अकादमिक परियोजनाओं के बड़े सशक्त राजनीतिक मकसद थे।[45] भारत के प्रति पश्चिम का रुख यह दिखाता है कि भारत जैसी संस्कृति से मुठभेड़ करते समय वह एक तरह के सम्भ्रम की स्थिति में रहा है। जब युवा मैकाले कलकत्ता पहुँचा तो उसे लगा कि उसके हाथ की किताब बिखर रही है।[46] एक शताब्दी बाद थॉमस मान अपनी पुस्तक *डेथ ऑफ वेनिस* में गंगा क्षेत्र को बाघों से अटा पड़ा बताते हैं!

सम्भ्रम का एहसास, व्यवस्थित समझ का अभाव और योरप की हर आध्यात्मिक समस्या के लिए आकर्षक पूरब को रामबाण की तरह पेश करने की प्रवृत्ति (उदाहरण के लिए वेस्टलैंड के अन्त में टी.एस. इलियट द्वारा 'शान्ति' शब्द का इस्तेमाल), भारत के प्रति योरपीय नजरिये के अन्य घटक हैं।

भारतीय इतिहास और संस्कृति के क्षेत्र में योरपीय विद्वानों ने काफी महत्वपूर्ण काम किये हैं। और यह सच है कि आधुनिक भारतीय बौद्धिकता भारतविद्या की ऋणी है। फिर भी हाल्हेड के 'ग्रामर ऑफ बंगाली' (1780) से लेकर मैक्समूलर के 'इंडिया : व्हॉट कैन इट टीच अस?' (1882) तक में निहित इतिहास दृष्टि मानती है कि भारत कभी अतीत में गौरवशाली था पर आज वह क्षीयमान है। यह दृष्टि प्राचीन भारत और आधुनिक भारत के बीच कोई सम्बन्ध नहीं देख पाती और सांस्कृतिक परिघटनाओं को इतिहास के प्रवाह से कटी हुई संग्रहालय की वस्तुओं के रूप में देखती है। यह अतीत को रूमानी बना देती है और इसे एकदम अनैतिहासिक दृष्टिकोण से देखती है। चूँकि यह दृष्टिकोण योरपीय विद्वानों द्वारा पेश किया गया था, इसने अपने अतीत के बारे में भारत के स्वयं के रुख को गम्भीर क्षति पहुँचायी। गोयथे द्वारा अचानक ही कालिदास की 'शकुन्तला' के किये गये अधिग्रहण से लेकर आर्थर किलोस्कर के योग से मोहभंग (लोटस एंड रोबोट, 1967, भारत में प्रतिबन्धित) तक, योरप के गैर-विद्वतापूर्ण कामों में भी भारत के प्रति यही दृष्टिकोण अपनाया गया।

यह बात समझनी कठिन है कि भारत का आत्म-ज्ञान बाहरी बौद्धिक प्रभाव के चलते इतनी सहजता से इतना अधिक कैसे प्रभावित हो गया। भारतविद्या को इतना जबरदस्त प्रभाव डालने की हालत में नहीं होना चाहिए था, क्योंकि शिक्षा पर हुई बहस में भारतविद्यावादी (जो उस समय प्राच्यवादी के नाम से जाने जाते थे) अंग्रेज़ीवादियों से पराजित हो गये थे। अंग्रेज़ों की आधिकारिक शिक्षानीति ने भारत में प्राच्यवाद की जगह अंग्रेज़ीवाद को महत्व दिया। इसलिए भारतविद्यावादी तौर-तरीकों की नकल करने का उतना दबाव नहीं था। यह भारतीय संस्कृति के भीतर से आया। संस्कृति द्वारा बाहरी प्रभावों की स्वीकार्यता उसके अपने भीतरी गतिविज्ञान द्वारा भी उतनी ही निर्धारित होती है, जितनी कि बाहरी ताकतों द्वारा।

ऐसा नहीं है कि जो कुछ भी ब्रिटिश था, वह सब का सब भारत ने स्वीकार कर लिया था। उदाहरण के लिए ब्रिटिश सैन्य संगठन और क्रिकेट तो स्वीकार कर लिये गये, लेकिन उनका संगीत और ईसाई धर्म स्वीकार नहीं किये गये। इसलिए भारतविद्यावादी इतिहासदृष्टि की स्वीकार्यता भारतीय संस्कृति के भीतर के किन्हीं तत्वों के चलते सम्भव हुई।

वर्तमान की तुलना में अतीत को अत्यन्त गौरवशाली मानने की प्रवृत्ति भारतीय दर्शन के सांख्यवादियों द्वारा समय की गति की अवधारणा से मेल खाती थी।[47] सांख्य मनुष्य की उत्पत्ति स्वर्णयुग से बिखराव के युग की शुरुआत के साथ यानी सतयुग से कलियुग की शुरुआत के साथ मानता है। यह दृष्टिकोण महज फँतासी था, भारतविद्या की शुरुआत के समय भारतीय परम्परा इतनी कमजोर भी नहीं थी, फिर भी यह त्रासद ढंग से सच है कि भारतविद्या बड़ी सहजता से भारतीय परम्परा में घुलमिल गयी। सतत सांस्कृतिक क्षय में यकीन करनेवाली परम्परा बनी। एक ऐसे समाज द्वारा भारतीय इतिहास के बारे में एकांगी दृष्टिकोण की स्वीकार्यता ने, जो अपनी प्राचीन आदर्शवादी विश्व-दृष्टि से अधिक व्यावहारिक विश्व-दृष्टि की ओर बढ़ रहा था, उसकी आत्मछवि में और भी बदलाव पैदा कर दिये।

अब तक मैंने तर्क दिया कि भारतीय आलोचकों ने स्वयं को भ्रम में रखते हुए खुद को यकीन दिलाया कि पाश्चात्य विचार परम्परा में उनका दखल है, जबकि हकीकत यह है कि उनका उन परम्पराओं के साथ द्विआयामी 'आभासी' सम्बन्ध था। यह सम्बन्ध स्तरीकृत (जिसमें भारतीय आलोचकों को नीचे की जगह मिली) और एकतरफा है। वहीं दूसरी ओर संस्कृत की बौद्धिक विरासत से उनका बहुत क्षीण सम्बन्ध है, लेकिन इसके पूर्ण क्षय में यकीन रखते हुए भी हो सकता है कि अनजाने ही वे इसे जीवित भी रखे हों। इन दो दृष्टिकोणों के बारे में एक रेखाचित्र आगे दिया गया है।

रेखाचित्र यह प्रस्तावित करता है कि यद्यपि वर्तमान में संस्कृत काव्यशास्त्र और पाश्चात्य आलोचना दोनों पर एकसाथ या अलग-अलग निर्भर होने की प्रवृत्ति काफी व्यापक है, लेकिन इससे आधुनिक भारतीय आलोचना की सम्भावनाएँ समाप्त नहीं हो जातीं। रेखाचित्र परम्परा के सन्दर्भ में साहित्यालोचना के क्षेत्र के विभिन्न रुझानों के सामान्य वितरण की ओर भी संकेत करता है। चूँकि यहाँ 'संस्कृतकरण' और 'पश्चिमीकरण' पदों का प्रयोग किया गया है, इसलिए यह स्पष्ट करना जरूरी है कि इन्हें उन अर्थों में नहीं प्रयुक्त किया गया जिन अर्थों में समाजशास्त्री एम.एन. श्रीनिवास[48] ने किया है। श्रीनिवास 'संस्कृतकरण' का इस्तेमाल भारतीय समाज की आन्तरिक ताकतों द्वारा पैदा की गयी सामाजिक गतिशीलता के अर्थ में, और 'पश्चिमीकरण' का इस्तेमाल बाहरी ताकतों द्वारा पैदा की गयी गतिशीलता के अर्थ

में करते हैं। यहाँ इन समाजशास्त्रीय संकेतार्थों से बचा गया है। साहित्यालोचना के सन्दर्भ में 'संस्कृतकरण' को उस प्रवृत्ति का संकेत करना चाहिए जो संस्कृत काव्यशास्त्र की ओर लौटने या उसे पुनर्जीवित करने की कोशिश करती है। और 'पश्चिमीकरण' को उस प्रवृत्ति की ओर संकेत करना चाहिए जो पाश्चात्य आलोचना की नकल करने या उस पर निर्भर होने की बात करती है।

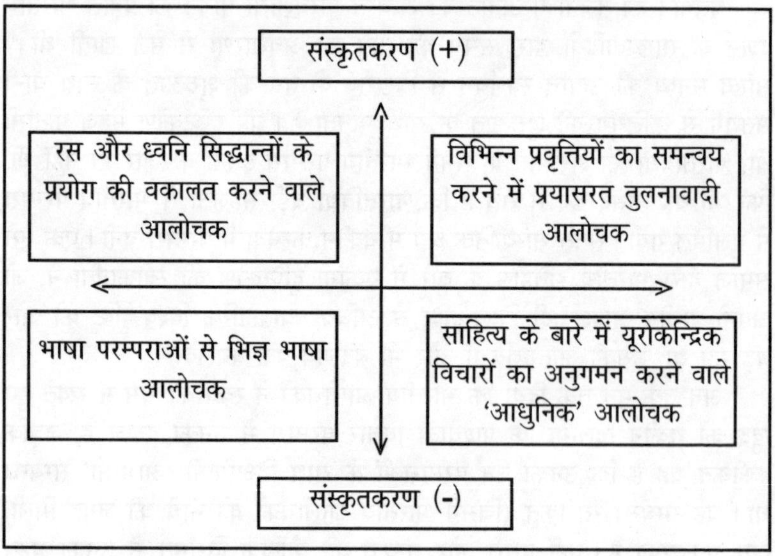

रेखाचित्र दिखाता है कि भारतीय आलोचकों का एक हिस्सा ऐसा भी है जो यह मानता है कि आज की साहित्यालोचना की जरूरतें केवल पाश्चात्य या संस्कृत आलोचना का अनुकरण करने से पूरी हो सकती हैं। एक हिस्सा ऐसा भी है जो मानता है कि दोनों के समन्वय से आज की जरूरतें पूरी हो सकती हैं। ज्यादातर प्रभावशाली विद्वतापूर्ण काम दूसरे विकल्प की ओर संकेत करते हैं यानी पूरब और पश्चिम के समन्वय की ओर। सुनीति कुमार चटर्जी की 'इंडियनिज्म एंड द इंडियन सिन्थिसिस' (1962), के.एम. पणिक्कर की 'द हिन्दू सोसाइटी एट क्रॉसरोड्स' (1961) और सी.डी. नरसिम्हैया द्वारा सम्पादित 'कॉमन इंडियन पोयटिक्स' (1984) इसी विकल्प की ओर हैं। आनन्द कुमारस्वामी की 'द डांस ऑफ शिव' (1948) इस तरह के समन्वय के पीड़ादायी तर्क का उदाहरण है। मेरा तर्क है कि भारतीय आलोचकों के लिए पाश्चात्य आलोचना या संस्कृत आलोचना से अपने को जोड़ना या इनके समन्वय से अपने को जोड़ना घाटे का सौदा है। दूरस्थ परम्पराओं के प्रति

जबरदस्त ललक को भाषा परम्पराओं के बारे में जागरूकता के जरिये कम किया जाना चाहिए; और यदि मौजूदा संकट से बाहर निकलना है तो आलोचकों को अपने पास की परम्पराओं तक स्वयं को सीमित करने का गुर सीखना चाहिए।

औपनिवेशिक प्रभाव

आधुनिक भारत के आत्म-जागरण का यह बहुत रोचक विरोधाभास है कि यह पश्चिमी बौद्धिक प्रभाव को भारतीय संस्कृति के आधुनिकीकरण को गति देनेवाला मानता है, जबकि पश्चिमी उपनिवेशवाद को घातक मानकर उसका विरोध करता है। यह अन्दाजा लगाना भी महत्वपूर्ण है कि क्या अंग्रेज़ी साहित्य पैदा करनेवाली संस्कृति और औपनिवेशिक लुटेरों को पैदा करनेवाली संस्कृति के बीच कुछ भी उभयनिष्ठ नहीं था। सच है कि ऊपरी तौर पर लॉर्ड डलहौजी और लॉर्ड टेनिसन के बीच कुछ भी साझा नहीं है और न ही रोलेट (जो भारतीय प्रेस के प्रति अपने दानवीय रुख के लिए बदनाम था) और रस्किन के बीच। लेकिन गहरे स्तर पर उन संस्कृतियों के बीच जरूर कोई सम्बन्ध होना चाहिए जिन्होंने उन्हें पैदा किया।[49] जबकि भारतीय कल्पना में दोनों पूरी तरह अलग-अलग हैं। आमतौर पर पश्चिमी रचनात्मक अभिव्यक्तियाँ और खासतौर पर रचनात्मक साहित्य को प्रगतिशील, उदार और अच्छा माना जाता है, जबकि राजनीतिक रुख को साम्राज्यवादी और बुरे के रूप में देखा जाता है। इसी के अनुरूप भारतीय साहित्य की सभी प्रगतिशील उपलब्धियों को पाश्चात्य साहित्य का प्रभाव माना जाता है और सभी असफलताओं को औपनिवेशिक प्रभाव के मत्थे मढ़ दिया जाता है। हाल ही में (1986) में 1950-1975 तक मराठी साहित्य पर पश्चिमी प्रभाव के अध्ययन में एम.डी. हतकनांगलेकर ने दिखाया है कि यह विभाजन मनमाना है।[50]

हतकनांगलेकर अपने तर्क की शुरुआत बीसवीं शताब्दी की मराठी कविता के केन्द्रीय व्यक्तित्व बी.एस. मारधेकर के मराठी कविता के विकास के बारे में विचारों को उद्धृत करते हुए करते हैं। 1941 में मारधेकर ने उकसाते हुए कहा था कि मराठी साहित्य की आत्मनिर्भरता के बारे में तब तक नहीं सोचा जा सकता जब तक कि यह पाश्चात्य साहित्य को अच्छी तरह आत्मसात न कर ले। हतकनांगलेकर आधी शताब्दी पहले व्यक्त की गयी मारधेकर की इस भावना का हवाला देते हैं और मराठी साहित्य पर पाश्चात्य प्रभावों के परिणामों का विश्लेषण करते हुए इसकी व्यर्थता को सिद्ध करते हैं। वे मानते हैं कि यह प्रभाव इतना भयावह था कि मराठी साहित्य इसे रचनात्मक रूप से बदलने में अक्षम हो गया। वे इस निष्कर्ष पर पहुँचते हैं कि प्रभाव अपने रचनात्मक इस्तेमाल में रुकावट डालता है। उनका अध्ययन मेरे इस विचार की पुष्टि करता है कि पाश्चात्य प्रभाव और औपनिवेशिक प्रभाव के बीच

अन्तर करना गलत है। दोनों को एक-दूसरे के विपरीत मानना गलत है।

मैकाले का शिक्षा पर मिनट (1835) भारतीय चेतना पर पाश्चात्य साहित्यिक प्रभाव और औपनिवेशिक दमन दोनों की पैरोकारी का सटीक उदाहरण हैं। यह सच है कि ये मिनट सांस्कृतिक औपनिवेशीकरण पर किसी भी हमले के लिए आसान निशाने बन गये हैं (इस तरह के हमले आमतौर पर सनसनी फैलानेवाले होते हैं) फिर भी यह उद्धरण इसलिए दिया जा रहा है ताकि इसमें निहित धर्मपरायणता और अश्लीलता दोनों के संयोग को देखा जा सके :

मैं प्राच्यवादियों द्वारा ही प्राच्यविद्या के किये गये मूल्यांकन को स्वीकार करने के लिए तैयार हूँ। मुझे आज तक उनमें से कोई भी ऐसा नहीं मिला जो यह मानने से इंकार कर दे कि किसी अच्छे योरपियन पुस्तकालय की अल्मारी के एक खाने के बराबर भी पूरा भारतीय और अरबी साहित्य नहीं ठहरता...मैं आज तक किसी भी ऐसे प्राच्यवादी से नहीं मिला हूँ जिसने अरबी और संस्कृत कविता की महान योरपीय देशों की कविता के साथ तुलना करने की कोशिश की हो। और हम जैसे ही कल्पनापरक ग्रन्थों से उन ग्रन्थों की ओर बढ़ते हैं जिनमें तथ्य दर्ज हैं, तो योरपीय लोगों की अपरिमित श्रेष्ठता का पता चलता है। यह कहना अतिशयोक्तिपूर्ण कदापि न होगा कि संस्कृत भाषा में लिखी गयी सारी पुस्तकों में मौजूद ऐतिहासिक सूचनाओं को यदि एक साथ भी मिला दिया जाये तो भी वह इंग्लैंड में स्कूल की शुरुआती कक्षाओं के लिए तैयार की गयी बहुत ही संक्षिप्त पुस्तकों से कम मूल्यवान ठहरेगा। भौतिक या नैतिक दर्शन की हर शाखा के लिहाज से दोनों देशों की तुलनात्मक स्थिति लगभग एक जैसी है। ऐसा कहा जाता है कि संस्कृत व अरबी में करोडों लोगों की पवित्र पुस्तकें लिखी गयी हैं, इसलिए उन्हें खास प्रोत्साहन मिलना चाहिए। निश्चित रूप से भारत में ब्रिटिश सरकार का यह दायित्व है कि वह न सिर्फ सभी धर्मों के बारे में उदार हो बल्कि उनके बारे में निरपेक्ष भी हो। लेकिन किसी ऐसे साहित्य के अध्ययन को प्रोत्साहन देना—जिसके बारे में यह माना जा चुका है कि उसका कोई महत्व नहीं है और उसमें सर्वाधिक महत्वपूर्ण विषयों के बारे में गम्भीर त्रुटियाँ हैं—तर्कसंगत, नैतिक और निरपेक्ष नहीं माना जा सकता। जबकि हम सब इस बात पर सहमत हैं कि इनकी रक्षा की जानी चाहिए। यह स्वीकार किया जा चुका है कि ये भाषाएँ उपयोगी ज्ञान के लिए बंजर हैं। हमें इन्हें सिखाना जरूरी है, क्योंकि ये भारी अन्धविश्वास फैलाने में उपयोगी हैं...मैं अरबी और संस्कृत की किताबों की छपाई पर तुरन्त रोक लगा दूँगा, मैं कलकत्ता के मदरसों और संस्कृत स्कूलों को बन्द करा दूँगा।[31]

भारतीय साहित्य और संस्कृति के बारे में इस वक्तव्य में मौजूद रवैये पर लगातार टिप्पणियाँ की गयी हैं। बहुत कम भिन्नताओं के साथ यह रवैया पूरे औपनिवेशिक

दौर में बना रहा। इसने जैसे अंग्रेज़ी शिक्षा नीति को गढ़ने में भूमिका निभायी वैसे ही इसने भारतीय साहित्य के बारे में पाश्चात्य दृष्टिकोण को भी गढ़ा। दो शताब्दियों के सम्पर्क के बावजूद पढ़े-लिखे अंग्रेज़ों की भी धारणा यही है कि भारतीय साहित्य मुख्यतया अंग्रेज़ी में लिखा गया है! भारतीय साहित्य के बारे में मैकाले के औपनिवेशिक दृष्टिकोण का भौंड़ापन अब भारत के बारे में आधुनिक (और 'प्रगतिशील') पश्चिम का सामान्य दृष्टिकोण बन गया है। दूसरे शब्दों में कहें तो उपनिवेशक पश्चिम और रचनात्मक पश्चिम के बीच बहुत से आन्तरिक सम्बन्ध हैं।

आधुनिक भारत के इतिहासकारों ने भारत में अंग्रेज़ी शिक्षा व्यवस्था के विकास की विस्तार से चर्चा की है और आजादी के बाद इसमें रूपान्तरणों और बदलावों का अध्ययन किया है। इसीलिए आधुनिक भारतीय संस्कृति का विद्यार्थी इस उच्च सांस्कृतिक नौटंकी से अच्छी तरह वाक़िफ है। खासतौर से आर्थर मेह्यू (1926), जे.पी. नायक (1965) और आर.के. मुखर्जी (1967)[52] के काम शिक्षा की भारतीय परम्परा, अंग्रेज़ीवादियों और प्राच्यवादियों के बीच की बहस, परम्परागत संरक्षकों और ईसाई मिशनरियों के हाथ से धीरे-धीरे भारत की ब्रिटिश सरकार द्वारा शिक्षा को अपने हाथ में लेने, असन्तुलित तरीके से ब्रिटिश मानकों पर जोर, सामाजिक व्यवहार के अंग्रेज़ी तौर-तरीकों को अपनाने के लिए प्रोत्साहन व देशी सामाजिक और साहित्यिक मूल्यों को लगातार हतोत्साहित करने के बारे में एक स्पष्ट दृष्टिकोण प्रदान करते हैं। किन्हीं कारणों से अब तक भारत में तथाकथित ब्रिटिश शिक्षा के लागू होने के बाद या लागू किये जाने के दौरान होनेवाले अन्तर-सांस्कृतिक परिवर्तनों की प्रकृति पर पर्याप्त ध्यान नहीं दिया जा सका है। औपनिवेशिक अंग्रेज़ों द्वारा शुरू की गयी शिक्षा व्यवस्था किसी भी तरह से एकरूपी नहीं थी और आमतौर पर आलोचकों ने इस पर ध्यान नहीं दिया। शासकों की काफी हिचक के बाद यह 'व्यवस्था' बहुत छोटे हिस्सों में शुरू की गयी थी और इसके नाम पर जो कुछ भी शुरू किया गया था, उसमें कुछ भी विशिष्ट नहीं था। 'एंग्लो-इंडियन' शिक्षा के समाजशास्त्र के कई सांस्कृतिक व विचारधारात्मक पहलू थे। भारत में पढ़ानेवाले कुछ आयरिश थे, कुछ स्कॉटिश और कुछ ऑस्ट्रेलियाई। यद्यपि पढ़ाने के काम में भारतीयों की तादाद विदेशियों से अधिक थी। शैक्षणिक संस्थाएँ अनेक धार्मिक नामों से संचालित की जाती थीं और आमतौर पर उनके और औपनिवेशिक सरकारों के साझे हित होते थे। इस शिक्षा 'व्यवस्था' के बारे में भारत का रुख एक जैसा नहीं कहा जा सकता। यह इलाके और समुदाय के अनुसार बदलता रहता था। इसी तरह इस शिक्षा का असर भी पूरे महाद्वीप में एक जैसा नहीं महसूस किया गया। इस विभाजन को 'मुख्यक्षेत्र' और 'पश्चक्षेत्र' की आमफहम शब्दावली में नहीं बल्कि हर भाषा की संस्कृति के सन्दर्भ में समझा जा सकता है। इसके बावजूद भारत में दी जानेवाली शिक्षा उस

समय इंग्लैंड के स्कूलों और विश्वविद्यालयों में दी जानेवाली शिक्षा जैसी नहीं थी। इस आखिरी बिन्दु की व्याख्या की जरूरत है।

औपनिवेशिक शासन के आरम्भिक दिनों में अंग्रेज़ प्रशासनिक कारणों से तत्कालीन शिक्षा व्यवस्था को बदलना चाहते थे। यह रेखांकित करने लायक है कि जहाँ बंगाल में नयी नीतियों के लिए काफी समर्थन था, वहीं महाराष्ट्र में अंग्रेज़ी माध्यम से शिक्षा का वैसा स्वागत नहीं हुआ। यहाँ तक कि सर थॉमस मुनरो (1761-1827) जैसे अभिजातवादी शिक्षा के पैरोकारों को भी पीछे हटना पड़ा और अपनी शिक्षा पर टिप्पणी में स्वीकार करना पड़ा कि बॉम्बे के इलाके में मौजूद स्कूलों का स्तर "उस समय के ज्यादातर योरपीय देशों से बेहतर था"।[53] उन्होंने ऐसे 12,498 स्कूलों की गणना की थी जो गुजराती और मराठी माध्यम से शिक्षा दे रहे थे, यानी करीब 500 की जनसंख्या पर एक स्कूल था। इसलिए उसने इन देशी स्कूलों में किसी भी तरह के हस्तक्षेप की अनुशंसा न करने का निर्णय लिया। मुनरो के विपरीत माउंट स्टुअर्ट एल्फिंस्टोन (1779-1859) मातृभाषा के जरिये शिक्षा का पैरोकार था।

जब तक ब्रिटिश भारत में शिक्षा राज्य की जिम्मेदारी थी और उसका केन्द्रीकरण नहीं हुआ था एल्फिंस्टोन को बॉम्बे प्रेसीडेंसी में अपने विचारों को लागू करने की पर्याप्त आजादी थी। इसलिए अपनी कौंसिल से विरोध और ईस्ट इंडिया कम्पनी के बोर्ड ऑफ डायरेक्टरर्स की उदासीनता के बावजूद एल्फिंस्टोन ने प्राथमिक शिक्षा पर जोर देने का निर्णय लिया। उसकी नीति का एक महत्वपूर्ण हिस्सा यह भी था कि क्षेत्रीय भाषाओं को शिक्षा के लिए इस्तेमाल किया जाये। उसके दृष्टिकोण और बॉम्बे के इलाके में उनकी स्वीकार्यता ने लॉर्ड ऑकलैंड को मैकाले की नीतियों (1835) में देशी शिक्षा के पक्ष में संशोधन (1839) करना पड़ा। इसी तरह 1868 में बॉम्बे विश्वविद्यालय के वाइसचांसलर बननेवाले रेवरेंट जे. विल्सन लोगों की भाषा में शिक्षा दिये जाने के हिमायती थे। औपनिवेशिक प्रशासन ने बॉम्बे क्षेत्र में जो दृष्टिकोण अख़्तियार किया, वह इस क्षेत्र और लोगों की भावनाओं की जानकारी के चलते था।

महाराष्ट्र के विपरीत बंगाल शिक्षा के अंग्रेज़ीकरण में सहर्ष भागीदार था। वहाँ प्रशासकों और भद्रलोक[54] कहे जानेवाले बुद्धिजीवियों ने स्कूलों और कॉलेजों में अंग्रेज़ी माध्यम की वकालत की। हिन्दू कॉलेज की स्थापना 1817 में की गयी, जिससे डेविड हारे (1175-1842), हेनरी डिरोजियो (1810-34) और राममोहन राय (1772-1833) जैसे नाम जुड़े हुए हैं। ऐसा बताया जाता है कि 1842 तक, जिस साल इसके संस्थापक डेविड हारे की मृत्यु हुई, इसमें 10,000 छात्र डिग्री पाठ्यक्रमों के लिए पंजीकृत हो चुके थे।[55]

भारत में औपनिवेशिक शिक्षा व्यवस्था के प्रभाव को देखते हुए यह मानना

जरूरी है कि मैकाले द्वारा प्रस्तावित शिक्षा व्यवस्था और उसके परवर्तियों द्वारा इसमें कई बार किये गये सुधार, उसी समय इंग्लैंड में मौजूद शिक्षा व्यवस्था की हूबहू नकल नहीं थे। यह प्रशासकों द्वारा बनायी गयी व्यवस्था थी, जो 'छावनी मनोविज्ञान' से अनुकूलित हुई थी। इसके अपने तनाव व प्रेरणाएँ थीं। उन्नीसवीं शताब्दी में भारतीय संस्कृति 'गतिहीन' नहीं थी, यद्यपि इस काल की आमतौर पर यही छवि सर्वस्वीकृत है।[56]

उन्नीसवीं शताब्दी के भारतीय समाज की गतिहीनता को कैसे स्वीकार किया जा सकता है, जबकि यह राघोबादादा पेशवा (अठारहवीं शताब्दी का उत्तरार्द्ध) की मध्यकालीन राजनीतिक विचारधारा से भारतीय राष्ट्रीय काँग्रेस (स्थापना 1885) के राष्ट्रवादी दर्शन तक का सफर तय कर चुका था। वास्तव में ज्यादा उचित तो यह होगा कि उन्नीसवीं शताब्दी की भारतीय संस्कृति को गतिशील संस्कृति माना जाये क्योंकि इसने अभूतपूर्व सांस्कृतिक दुर्गति को झेला और उससे बचकर निकल आयी। इस प्रक्रिया में वह आश्चर्यजनक रूपान्तरणों से गुजरी। इसलिए यह मानना तर्कसंगत होगा कि मैकाले की व्यवस्था ने भारत पर विशुद्ध ब्रिटिश संस्कृति नहीं थोपी। जिस ढाँचे के तहत प्रभाव आया था उसे क्षेत्रीय व सामाजिक स्थितियों व आर्थिक वास्तविकताओं ने निर्मित किया था। इस पूरी प्रक्रिया में एक अत्यन्त जटिल अन्तःक्रिया हुई थी, जिसका निर्धारण उपनिवेशक और उपनिवेशित दोनों की विशेषताओं और राजनीतिक प्रयोजनों द्वारा हुआ था।

औपनिवेशिक प्रभाव की प्रकृति को समझने में अन्तरसांस्कृतिक प्रभावों का अध्ययन करने के सही दृष्टिकोणों के अभाव के चलते समस्या खड़ी होती है। नन्दी द्वारा औपनिवेशिक सम्बन्धों को यौन सम्बन्धों के रूप में परिकल्पित करने के दृष्टिकोण के अतिरिक्त भारत में सांस्कृतिक प्रभावों के बारे में अभी तक कोई सिद्धान्त विकसित नहीं हुआ है। यह हमें इस क्षेत्र में बहुत महत्वपूर्ण लेकिन प्राथमिक अन्तर्दृष्टि से आगे नहीं बढ़ने देता। हेरॉल्ड ब्लूम का साहित्यिक प्रभाव का सिद्धान्त (एनजाइटी ऑफ इन्फ़्लुएंस, 1972) या मैक्स बेबर का सामाजिक बदलाव का सिद्धान्त (सिविलाइजेशनल डायनॉमिक्स इन ट्रेडिशनल सोसायटी, 1958) जैसे पाश्चात्य सिद्धान्त सीधे कालिक प्रगति के ढाँचे में काम करने के लिए बनाये गये हैं। भारत पर ब्रिटिश प्रभाव या उस प्रभाव के चलते होनेवाले सामाजिक परिवर्तनों का विश्लेषण करने के दौरान इन कालिक योजनाओं का इस्तेमाल खास तरह की समस्याएँ पैदा करता है। इन समस्याओं की प्रकृति की व्याख्या करने के लिए जरूरी है कि हम 'रेनेसाँ' शब्द का इस्तेमाल करें, जो आमतौर पर (और कई बार भ्रामक रूप से भी) भारतीय इतिहास के ब्रिटिश काल के एक हिस्से, मोटेतौर पर 1800 से 1920 या राममोहन राय (1772-1833) से महात्मा गाँधी (1869-1948), के लिए प्रयुक्त किया जाता है। यह अत्यन्त व्यंग्यात्मक ही है कि तथाकथित भारतीय 'पुनर्जागरण' या

नयी 'आत्म-खोज' भारत के ब्रिटिश औपनिवेशिक अनुभव के साथ आया। इंग्लैंड में रेनेसाँ के बाद नॉर्मन का विदेशी शासन आया था जबकि भारत में रेनेसाँ और औपनिवेशिक शासन साथ-साथ घटित हुए। उपनिवेशवाद ने भारतीय रेनेसाँ के दौरान सांस्कृतिक स्वतन्त्रता छीन रखी थी, जबकि रेनेसाँ उपनिवेशवाद के सन्दर्भ में स्वतन्त्रता की नयी सम्भावनाएँ खोल रहा था। उन्होंने पूरी तरह से एक-दूसरे का निषेध किया और पूरी स्थिति को सांस्कृतिक रूप से अनुत्पादक बना दिया। इसमें कोई आश्चर्य की बात नहीं कि भारत में पूरी उन्नीसवीं शताब्दी के दौरान एक भी बड़ा आलोचनात्मक काम नहीं हुआ। यहाँ कहने का आशय यह नहीं कि इस दौरान समाज जरा भी आगे नहीं बढ़ा। जैसाकि पहले कहा गया है कि उन्नीसवीं शताब्दी वास्तव में भारत के इतिहास की गतिशील शताब्दी थी। लेकिन उस गति की प्रकृति कुछ ऐसी थी कि वह किसी महान रचनात्मकता में परिणत न हो सकी। सामाजिक गतिविज्ञान की जटिलता और रूपान्तरण के पूरे सन्दर्भ में गतिहीनता[57] के योग ने प्रभाव के कालाधारित पाश्चात्य सिद्धान्तों को भारत की औपनिवेशिक स्थिति की व्याख्या के लिए अपर्याप्त बना दिया।

औपनिवेशिक प्रभाव के बारे में एक बहुत गलत धारणा यह बनी कि ब्रिटिश काल भारत के सांस्कृतिक इतिहास में आमूल-चूल परिवर्तन का काल था। औपनिवेशिक प्रभाव के बारे में इस अतिरंजित धारणा ने दो परस्पर विपरीत विचारों को जन्म दिया : एक, भारतीय संस्कृति में जो कुछ भी आधुनिक और प्रगतिशील है, वह औपनिवेशिक अन्तःक्रिया के चलते पैदा हुआ है और दो, भारतीय संस्कृति में जो भी पवित्र और मूल्यवान था उसे उपनिवेशवाद ने छीन लिया। ऐसा माना जाता है कि औपनिवेशिक शासन ने भारतीय इतिहास में स्वर्ण (आधुनिक) युग की शुरुआत की या फिर पहले से चले आ रहे स्वर्ण (परम्परागत) युग का अन्त कर दिया। दोनों ही विचारों में औपनिवेशिक शासन को अनावश्यक महत्व दिया गया है। इसीलिए मैकाले के वक्तव्य जैसी चीजों को भारत के इतिहास के महान ऐतिहासिक क्षण के रूप देखा जाता है : 'पतन' का क्षण या फिर 'मुक्ति' का क्षण। ये निर्लज्ज विचार इतिहास की एक ऐसी धारणा पेश करते हैं जो ऐतिहासिक यथार्थ से कोसों दूर है।

इतिहासकार पर्सीवल स्पीयर का मानना है कि अकबर (1542-1605) के युग और गाँधी (1869-1948) के युग के बीच ऐतिहासिक सातत्य है। भारतीय साहित्यालोचना ने न तो अब तक इस तर्क को इस्तेमाल करने की सम्भावना पर विचार किया है और न ही साहित्यालोचना के लिए इसकी वैधता की जाँच की है। यदि साहित्यालोचना को विचारों की स्वायत्त व्यवस्था की जगह संस्कृति की उप-व्यवस्था माना जाता है, तो संस्कृति की दूसरी उप-व्यवस्थाओं के साथ इसके सम्बन्ध की अनदेखी नहीं की जा सकती। भारत के इतिहास की भूमिका में स्पीयर लिखते हैं :

(इस इतिहास में) मुग़ल और ब्रिटिश काल को एक साथ लिया गया है क्योंकि अतीत में इनके साथ अलग-अलग बर्तावों के चलते काफी भ्रम पैदा हुआ है। ब्रिटिश काल पर ज्यादा ध्यान केन्द्रित करना भारतीय सत्ता और संस्थानों को क्षयग्रस्त दिखाता है, जिससे धारणा बनती है कि यही उनकी वास्तविक स्थिति थी। मुग़ल काल को ब्रिटिश काल के साथ रखने से पाठकों को पता चलेगा कि भारत के अपने राजनीतिक प्रतिष्ठान थे जो भारत में ब्रिटिश प्रतिष्ठानों जितने ही प्रभावी थी। इसके अतिरिक्त भी दोनों के बीच आवयविक सम्बन्ध है जिसे अलग-अलग बर्ताववाला दृष्टिकोण नहीं देख पाता... और यह निश्चित है कि यदि मुग़लों ने पहले राज न किया होता तो ब्रिटिश इंडिया काफी अलग जगह हुई होती।[58]

एक इतिहासकार के इस कथन से यह बात निकलती है कि यदि औपनिवेशिक काल को भाषाई अतीत के सातत्य के रूप में देखा जाये तो इसे बेहतर समझा जा सकता है। भारत में आधुनिक साहित्यालोचना ने उपनिवेशवाद का महत्व इस हद तक बढ़ा दिया है कि आलोचक इसे साहित्य के इतिहास में एक अन्तराल की जगह नयी शुरुआत के रूप में देखते रहे हैं। औपनिवेशिक शासन भारतीय आलोचना के लिए जो कुछ भी लाया वह किसी भी लिहाज से काफी महत्वपूर्ण कहा जा सकता है। लेकिन प्रिंटिंग तकनीक के प्रभाव और औपनिवेशिक शासन के बीच घालमेल के चलते यह महत्व काफी अतिरंजित है।

जैसे ऐतिहासिक रूप से यह मानना गलत होगा कि भारतीय साहित्य का आधुनिक काल का अपने पूर्ववर्तियों के साथ कोई सम्बन्ध नहीं है, उसी तरह यह मानना भी गलत होगा कि औपनिवेशिक काल की तुलना में भाषा साहित्यों का अतीत अधिक स्थिर (या कम गतिशील?) था। यह आवश्यक है कि भाषा साहित्यों के पूरे इतिहास को कई छोटे कालखंडों में विभाजित किया जाये और उन्हें उनके पूर्ववर्ती कालों के समेकित उत्पाद के रूप में देखा जाये, जिसमें केवल समकालीन ताकतें ही कोई परिवर्तन कर सकती थीं। इसी तरह औपनिवेशिक काल को भी एक के बाद एक आनेवाले छोटे कालखंडों में से एक की तरह देखना चाहिए, जिसका अपना सांस्कृतिक रंग था। 1800 से लेकर 1947 तक का पूरा औपनिवेशिक काल साहित्यिक प्रभाव का कोई एकरेखीय ग्राफ नहीं देता। उदारवाद, राष्ट्रवाद, आधुनिकतावाद, औद्योगीकरण, शहरीकरण और पुनरुत्थानवाद आदि से प्रभावित इस दौर में लगातार उच्चावचन देखे जा सकते हैं।

अनिल सील (1962) और जॉन गाल्वेर (1982) ने ब्रिटिश राज के राजनीतिक विकास की पड़ताल करते हुए तर्क दिया है कि साम्राज्य में सतत बढ़ाव नहीं होता, यदि इसे कई छोटे-छोटे कालखंडों में बाँटकर देखा जाये तो ज्यादा बेहतर समझा जा सकता है। इसमें से हर कालखंड गठबन्धन और मुठभेड़ दोनों के बदलते हुए रूपों

को दिखाता है।[59] उस दौर के साहित्य को गौर से देखने पर पता चलेगा कि साहित्य पर औपनिवेशिक प्रभाव कोई एकरूप और दिशाहीन प्रभाव नहीं था, जो अपने को भारतीय संवेदना पर थोपना चाहता हो। भालचन्द्र नेमाड़े ने दिखाया है कि मराठी उपन्यास पर यह प्रभाव अलग-अलग प्रवृत्तियों में बिखरा हुआ था। औपनिवेशिक 'प्रभाव' के बारे में बात करने से हो सकता है हमें लाभ हो। आजकल पाश्चात्य प्रभाव को मनमाने ढंग से औपनिवेशिक प्रभाव से अलग कर दिया जाता है और पूरे औपनिवेशिक युग को साहित्येतिहास की एक इकाई के रूप में देखा जाता है। औपनिवेशिक प्रभाव और पाश्चात्य प्रभाव दोनों को एक-दूसरे पर निर्भर मानना और औपनिवेशिक काल को अलग-अलग कालखंडों का परिणाम मानना इतिहासशास्त्र की उचित रणनीति होगी।

भाषा साहित्य और आधुनिक दृष्टिकोण

यद्यपि 'ब्रिटिश-पूर्व अतीत' को अभिव्यक्त करते हुए इसे आमतौर पर भाषाओं के उदय और बाद में अंग्रेज़ी साहित्यिक प्रभाव के द्वारा उन पर प्रभुत्व स्थापित करने के बीच के काल के रूप में समझा जाता है, लेकिन यह काल सबके लिए उतना ही लम्बा नहीं है। यहाँ इतने तरह-तरह के कालक्रमों का प्रयोग होता है कि कोई साझा इतिहासशास्त्र लागू करने पर निराशा ही होगी। हर भाषा के कालखंड को निर्धारित करनेवाली तारीखों को देखना उपयोगी होगा। नीचे की तालिका में सबसे पहले ज्ञात लेखक या महत्वपूर्ण पुस्तक की तिथि, छपी पुस्तकों के उपलब्ध होने की तिथि और उन भाषाओं में सबसे पहले उपन्यास की तिथि दी गयी है। पहले उपन्यासों की तिथि का चुनाव एक सामान्य ढाँचे तक पहुँचने के उपकरण के बतौर किया गया है, न कि साहित्य के आधुनिकीकरण के संकेतक के रूप में। इन दोनों के बीच भ्रमित नहीं होना चाहिए।[60]

भाषा	साहित्यारम्भ	औपनिवेशिक प्रभाव
असमिया	1300 ई. हेमसरस्वती	प्रिंटिंग : 1838; उपन्यास : 1894; *प्रहलादचरित्र* रजनीकान्त बरदोलोई का मिरिजिआरी
बांग्ला	आठवीं शताब्दी, चर्या	प्रिंटिंग : 1800; उपन्यास : 1865, बंकिम चन्द्र का *दुर्गेशनन्दिनी*, नोबल पुरस्कार, टैगोर : 1913

गुजराती	ग्यारहवीं शताब्दी,	प्रिंटिंग : 1800; उपन्यास : 1866, हेमचन्द्र नन्दकिशोर मेहता का *करन घेलो*
हिन्दी	चौदहवीं शताब्दी,	प्रिंटिंग : 1800; बंगाल में 1836-38 कबीर (शुरुआती रूप) अन्य जगहों पर; उपन्यास : पं. गौरीदत्त शर्मा का *देवरानी जेठानी की कहानी,*
कन्नड़	नौवीं शताब्दी,	प्रिंटिंग : 1566 गोवा में; उपन्यास : कविराजमार्ग 1899, गुलबडी वेंकट राव का (आलोचनात्मक पुस्तक)*इन्दिरा देवी*
कश्मीरी	1200 ई, सीताकान्त	प्रिंटिंग : 1819; उपन्यावस : 1950, आचार्य का *महाप्रकाश* अमीन कमाली का *गति माबी गश* कुछ अंश कश्मीरी में
मलयालम	पन्द्रहवीं शताब्दी	प्रिंटिंग : 1713; उपन्यास : 1887, चेरुशेरी का *कृष्णगाथा* टी.एम अप्पू का *कुन्दलता*
मराठी	तेरहवीं शताब्दी,	प्रिंटिंग : 1775; उपन्यास : 1857 मुकुन्दराज बाबा पदमानजी का *यमुनापर्यटन*
उड़िया	चौदहवीं शताब्दी	प्रिंटिंग : 1775, उपन्यास : 1901; सरलदास फकीरमोहन सेनापति का *छ माण आठ गुंठ*
पंजाबी	1538, गुरुनानक का	प्रिंटिंग : तिथि नहीं ज्ञात, उपन्यास *गुरुग्रन्थ* : 1897; भाई वीर सिंह का *सुन्दरी*
सिन्धी	सत्रहवीं शताब्दी,	प्रिंटिंग : तिथि नहीं ज्ञात, उपन्यास शाह अब्दुल लतीफ : 1890, कर्मानन्द मेवाराम का (1689-1782) *जीनत*
तमिल	1000 ई.पू. संगम काव्य	प्रिंटिंग : 1710, उपन्यास : 1879, *प्रताप मुदलियार चरित्रम्*
तेलुगू	ग्यारहवीं शताब्दी	प्रिंटिंग : 1796; उपन्यास : 1872, नान्या

		भट्ट का *महाभारत* नरहरि गोपालकृष्ण चेट्टी का रंगराजु चरित्र
उर्दू	अमीर	खुसरो प्रिंटिंग:1875; उपन्यास : 1878, (1253-1325) रतननाथ सरसार का *फ़साना-ए-आज़ाद*

यह कालानुक्रमिक विवरण दिखाता है कि भारतीय भाषाओं के साहित्य की शुरुआत 1000 ई.पू. (तमिल) से लेकर सत्रहवीं शताब्दी (सिन्धी) तक होती रही। यह तकनीक और आधुनिकीकरण व प्रिंटिंग और साहित्यिक विधाओं में बदलाव के बीच के सम्बन्ध पर भी सन्देह खड़ा करती हैं। यह विवरण दिखाता है कि प्रिंट तकनीक की शुरुआत अनिवार्यतः और तत्काल पाश्चात्य साहित्यिक विधाओं की स्वीकृति लेकर नहीं आयी। उर्दू में प्रिंट तकनीक की शुरुआत और पहले उपन्यास के प्रकाशन के बीच केवल तीन वर्ष का अन्तर है, जबकि कन्नड़ में यह अन्तर तीन सौ तैंतीस साल का है। मराठी में पहला उपन्यास कश्मीरी के पहले उपन्यास से एक शताब्दी पहले प्रकाशित हुआ। तब क्या हम किसी भी भारतीय भाषा में प्रिंटिंग की शुरुआत और आधुनिक साहित्य की शुरुआत के बीच कोई भी यान्त्रिक समीकरण बना सकते हैं? जाहिर है, नहीं। इसी तरह उपन्यास की उत्पत्ति और आधुनिक काल की शुरुआत का यान्त्रिक समीकरण इतना कठोर होगा कि उसे स्वीकार नहीं किया जा सकता। ऊपर की तालिका से जो सबसे महत्वपूर्ण निष्कर्ष निकाला जा सकता है, वह यह कि हर भाषा में आधुनिक साहित्य की शुरुआत बाहरी सांस्कृतिक दबाव की पैदाइश नहीं बल्कि उस भाषा के देशज गतिविज्ञान का परिणाम है। दूसरे शब्दों में कहें तो यद्यपि भारतीय साहित्य पर ब्रिटिश साहित्य का प्रभाव इतना भी नगण्य नहीं है, फिर भी भाषाओं का आन्तरिक गतिविज्ञान से संचालित अपना-अपना सतत् इतिहास दिखायी पड़ता है।

भाषाओं के साहित्य के तुलनात्मक अध्ययन से निकाले जा सकनेवाले निष्कर्षों के प्रति भारत की साहित्यालोचना और साहित्येतिहास असंवेदनशील रहे हैं। जबकि एक तुलनात्मक ऐतिहासिक दृष्टिकोण भाषाओं में लिखे गये साहित्य के बारे में अपने-आप ही कई उपयोगी लेकिन अलग-थलग धाराओं व प्रस्थान बिन्दुओं की अभिधारणा कर सकता है, जिसे बाद में साहित्य के भारतीय सिद्धान्त के रूप में इकट्ठा किया जा सकता है। भारतीय साहित्य की एकांगिता की अवधारणा का अन्धस्वीकार और ब्रिटिश आगमन के विश्वास का स्वीकरण ये दोनों धारणाएँ भारत में साहित्येतिहास और साहित्य सिद्धान्त दोनों के मार्ग में बाधक हैं। हमें अपने-आप को यह याद दिलाना जरूरी है कि ब्रिटिश-पूर्व भाषा काल का बहुत-सा साहित्य आज हमारी

जीवित विरासत है। मराठी में नामदेव (1270-1350) और तुकाराम (1598-1650) की कविता, गुजराती में नरसी मेहता (1408-80) और अखा (1615-1675) की कविता, हिन्दी में कबीर (1440-1518) और सूरदास (1483-1567) की कविता और पंजाबी में गुरु नानक (1469-1539) आदि की कविता भारतीय चेतना का अविभाज्य अंग है। अन्य लोगों के अतिरिक्त तुकाराम, मीरा और बासवेश्वर भारतीय सांस्कृतिक उपचेतना की स्वप्न छवि रहे हैं। वे अब भी अरुण कोलातकर, ए.के. रामानुजन और गजानन माधव मुक्तिबोध जैसे आधुनिक कवियों को प्रेरणा देते हैं। लेकिन आधुनिक भारतीय बौद्धिक जिस सांस्कृतिक विस्मृति से पीड़ित हैं, वह इन कवियों के काल या कालों के बारे में बहुत से भ्रान्तिपूर्ण रुख निर्मित करता है। ऊपर जिस काल की बात की जा रही है उसके लिए सामान्य शब्द है भक्ति, आध्यात्मिक या सन्त काव्य। इसमें एक विशाल कालखंड—तेरहवीं शताब्दी के उत्तरार्द्ध (ज्ञानदेव) से लेकर उन्नीसवीं शताब्दी के पूवार्द्ध (1767-1847) तक—आता है।

यह दान्ते से लेकर ब्लेक तक के योरपीय काव्य को बेमतलब के किसी नाम के अन्तर्गत एकसाथ रख देने जैसा है। पाँच शताब्दियों के महान साहित्य को एक असंवेदनशील किस्म की आलोचनात्मक कोटि में रख देना निश्चित रूप से साहित्येतिहासकारों की कल्पना की दरिद्रता को दिखाता है।

आधुनिक भारतीय आलोचक द्वारा उपनिवेश द्वारा प्रस्तावित साहित्यिक मूल्यों के स्तरीकृत ढाँचे का स्वीकरण उसे यह मानने की ओर ले जाता है कि 'वास्तविक' साहित्यिक व आलोचनात्मक मुद्दे पाश्चात्य साहित्यिक परम्पराओं में पाये जा सकते हैं। उनके जेहन में हीनता का बोध बहुत गहरे पैठा हुआ है, उन्हें लगता है कि इन क्षेत्रों में वे महज पाखंडी हैं। हकीकत यह है कि ब्रिटिश, अमेरिकी या रूसी साहित्य में कुछ भी ऐसा नहीं है जो तुकाराम, मीरा, कबीर या फिर आधुनिक दलित लेखन की बराबरी कर सके। भारतीय साहित्य की अपनी तरह की उत्कृष्टता है, जबकि पाश्चात्य साहित्य की अपनी तरह की। लेकिन लाइलाज हीनताबोध के चलते भाषाओं के आलोचक ब्रिटिश-पूर्व भाषा साहित्य के साथ भावनात्मक रिश्ता नहीं कायम कर पाते। क्योंकि उनका आस्वाद करने के लिए कोई पाश्चात्य फॉर्मूला नहीं है और वे पाश्चात्य भारतविद्या द्वारा अनुमोदित भी नहीं थे। वे चाहते हैं कि काश अतीत में भाषाओं में सेक्सपियर, ड्राइडन और फिल्डिंग हुए होते; इसीलिए वे अपने तुकाराम, कबीर और मीरा को नजरअन्दाज करते हैं। तब संस्कृति की सामूहिक चेतना से कुछ छवियों को दबाने और उन्हें अवचेतन की सबसे गहन गुफाओं में निर्वासित कर देने की सचेत कोशिश होती है। इसलिए भारत के सबसे महान कवि सामाजिक विमर्श के अरक्षित क्षेत्रों यानी 'लोक', महिलाओं, बच्चों, मूर्खों और अज्ञानियों के लिए आरक्षित क्षेत्रों से सबसे अधिक आते हैं। बौद्धिक रूप से संस्थाबद्ध भद्रलोक

में वे चलन में नहीं हैं। गुजराती आलोचना के विमर्शों का पंडित युग (लगभग 1880-1920) आलोचकों के ऐतिहासिक स्मृतिभ्रंश को दर्शाता है। इस काल से पहले का सब कुछ मध्यकाल के दायरे में मान लिया जाता है। मनसुखलाल झवेरी ने गुजराती आलोचना के एक सर्वेक्षण में लिखा है–

गुजराती आलोचना का विकास मोटे तौर पर चार युगों में माना जा सकता है। पहला युग 1860 से 1880 तक का; दूसरा 1880 से 1920 तक; तीसरा 1920 से 1950 तक और चौथा वर्तमान युग 1950 से शुरू होता है। यह विभाजन न तो बहुत कठोर है और न ही अटल। न ही यह उन पुस्तकों के प्रकाशन वर्षों से मेल खाता है, जिन्हें गुजराती आलोचना के इतिहास में मील का पत्थर माना जाता है। 1860 वह समय है जब साहित्यालोचना के पहले अंकुर फूटते देखे गये। 1880 वह वर्ष है जब गुजरात का पहली बार विश्वविद्यालयों के स्नातकों के आलोचनात्मक विचारों से साबका पड़ा। 1920 वह वर्ष है जब गाँधीजी के प्रभाव को स्वीकार किया जाने लगा जिसके चलते जीवन व साहित्य में काफी बदलाव आये...[61]

गुजराती आलोचना को इन चार युगों में विभाजित करने के बाद झवेरी बताते हैं कि पहले युग में कुछ भी खास नहीं हुआ। इतिहास लेखन की इस पद्धति पर अलग से किसी टिप्पणी की जरूरत नहीं रह जाती।

झवेरी ने साहित्येतिहास की एक ऐसी धारणा पेश की है, जिसे ज्यादातर गुजराती आलोचक स्वीकार करते हैं। वे अनूठे हैं और ऐसा माननेवाले वे अकेले नहीं हैं। इसीलिए बिना किसी भी सन्देह के झवेरी यह मान लेते हैं कि 1880 में विश्वविद्यालयों के स्नातकों ने बेहतर आलोचनात्मक विवेक का प्रचलन किया। यह सच है कि इन स्नातकों ने ब्रिटिश छत्रछाया में डिग्री हासिल की थी और गोवर्धनराम जैसा प्रतिभाशाली लेखक इसी पीढ़ी का है। लेकिन क्या अंग्रेज़ी शिक्षा देनेवाले स्कूलों और विश्वविद्यालयों में जानेवाले इन स्नातकों के दिमाग कोरी स्लेट थे? उनके पास छह या सात शताब्दियों की साहित्यिक परम्परा की विरासत थी और जैसाकि पहले भी तर्क दिया गया, यह परम्परा तब भी जीवित थी, जारी थी। जो गुजराती साहित्यबोध उन्हें विरासत में मिला था, उसमें पहले से ही बाहरी सांस्कृतिक ताकतों से निपटने की व्यवस्था बनी हुई थी। क्या हम यह कह सकते हैं कि विरासत में मिलनेवाली बाहरी सांस्कृतिक प्रभावों से निपटने की यह व्यवस्था गोवर्धनराम की पीढ़ी में अचानक लुप्त हो गयी थी? भारत में सबसे लम्बे समय तक ब्रिटिश निवास का अनुभव रखनेवाला शहर–सूरत ही गुजराती के पहले आधुनिक कवि नर्मद की कर्मस्थली था। क्या यह सम्भव है कि सूरत के लोकसाहित्य का नर्मद पर कोई प्रभाव न पड़ा हो? मनसुखलाल झवेरी के इतिहासशास्त्र का अदूरदर्शी होना दुर्भाग्यपूर्ण है, लेकिन संस्कृति की आत्म-छवि के साथ कोई भी औपनिवेशिक अन्तःक्रिया

इतिहास-दृष्टि में ऐसे दोष पैदा कर सकती है। आधुनिक भारतीय आलोचक अपनी विस्मृति को अनेकानेक तरीकों के जायज ठहराता है, जिसमें सर्वप्रमुख है किसी काल्पनिक 'सार्वभौमिकता' की धारणा में अगाध श्रद्धा, जोकि हकीकत में महज पाश्चात्य धारणा है।

भारत और योरप के बीच भारतविद्या की कृपापूर्ण मध्यस्थता के चलते योरप भारत की संस्कृत की धरोहर को पुरावस्तु का दर्जा देने लगा। लेकिन न तो भारतविद्यावादियों ने और न ही ब्रिटिश उपनिवेशवादियों ने शास्त्रीय युग और ब्रिटिश युग पर कोई ध्यान दिया। आज का भारतीय आलोचक भी 'महान' संस्कृत साहित्य के साथ सामंजस्य महसूस करता है। दुर्भाग्य से भारतविद्या की अच्छी साहित्यिक संवेदना नहीं थी। और संस्कृत साहित्य का आधुनिकता के साथ अन्धाधुँध सामंजस्य बिठाया जाता है। साहित्यालोचना में भरत और आनन्दवर्द्धन जैसे नितान्त मौलिक आलोचकों से लेकर विश्वनाथ और अप्पय दीक्षित जैसे महज टिप्पणीकारों समेत सबको 'महान' सिद्धान्तकार मान लिया जाता है। राष्ट्रीय और अन्तरराष्ट्रीय मंचों पर संस्कृत सिद्धान्तों की बड़े गर्व से नुमाइश की जाती है। गुजराती में रसिकलाल पारिख, दुलारे मांकड, रामप्रसाद बख्शी और नगीनदास पारेख जैसे आलोचकों ने अपने-आपको संस्कृत के आलोचनात्मक ग्रन्थों और सिद्धान्तों की खोज के लिए समर्पित कर दिया है। यह केवल गुजराती की ही प्रवृत्ति नहीं है। मराठी में भी आर.एस. जोग, डब्ल्यू.एल. कुलकर्णी, आर.एस. वालिम्बे, एस.के. क्षीरसागर और डी.के. बेडेकर द्वारा ऐसी ही कोशिशें हुई हैं। भारतीय अंग्रेज़ी आलोचना में कृष्ण रायन, कृष्ण चैतन्य और के. कृष्णमूर्ति इसी कोटि में आते हैं। यहाँ हमारी मंशा उनके विद्वतापूर्ण कार्य के बारे में सवाल खड़ा करने की नहीं, बल्कि उसके सांस्कृतिक औचित्य की है।

यदि आधुनिक भारत स्वयं को प्राचीन भारत से संवेदनात्मक तौर पर जोड़ सकता है, जबकि यह ब्रिटिश-पूर्व अतीत के साथ नहीं जोड़ सकता या नहीं जोड़ना चाहता तो इस परिघटना को संस्कृति के मानस में विकार के बतौर व्याख्यायित करना होगा। परम्परा के बारे में आमतौर पर आधुनिक भारतीय आलोचकों द्वारा व्यवहृत दृष्टिकोण सुशील कुमार डे के बांग्ला साहित्य (1919) के इतिहास में मौजूद है। डे का मानना है कि "आधुनिक भारतीय साहित्य के जन्म का काल उन्नीसवीं सदी का पूर्वार्द्ध है।" और यह दृष्टिकोण एक स्वयंसिद्ध तथ्य के रूप में माना जाता है। डे की तरह के तर्क 'ऐतिहासिक' तर्कों के रूप में पेश किये जाते हैं। इन्हें परम्परा को पुनर्परिभाषित करने की मंशावाले साहित्यालोचना के दृष्टिकोण मानने की जगह उम्मीद की जाती है कि इस पर सर्वानुमति होगी। भाषा साहित्यों के कठोर दृष्टिकोण और किसी चीज की ओर नहीं बल्कि स्मृतिभ्रंश की ओर संकेत करते हैं।

भाषा साहित्य के अध्ययन में दो अलग-अलग तरह की आलोचनात्मक पद्धतियाँ विकसित हुई हैं : एक तथाकथित 'आधुनिक काल' के लिए और दूसरी तथाकथित

'मध्यकाल' के लिए। 'आधुनिक' साहित्य के लिए प्रयुक्त होनेवाली पद्धति पश्चिम में विकसित साहित्यिक भाषाविज्ञान की विभिन्न शाखाओं से व्युत्पन्न है। 'मध्यकालीन' साहित्य के लिए प्रयुक्त पद्धति पश्चिम के ऐतिहासिक भाषाविज्ञान और नृतत्वशास्त्र के सिद्धान्तों से व्युत्पन्न है। दूसरे शब्दों में कहें तो 'आधुनिक' साहित्य के विश्लेषण के लिए प्रयुक्त आलोचनात्मक औजार अपनी प्रकृति में 'आलोचनात्मक' हैं जबकि 'मध्यकालीन' साहित्य के विश्लेषण के लिए प्रयुक्त औजार बिना किसी मूल्यांकन के ब्यौरे और तथ्य पेश करते हैं। ब्रिटिश-पूर्व साहित्य के अध्ययन की यह 'विधेयवादी' पद्धति आधुनिक आलोचकों और ब्रिटिश-पूर्व साहित्यिक परम्पराओं के बीच एक असहज सम्बन्ध को उजागर करती है। यह सम्बन्ध पर्याप्त आलोचनात्मक नहीं है, आलोचक या तो विस्मयाभिभूत हैं या उन परम्पराओं के बारे में उदासीन हैं। किसी साहित्य के अतीत की परम्पराओं की महज व्याख्या करना भी अत्यन्त दक्षता की माँग करता है। बड़े दायरे का अध्ययन और प्रौढ़ आलोचनात्मक संवेदना इसकी पूर्वशर्त है। लेकिन भाषा साहित्य के आलोचक असहज सम्बन्ध के कारण अतीत की साहित्य परम्पराओं के आलोचनात्मक छानबीन के पहले ही अपने आलोचनात्मक निर्णय दे देते हैं।

भाषा साहित्यों का इतिहास जितनी विद्वतापूर्वक और जिम्मेदारी से लिखा गया है, वह प्रशंसनीय है। मराठी में श्री एस.जी. तुलपुले, वी.बी. कोल्टे और जी.बी. सरदार तथा गुजराती में अकेले हरिवल्लभ भायनी के कामों की तुलना किसी भी भाषा के साहित्येतिहास और विद्वता की सर्वोत्तम उपलब्धियों से की जा सकती है। लेकिन भाषा साहित्यों की साहित्यालोचना ने अतीत की परम्पराओं से ज्यादा जानकारीपूर्ण सम्बन्ध बनाने के लिए इन आरम्भिक कार्यों का उचित इस्तेमाल नहीं किया है। साहित्य के आलोचकों ने भारत के सांस्कृतिक इतिहास में इतनी नयी भाषाओं के उदय का न तो मूल्यांकन किया है और न ही इसके महत्व को रेखांकित किया। जबकि साहित्य मध्यकालीन भारतीय संस्कृति के मर्म तक पहुँचने, आधुनिक भारत और ब्रिटिश-पूर्व भारत के बीच सम्बन्ध स्थापित करने और इस तरह भारतीय संवेदना के विउपनिवेशीकरण का माध्यम हो सकता है। लेकिन मध्यकालवादियों द्वारा प्रस्तुत किये गये उदासीन ऐतिहासिक व पुरातात्विक साक्ष्य इस सवाल का जवाब देने के लिए पर्याप्त नहीं हैं कि "ऐसा क्यों है कि भारत में भाषाएँ मूलभूत तरीके से इतनी बदल सकती हैं, जितना इस सहस्राब्दि की शुरुआत में बदलीं" जब तक भारत में भाषा सम्बन्धी कुछ ऐसे बुनियादी पहलुओं पर पर्याप्त विचार नहीं होता साहित्यालोचना और इतिहास के अविकसित ही रहने की सम्भावना है। भारतीय भाषाओं की आलोचना ने फिलहाल इन चुनौतियों को स्वीकार करके उनका रचनात्मक तरीके से मुकाबला नहीं किया है।

साहित्येतिहास की कुछ विशिष्ट घटनाओं का मूल्यांकन शिक्षाप्रद रहेगा। गुजरात

साहित्य परिषद द्वारा चार खंडों में गुजराती साहित्य का इतिहास प्रकाशित किया गया है। इनमें से पहला 'प्राचीन' साहित्य को समर्पित है, दूसरा 'मध्यकालीन' साहित्य के बारे में है और शेष दोनों 'आधुनिक' साहित्य को समर्पित हैं। मध्यकालीन गुजराती साहित्यवाला खंड 1450-1850 तक चार शताब्दियों का विस्तृत समय समाहित किये हुए है। 'मध्यकाल-ना साहित्या-प्रकारो' अध्याय में चन्द्रकान्त मेहता लिखते हैं :

स्थापित विद्वानों के मतानुसार गुजराती साहित्य का मध्यकाल बारहवीं शताब्दी में हेमचन्द्र की मृत्यु से लेकर उन्नीसवीं शताब्दी में दयाराम की मृत्यु तक फैला हुआ है।[62]

यह काल विभाजन साहित्य को गतिशील सामाजिक संस्थान के रूप में नहीं देख पाता या इस बात पर भी गौर नहीं कर पाता कि गुजराती भाषा ने अपने को साहित्य-विमर्श की भाषा के रूप में तभी स्थापित कर लिया था, जब इंडो-आर्यन परिवार से ही निकली राजस्थानी व हिन्दी जैसी उसकी बहनों का स्वरूप स्थिर नहीं हो पाया था। चूँकि गुजराती की पूरी गतिशीलता को पूरी तरह नजरअन्दाज कर दिया गया है, इसलिए परिषद ने इसके साहित्य के 'इतिहास' को स्कूल की पाठ्यपुस्तकों के स्तर की लेखकों, साहित्यिक विधाओं और घटनाओं की तारीखों की सूची तक सीमित कर दिया है। किसी कालखंड के बारे में आलोचनात्मक अन्तर्दृष्टि से रहित साहित्य का इतिहास अपने विषय की आत्मा से पूरी तरह अछूता रह सकता है। यह उस काल में साहित्य की समग्र स्थिति के बारे में अपने पाठकों को बताने से पूरी तरह चूक सकता है। साहित्य की सामाजिक-सांस्कृतिक अचेतनता, भाषाई उपचेतनता, शैलीगत आत्म-चेतनता के साथ-साथ उन चार शताब्दियों में गुजरात के इतिहास में सांस्कृतिक ज्ञानपद्धति में संक्रमण, सभी कुछ गुजराती मध्यकालीन इतिहास के आवश्यक पहलू हैं। आत्मविश्वासपूर्ण आलोचनात्मक संवेदना के बिना इन सबका चित्रण करना सम्भव नहीं है।

इस मामले में मराठी साहित्य का इतिहास अधिक भाग्यशाली रहा। 1950 में ही मराठी साहित्येतिहास लेखन एक बड़ी बहस का विषय था। इस बहस से सम्बन्धित कुछ महत्वपूर्ण दस्तावेजों को दत्तात्रेय पुंडे ने साहित्येतिहास लेखन के बारे में निबन्धों के संकलन (1986)[63] में प्रकाशित कराया था। इस बहस का मुख्य मुद्दा मराठी साहित्य परिषद की साहित्येतिहास परियोजना थी। एस.एम. माते[64] द्वारा मराठी साहित्य का व्यापक सर्वेक्षण कराने के लिए एक मसविदा प्रस्ताव तैयार किया गया था। उन्होंने ग्यारह खंडों में इसकी योजना बनायी थी जिसमें से पाँच खंड 1350 से 1820 तक के मध्यकाल के लिए थे। इनकी योजना पाँच लेखकों के युग के आधार पर तैयार की गयी थी : (1) 1350-1600 : एकनाथ युग, (2) 1600-1700: तुकाराम युग, (3) 1600-1700 : रामदास युग (4) 1600-1800 : पंडित कवियों व

इतिहासकारों का युग, (5) 1600-1820 : आख्यानक गद्य व काव्य युग। इस योजना में कालविभाजन के सिद्धान्तों का बड़ा विचित्र सा मेल था, जिसमें लेखक आधारित कालविभाजन और औपचारिक इतिहास विभाजन दोनों को शामिल किया गया था। एस.वी. केतकर (1932) द्वारा एक अधिक बेहतर योजना प्रस्तावित की गयी थी, जिसमें सोलह खंड ब्रिटिश-पूर्व साहित्य के लिए और सोलह खंड ब्रिटिश साहित्य के लिए प्रस्तावित किये गये थे।[65] पहले सोलह खंडों में से चार खंड एकनाथ से पहले के साहित्य के लिए और शेष बारह खंड 'मध्यकालीन' साहित्य के लिए निर्धारित किये गये थे। केतकर द्वारा सामग्री का वितरण मुख्यतः विधाओं के आधार पर था और साहित्य के सामाजिक सन्दर्भ के लिए यहाँ काफी जगह थी, लेकिन यह एंसाक्लोपीडिया लेखक का काम था। बावजूद इसके परिषद जब योजना को अन्तिम रूप दे रही थी, केतकर के प्रस्ताव को गम्भीरतापूर्वक लिया ही नहीं गया।

माते की योजना का वामपन्थी झुकाववाले डी.के. बेडेकर और जी.बी. सरदार द्वारा यह कहते हुए विरोध किया गया कि इतिहास सिर्फ घटनाओं का विवरणभर ही नहीं है, इसे साहित्य के विकास को भी अवश्य दिखाना चाहिए। वे ऐतिहासिक तथ्यों के आलोचनात्मक विश्लेषण और उन पर शोध की माँग करते हैं। बेडेकर और सरदार ने मध्यकालीन मराठी साहित्य के तीन खंड प्रस्तावित किये—1350-1680 : मध्य मध्यकाल 1680-1800 : अन्तिम मध्यकाल और तीसरा खंड विश्लेषण ात्मक निष्कर्ष व मध्यकाल से आधुनिक काल में संक्रमण के सर्वेक्षण के लिए।[66] विश्लेषण को थोड़ा मार्क्सवादी रुझानवाला होना था। इस योजना में कालविभाजन को राजनीतिक घटनाओं के साथ जोड़ा गया था, जैसेकि 1680 शिवाजी की मृत्यु का वर्ष है। साहित्य परिषद ने इस दृष्टिकोण को स्वीकार कर लिया और इसने ग्यारह खंडों की इतिहास की योजना को बदलकर नौ खंडों की कर दिया। यद्यपि परिषद द्वारा प्रकाशित ये खंड विद्वतापूर्ण हैं, लेकिन ब्रिटिश-पूर्व मराठी साहित्य पर ठोस आलोचनात्मक रुख जैसी चीजों का अभाव है।

गुजराती साहित्य में पूरे मध्यकाल को 'एकीकृत कालिक इकाई' के रूप में व्याख्यायित करने की प्रवृत्ति अपने पड़ोसी मराठी साहित्य के सूक्ष्म काल विभाजन के इतिहास लेखन से बहुमूल्य शिक्षा प्राप्त कर सकती है। हेमचन्द्र से दयाराम तक के पूरे काल की व्याख्या के लिए एक ही प्रणाली का इस्तेमाल हर काल के गलत मूल्यांकन की ओर ले जायेगा। मराठी साहित्येतिहास लेखन में कालविभाजन सन्तोषजनक है लेकिन, मराठी साहित्य का मध्यकाल भी लोक, लोकप्रिय और सम्भ्रान्त जैसी समाजशास्त्रीय और विषय-वस्तु आधारित विभाजनों की माँग करता है ताकि सम्भ्रान्त मोरोपन्त, लोकप्रिय तुकाराम और लोक होनाजी के बारे में एक जैसे आलोचनात्मक मानों के इस्तेमाल से होनेवाले भ्रम से बचा जा सके। शैली

और पदविन्यास में भिन्नता के साथ-साथ संस्कृत, फ़ारसी, देशी और नव-मराठी का अन्तर स्थापित किया जाना चाहिए। मध्यकालीन मराठी साहित्य का इतिहास इसके कागज और लिपि से छापाखाना तकनीक और विश्वविद्यालयी समाजशास्त्र तक की यात्रा की कहानी होनी चाहिए।

सांस्कृतिक विस्मृति

पाश्चात्य विचारों के बारे में आम भारतीय रुख, औपनिवेशिक प्रभाव, संस्कृत की विरासत, भारतीय भाषाओं के साहित्य के बारे में चर्चा करते हुए हमने पाया कि आधुनिक भारतीय आलोचक पाश्चात्य और संस्कृत विचारों के साथ एक भावनात्मक निकटता महसूस करता है; साथ ही वह भारतीय भाषाओं की परम्परा को दबाता है और औपनिवेशिक अनुभव के 'औपनिवेशिक' पक्ष को नजरअन्दाज करता है। यथार्थ में पाश्चात्य और संस्कृत विचारों के बीच का सम्बन्ध आवयविक न होकर आभासी व आदर्शीकृत सम्बन्ध है। भारत में पाश्चात्य विचारों का प्रवेश औपनिवेशिक काल में हुआ इसलिए वे औपनिवेशिक सन्दर्भ से निर्देशित और अनुकूलित थे। इसलिए पाश्चात्य विचारों और औपनिवेशिक सन्दर्भ को भारतीय संस्कृति पर बाहरी पैबन्दों की विशाल शृंखला के क्रम में देखना आवश्यक है। इसी तरह संस्कृत की विरासत भाषा साहित्यों व भाषा संस्कृतियों से छनकर भारतीय चेतना में फैली है। इसलिए संस्कृत की विरासत और भाषाओं की विरासत को एक ऐतिहासिक सातत्य के रूप में देखने की जरूरत है। ऐसा न करने पर ऐसी भिन्नताओं की शुरुआत होगी जिनका कोई ऐतिहासिक आधार नहीं है और इतना ही नहीं इससे भारतीय आलोचकों को साहित्य और साहित्येतिहास लेखन के सन्दर्भहीन 'सार्वभौम' सिद्धान्त की कल्पना में यकीन करने को बल मिलता है। यह कहना कठिन है कि कोई अव्याख्येय किस्म का आदर्शवाद इतिहास के बारे में ऐसा विकृत दृष्टिकोण पैदा करता है या फिर ऐसा गलत दृष्टिकोण उस आदर्शवाद को बढ़ाता है।

पाश्चात्य व संस्कृत विचारों के प्रति आधुनिक भारतीय आलोचकों की अनुपयुक्त भावनात्मक निकटता के निम्नलिखित दो स्रोत हो सकते हैं :

पहला स्रोत, *मार्ग* परम्पराओं और *देशी* परम्पराओं के प्रति भारतीय मानस का दोमुँहा सम्बन्ध हमारी सोच से पुराना है, जिसमें वे 'व्यापक' परम्पराओं को 'स्थानीय' परम्पराओं के विरुद्ध मानते रहे हैं। दोनों के बीच समान रूप से झुकाव का अनुभव अस्मिता का संकट खड़ा कर सकता है और इससे भी बदतर तो यह कि कई बार यह आत्म-अवमानना और आत्म-दया को बढ़ाता है। भारतीय विचार दर्शन की ज्यादातर धाराएँ स्वतन्त्र उत्पत्ति और दिशावाली धाराओं जैसी नहीं, बौद्धिक विभाजनों के बीच फैले हुए सेतु जैसी रही हैं। यहाँ तक कि वर्तमान में भी भारत

जिस तरह के राजनीतिक ढाँचे का अनुसरण कर रहा है वह भी एक साथ ही एकीकृत भी है और संघीय भी, *मार्ग* और *देशी* दोनों के लिए जगह बनाता हुआ। जैसाकि एम.एन. श्रीनिवास ने लिखा है कि प्राथमिकताओं के निरन्तर बदलाव और दोनों के प्रति गहरी सम्बद्धता आत्म-निन्दा और सन्ताप पैदा करती है। ये दोनों ही भारतीय संस्कृति के लिए नयी नहीं हैं। श्रीनिवास भारतीय उच्च भ्रू संस्कृति के इस चरित्र की पहचान उत्तर वैदिक काल तक करते हैं।[67]

गलत सांस्कृतिक धारणा का दूसरा स्रोत औपनिवेशिक अनुभव के चलते पैदा हुई सांस्कृतिक उत्साहहीनता है। औपनिवेशिक अन्तःक्रिया उपनिवेशित को एक नया बौद्धिक मुहावरा सिखाती है और इस प्रक्रिया में चिन्तन के देशी व प्राकृतिक तरीके को विकृत करती है। पहले से मौजूद मूल्य संरचना में जबरन बाहरी मूल्य संरचना को घुसाने के चलते औपनिवेशिक प्रभुत्व उपनिवेशित के बौद्धिक विमर्श को गहराई से बदल देता है और उसे विखंडित करता है। यह बाहरी और अधिकांशतः अप्रासंगिक बौद्धिक 'टोटेम' का प्रतिमानीकरण करता है और पहले से मौजूद मूल्य व्यवस्था को उसके सौन्दर्य और अर्थ की लय और विन्यास से वंचित कर देता है। यह विकृति स्वयं को सांस्कृतिक दमन और विस्मृति के रूप में अभिव्यक्त करती है। अतीत की जड़ छवियाँ पेश करना, साहित्य परम्पराओं और इतिहास की गलत और कठोर अवधारणाएँ, सुदूर की परन्तु आदर्शीकृत परम्पराओं के साथ अनुत्पादक लगाव—ये सब इस विकृति के लक्षण हैं।

मौजूदा सांस्कृतिक विस्मृति की बीमारी, स्मृति लोप के बारे में परम्परागत भारतीय चिन्ता से संयोजित है। यह अनुमान लगाना व्यर्थ है कि भारतीय मनोजगत विस्मृति की बीमारी से सदैव पीड़ित रहा है। यह कयास लगाना भी व्यर्थ होगा कि भारतीय संस्कृति की दीर्घजीविता का कोई सीधा सम्बन्ध इस चिन्ता से है। सांस्कृतिक नृविज्ञान की जीववैज्ञानिक पद्धति में संस्कृति के रूपक को व्यक्ति के रूपक के बतौर तर्क की सीमाओं से परे ले जाने की प्रवृत्ति होती है। भारतीय संस्कृति के पवित्र से लेकर अपवित्र आयामों तक विस्मृति के भय और वास्तविक विस्मृति के अनेक उदाहरण मिल सकते हैं। प्रिंटिंग के इस जमाने में भी सीखने की पद्धति के रूप में रटने का प्रयोग बहुत रोचक उदाहरण है। आनन्द कुमारस्वामी भारतीय संस्कृति और मनोजगत[68] में स्मृति के स्थान के बारे में अपने विद्वतापूर्ण लेख में ब्राह्मण पुस्तकों में स्मृति की चर्चा के अनेक स्रोतों का उल्लेख करते हैं। कुमारस्वामी का तर्क है कि ईश्वर को स्मृति की जरूरत नहीं होती क्योंकि वह कभी नहीं भूलता, लेकिन मनुष्य सत्य और आत्मा तक स्मृति के जरिये ही पहुँचता है, जो कुछ भूला जा चुका है उसे याद करने के जरिये। इस तरह ब्राह्मण पुस्तकों में विस्मृति को मानव चेतना का बुनियादी लक्षण माना गया है और स्मृति को शक्ति के रूप में माना गया है,

जो प्रतिभा से अलग चीज है। छान्दोग्य उपनिषद को प्रमाण के रूप में पेश करते हुए कुमारस्वामी कहते हैं :

स्मर आकाश (श्रवण का माध्यम) से कुछ अधिक चीज है। इसलिए स्मृति से हीन बहुत से लोग एकत्र हों तो वे न तो एक-दूसरे को सुनेंगे, न विचार करेंगे (मनन), न पहचानेंगे (विज्ञ); लेकिन यदि वे स्मृतिवान हों तो सुनेंगे, विचार करेंगे और पहचानेंगे। कोई व्यक्ति स्मृति से ही बच्चे और जानवर को अलग-अलग पहचानता (विज्ञति) है। स्मृति का सम्मान करो...मिलिन्द पन्हो 78-80 में स्मृति के विषय में चर्चा की गयी है। पहले दिखाया गया है कि हम सोचने (सित्तर) के जरिये नहीं बल्कि स्मृति (सति=स्मृति) के जरिये याद रखते हैं। हम प्रतिभाहीन नहीं होते भले ही बहुत पहले की चीजें भूल (पमुत्थम=प्रामर्स्तम) गयी हों। तब यह पूछा गया है, "क्या स्मृति सदैव ऊपरी ज्ञान की अवस्था (सब्ब...अभिज्ञानता) के रूप में पैदा (अपज्जति) होती है या यह छद्म (काटुमिका) है" और उत्तर दिया गया है कि "स्मृति ऊपरी ज्ञान की अवस्था के रूप में पैदा होती है और छदम भी है"[69]

कुमारस्वामी अपनी ओर से प्रभावशाली प्रमाणों के जरिये तर्क करते हैं कि "स्मृति एक तरह का सीखा हुआ ज्ञान है" और यदि इस तर्क को ही उलटकर देखें तो विस्मृति मानव मस्तिष्क की मूल स्थिति (गिवेन कंडीशन) है। विस्मृति की अपरिहार्यता के बारे में उनकी व्याख्या है कि स्मृति स्थान और काल का अतिक्रमण करती है और जीवन ग्रहण करने के चलते आत्मा स्थान और काल की सीमाओं में प्रवेश करती है और स्मृति का लोप हो जाता है। इस तर्क का आधार सर्वज्ञ आत्मा की अधिभौतिक अवधारणा है, या यथार्थ से पहले आत्म या पुरुष के अस्तित्व की धारणा। कुमारस्वामी की व्याख्या में स्मृति और विस्मृति क्रमशः 'सर्वज्ञ आत्म' और 'दैवीय अहम्' के प्रतीकात्मक प्रस्तुतीकरण बन जाते हैं।[70] दैवीय अहम्, जोकि मानवीय अहम् है, को अपनी सर्वज्ञ आत्म की प्रकृति का स्मरण करना चाहिए, एक बच्चे की तरह अपने पिता के बारे में अवश्य सीखना चाहिए। विस्मृति की तत्वमीमांसा स्तरीकृत ढाँचों के उपतर्कों और दैवीय मान्यताओं में ऐसे संकेत हैं जो हमें सिगमंड फ्रायड के प्रायोगिक मनोविज्ञान द्वारा प्रस्तुत व्याख्यात्मक सूची की ओर उन्मुख करते हैं।

प्रायोगिक मनोविज्ञान मानता है कि विस्मृति का सम्बन्ध स्मृति के हिंसक व अचेत दमन से है। अपनी पुस्तक *सायकोपैथॅलॉजी और एवरीडे लाइफ* में फ्रायड का दावा है कि स्मृति के लोप और उस विलुप्त स्मृति की प्रकृति के बीच निश्चित सम्बन्ध होता है। यह सम्बन्ध बहुत ही सतही भी हो सकता है और जटिल व गहन भी। इसी सम्बन्ध के आधार पर फ्रायड अपना प्ररूप-वर्गीकरण पेश करते हैं, जिसे वे "स्मृति का छिपाव" कहते हैं। मैं उनकी उस पुस्तक से उद्धृत कर रहा हूँ, जो

अब तक स्मृति के मनोविज्ञान का गौरव ग्रन्थ बन चुकी है :

(प्रस्तुत उदाहरण में पूरी तरह व्याख्या की गयी है कि) मैंने लुप्ति स्मृति और लुप्त हुई स्मृति की अन्तर्वस्तु के बीच कालिक सम्बन्ध की विशिष्टता पर खासतौर पर जोर दिया है। लुप्त होती हुई स्मृति का सन्दर्भ उस उदाहरण में बचपन के शुरुआती वर्षों से है, जबकि इसके द्वारा प्रस्तुत विचार, जोकि व्यवहारतः अवचेतन का हिस्सा होते हैं, व्यक्ति के बाद के जीवन से सम्बन्ध रखता है। मैं इसे प्रतिगामी या पश्चात-सक्रिय विस्थापन के रूप में देखता हूँ। शायद अधिकतर लोगों को इसके विपरीत सम्बन्ध मिलते हैं, ज्यादा दूरस्थ काल के उदासीन प्रभाव चेतना में छिपी हुई स्मृति बन जाते हैं, जिसका अस्तित्व पहले के अनुभव से सम्बद्धता के चलते होता है; जिसके खिलाफ सीधे पुनरुत्पादन में प्रतिरोध होते हैं। हम इन्हें अतिक्रमण करनेवाली या हस्तक्षेप करनेवाली छिपी हुई स्मृति कहते हैं। यहाँ सबसे महत्वपूर्ण बात यह है कि स्मृति, छिपी हुई स्मृति से परे कालक्रमानुसार मौजूद होती है। अन्ततः एक और सम्भावना भी हो सकती है कि छिपी हुई स्मृति उन प्रभावों से सम्बद्ध हो जिन्हें वह छिपाती है। यह सम्बद्धता अन्तर्वस्तु के स्तर पर ही नहीं समय की निकटता के स्तर पर भी हो सकती है, यह समकालीन या निकट की छिपी हुई स्मृति है।[71]

संस्कृति के सन्दर्भ में प्रयुक्त करने से पहले फ्रायड के इस सूत्रीकरण में संशोधन की जरूरत है, क्योंकि इसने स्मृति की एक व्यापक पद्धति का निर्माण किया है, जो मृत्यु का अतिक्रमण करके अपने-आपको दूसरे जीवन में सुरक्षित रखती है। यह शायद संस्कृति को भुला दिये जाने के सतत् भय के खिलाफ गढ़ी हुई फैंटेसी है। लेकिन इस संशोधन के लिए हमें प्रायोगिक मनोविज्ञान के क्षेत्र में एक भारतीय प्रतिभा की प्रतीक्षा करनी होगी। तब तक भले ही आधे-अधूरे और अनिश्चयात्मक ढंग से कहा जाये, लेकिन फ्रायड की छिपी हुई स्मृति की अवधारणा के आधार पर यह तर्क दिया जा सकता है कि विस्मृति उपनिवेशवाद का अनिवार्य प्रतिफलन है। यह तब घटित होती है, जब किसी अतिक्रमित संस्कृति या उसके घटक तत्वों को आक्रामक संस्कृति के द्वारा दोयम दर्जे का बताया जाता है और अतिक्रमित संस्कृति अपने बारे में ऐसा ही मान लेती है। यदि यह विस्मृति निकट अतीत के बारे में देशी धारणा को नष्ट करती है, तो यह अतिक्रमित संस्कृति के आत्मसम्मान को बचाये रखने और आक्रामक संस्कृति की संस्तुति प्राप्त करने की रणनीति में मदद भी करती है।

आक्रान्ता बाहरी ताकत की उत्पादन प्रणाली की श्रेष्ठता, सैन्य संगठन दक्षता और भौतिक सफलता उपनिवेशित संस्कृति को आसानी से भयाक्रान्त कर सकती है और निकट अतीत के बारे में उसमें शर्म का भाव पैदा कर सकती है। यही दमन अपने दूर के अतीत की बहुत विशाल छवि गढ़ता है। या फ्रायड के शब्दों में कहें

तो औपनिवेशिक ताकत माता-पिता की भूमिका में देखी जाने लगती है, जिससे उपनिवेशित संस्कृति घृणा करती है, भय खाती है और नकल करती है। वह अपने को एक ऐसे बच्चे के रूप में देखने लगती है, जो अपनी नपुंसकता के प्रति भयभीत रहता है और माता-पिता की प्रजनन शक्ति के बारे में फैंटेसी गढ़ता है। तब भयाक्रान्त बच्चा अपने को ऐसे कामों में लगाता है जिनसे उसे अपने माता-पिता की संस्तुति मिल सके और अपनी नयी पहचान गढ़ सके। इसी बिन्दु पर इतिहास इतिहास नहीं रहता बल्कि फैंटेसी और विस्मृति के दायरे का विस्तार बन जाता है।

तथाकथित भारतीय नवजागरण के नेताओं ने आधुनिकीकरण की प्रक्रिया को 'राष्ट्र के पुनर्जन्म' के बतौर देखा। इसे साबित करने के तमाम समाजशास्त्रीय और ऐतिहासिक साक्ष्य हैं कि औपनिवेशिक शासन ने आधुनिकीकरण की प्रक्रिया को तेज किया, लेकिन यह भारतीय संस्कृति में किसी सर्वथा नये आयाम की शुरुआत नहीं थी। इसलिए नवजागरण, पुनर्जन्म नहीं था बल्कि इस सहस्राब्दि की शुरुआत में आरम्भ हुई प्रक्रियाओं के चलते उसका वयस्क होना था। जो हो, पुनर्जन्म भारत की बच्चे के रूप में छवि के अनुकूल था, जो थोड़े समय बाद पुनर्जन्म लेता है। भारतविद्यावादी अध्ययन और पुनरुत्थानवादी प्रवृत्तियाँ 'स्मरण' के रूप के अनुकूल थे। इस तरह भारतीय नवजागरण और भारतीय राष्ट्रवाद ने रणनीतिक तौर पर सांस्कृतिक विस्मृति को प्रगति की अनिवार्य शर्त के रूप में स्वीकार कर लिया।

यह सम्भव है कि एक तरफ हम मैकाले के समय के बाद लिखे गये अनेक उपन्यासों को, कविताओं को गिना सकें जो विस्मृति और भूल जाने के डर को मुख्य विषय बनाते हैं, वहीं दूसरी तरफ हम भारत में इस्लामिक शासन की शुरुआत के साथ दमन की शुरुआत के बारे में विस्मृति दिखा सकते हैं। फिलहाल हम यहाँ औपनिवेशिक काल के कुछ ऐसे उदाहरणों तक अपने को सीमित रखेंगे, जिनका सम्बन्ध हमारी मौजूदा चिन्ता से है। हम भाषा, चित्रकला और तकनीक के क्षेत्र से एक-एक उदाहरण लेंगे।

उन्नीसवीं सदी के पूर्वार्द्ध में जब उत्तर-मध्य क्षेत्र की तमाम बोलियों ने अपने-आपको उस भाषा के रूप में संगठित किया जिसे आज हम हिन्दी कहते हैं, तो इसकी प्रेरणा इन बोलियों को बोलनेवालों से नहीं बल्कि ईस्ट इंडिया कम्पनी से मिली थी। यह पर्याप्त विचित्र बात है कि इस 'संगठित' हिन्दी का उदय फोर्ट विलियम के प्रिंटिंग प्रेस से हुआ और इसके आदि पिता लल्लूजी लाल (1763-1825) आधिकारिक तौर पर नियुक्त किये गये 'लेखक' थे। कम्पनी सरकार में उनका काम हिन्दी में छपी हुई पुस्तकें तैयार करना था।[72] भाषा की छपाई के लिपिकीय काम को करते हुए लल्लूजी लाल ने खारी बावली में भागवत पुराण का हिन्दी अनुवाद करने का रचनात्मक काम भी किया। यह अनुवाद प्रेमसागर (1805-1906) हिन्दी

के योरपीय छात्रों के लिए पूरी उन्नीसवीं शताब्दीभर प्राथमिक पाठ्यपुस्तक बना रहा और भारतीयों के लिए भी एक विश्वसनीय स्रोत बना रहा। लिपि और छपाई की नयी तकनीक के लिए लल्लूजी लाल द्वारा एक पुराण—जिसमें इतिहास को मिथकों के जरिये बताया जाता है—का चुनाव नयी तकनीक के प्रति ठेठ भारतीय रुख को दर्शाता है। एक तरफ तो उन्होंने तकनीक का परम्पराकरण किया और उसमें कुछ रस्मोरिवाज जैसी चीज जोड़ दी तो दूसरी तरफ उन्होंने भारतीय अतीत को याद रखने की अपनी इच्छा और इतिहास के प्रति अपने अनैतिहासिक दृष्टिकोण को भी प्रदर्शित किया। हम पश्च-दृष्टि के लाभ की स्थिति में हैं।

लाल की चेतना के बारे में इस समझ में कुछ तत्व हैं, इसके पक्ष में हम चित्रकला के क्षेत्र से भी कुछ प्रमाण पेश कर सकते हैं। जब ब्रिटिश लोगों के साथ सीधा ब्रश (देशी परम्परा में घुमावदार ब्रश इस्तेमाल करने की जगह), कृत्रिम रंग और प्रकृतिवादी तकनीक भारत पहुँची तो इसने राजा रविवर्मा जैसे चित्रकार की प्रतिभा को प्रभावित किया।[73] आधुनिक भारत के पहले महत्वपूर्ण चित्रकार रविवर्मा (1848-1906) ने त्रावणकोर के दरबार में एक योरपीय चित्रकार को काम करते देखा। तस्वीर बनाने की तकनीक से पूरी तरह प्रभावित होने के चलते, जिसे उन दिनों 'पुरातात्विक' तस्वीर कहा जाता था, उन्होंने देवताओं, नायकों और मिथकीय व्यक्तियों की तस्वीर बनानी शुरू की। उन्हें पर्याप्त मांसलता और रंग दिया गया। खासतौर पर उनकी देवियाँ बहुत स्वस्थ थीं। उनकी ख्याति पूरे भारत में फैल गयी और उनके चित्रों की प्रतियाँ पूरे देश के घरों को सुशोभित करने लगीं। यहाँ तक कि टैगोर तक ने उनके काम की प्रशंसा की। उनके काम के प्रति ऐसे आकर्षण का क्या कारण था? उन्होंने अतीत की पुनर्रचना के लिए पुरातात्विक पद्धति का श्रद्धापूर्वक अनुसरण नहीं किया और उनके देवता व नायकों की हिन्दू धर्मग्रन्थों से बहुत समानता भी नहीं है। वे फैंटेसी की दुनिया से आये हुए विषयों के लिए 'प्रकृतिवाद' की पद्धति का अनुसरण भी नहीं कर रहे थे। यह सम्भव है कि चित्रकला की श्रेष्ठ पश्चिमी तकनीक ने रविवर्मा की अतीत की स्मृति को गड़बड़ा दिया, लेकिन स्वप्निल छवियों से परिपूर्ण सुदूर अतीत उनके पास रहा। वे कलकत्ता के ब्लैक होल के अनुभवों या 1857 के विद्रोह से अपने काम के लिए छवियाँ व अन्तर्वस्तु न जुटा सके। भारत द्वारा ब्रिटिशों से पूर्ण सैन्य पराजय स्वीकर करने के पहले, उनसे अन्तःक्रिया के प्रथम चरण में जब हम देखते हैं कि कालीघाट के चित्रकार अपने आस-पास के वातावरण को चित्रित कर रहे थे, तो रविवर्मा की तरह की विस्मृति से स्पष्ट राहत मिलती है।

इस प्रवृत्ति का एक उदाहरण छपाई तकनीक के शुरुआती इस्तेमाल के तरीकों में भी देखा जा सकता है। एम.एन. श्रीनिवास बताते हैं कि भारत में छपाई के

आरम्भिक वर्षों में प्रकाशित अधिकांश पुस्तकें 'पुनरुत्थानवादी' थीं :

पाश्चात्य तकनीक के दक्ष उपयोग का अर्थ यह नहीं कि उपयोगकर्ताओं ने तार्किक और वैज्ञानिक विश्व-दृष्टि स्वीकार कर ली थी...बल्कि ऐसे पर्याप्त उदाहरण हैं जहाँ पश्चिमीकरण ने ऐसी ताकतों को जन्म दिया है, जो उसके एकदम विपरीत हैं...उदाहरण के लिए छपाई की तकनीक की शुरुआत ने आधुनिक ज्ञान के प्रसार को ही सम्भव नहीं बनाया बल्कि इसने परम्परागत महाकाव्यों, पुराणों, सन्तों की जीवनियों और अन्य धार्मिक साहित्य, के प्रसार को सम्भव किया...राजनीति और संस्कृति के क्षेत्र में पश्चिमीकरण ने राष्ट्रवाद ही नहीं पुनरुत्थानवाद को भी जन्म दिया...[74]

श्रीनिवास की टिप्पणी उस व्यापक प्रक्रिया का सामान्यीकरण करती है जिसे वे 'पश्चिमीकरण' कहते हैं।

भारत में पश्चिमीकरण अपने साथ प्रतिगामी संस्कृतकरण की प्रवृत्ति ले आया ताकि निकट अतीत का दमन करते हुए सुदूर अतीत को जीवित किया जा सके। यह अतीत का फंतासीकरण, यह देख पाने की क्षमता का अभाव कि सुदूर अतीत आधुनिक काल तक निकट अतीत के हाथों विभिन्न बदलावों की जटिल प्रक्रिया से होकर गुजरा है, और निकट इतिहास के प्रति असहज सम्बन्ध यह सब उस सांस्कृतिक विस्मृति के परिणाम हैं, जिसमें भारतीय संस्कृति औपनिवेशिक काल में पतित हुई है। उपनिवेशवाद का सबसे बुरा प्रभाव यह हुआ कि इसने भारत की जीवित सांस्कृतिक विरासत को छीन लिया और इसकी जगह अतीत की फैंटेसी दे दी। यही विस्मृति, जिसने अब तक जीवित देशी परम्पराओं के बारे में हमारी जागरूकता को प्रभावित किया है, शायद भारतीय आलोचना के संकट का मूल कारक है।

सन्दर्भ

1 शंकर गोपाल तुलपुले, *क्लासिकल मराठी लिटरेचर, अ हिस्ट्री ऑफ इंडियन लिटरेचर*, सम्पादित जान गोंडा, वॉल्यूम 9, fasc. 4 (विस्बेडेन, 1979), पृ. 312।

2 यद्यपि यह निश्चित है कि मुकुन्दराजा ज्ञानदेव से पहले हुए थे, लेकिन अभी भी ठीक-ठीक कालानुक्रम नहीं बनाया जा सका है। तुलपुले (1979), पृ. 25।

3 संस्कृत काव्यशास्त्र के विशेष अध्ययन के लिए निम्न ग्रन्थ विशेष रूप से उपयोगी हैं— पी.वी. काणे, *हिस्ट्री ऑफ संस्कृत पोयटिक्स*, चौथा संस्करण (दिल्ली, 1971); एस.के. डे, *हिस्ट्री ऑफ संस्कृत पोयटिक्स*, दूसरा परिवर्द्धित संस्करण (कलकत्ता, 1960)। दोनों पहली बार 1923 में प्रकाशित हुई थीं। एडविन गेरो, *इंडियन पोयटिक्स, अ हिस्ट्री ऑफ इंडियन लिटरेचर, वॉल्यूम* 5, fasc. 3, (विस्बेडेन, 1977)।

4 इलियट डच और जे.ए.वी. वान बुइतनेन, अ सोर्स बुक ऑफ अद्वैत वेदान्त (होनोलुलु, 1971)।

5 पी.वी. काणे (1971), पृ. 208-18।

6 एडविन गेरो (1977), पृ. 279।

7 तुलपुले (1979), पृ. 326।

8 *मॉडर्न इंडिया एंड द वेस्ट*, सं. एल.एस.एस. ओ' माले, (लन्दन, 1941), पृ. 587।

9 देखें डब्ल्यू एच.जी. आर्मीताग, *फोर हंड्रेड ईयर्स ऑफ इंग्लिश एजुकेशन*, कैम्ब्रिज यूनिवर्सिटी प्रेस (कैम्ब्रिज, 1964); *एजुकेशनल डॉक्यूमेंट्स : इंग्लैंड एंड वेल्स–1816 टु द प्रेसेंट डे*, सम्पादक जे. स्टुअर्ट मैक्लुर, मेथ्युन (लन्दन, 1965/86); एडवर्ड हल्मेस, *एजुकेशनल एंड कल्चरल डाइवर्सिटी*, लांगमैन (इसेक्स, 1989)।

10 के.बी. मराठे, नावल वा नाटक सम्बन्धी निबन्ध (कोल्हापुर,1872) अनन्त कानेकर द्वारा राइटिंग इन इंडिया के 'लिटरेरी क्रिटिसिज्म : मराठी' में उद्धृत, पृ. 114-20 (पृ. 115)।

11 वी.के. राजवाड़े, 'द नॉवेल' (1902) शान्ता गोखले द्वारा अनुवाद, जर्नल ऑफ आर्ट एंड आइडियाज 8 (1984), पृ. 74-88 (पृ. 87)।

12 भालचन्द्र नेमाड़े, मराठी साहित्य में 'कादम्बरी' : प्रेरणा व स्वरूप, पृ. 13-56 (पृ. 53), जी.एन. देवी द्वारा मराठी से अनूदित, सेतु : जर्नल ऑफ इंडियन लिटरेचर इन ट्रांसलेशन, वॉल्यूम II 1 (1986), पृ. 29-71 (पृ. 68)।

13 मनसुखलाल झवेरी, 'लिटरेरी क्रिटिसिज्म : गुजराती' राइटिंग इन इंडिया, सं. निस्सिम एज्केल में, सातवीं अखिल भारतीय पी.ई.एन. कॉन्फ्रेन्स (बॉम्बे, 1965) पृ. 77-83।

14 कम्पेरेटिव इंडियन लिटरेचर, वॉल्यूम II, सं. के.एम. जॉर्ज, (मद्रास, 1986)।

15 अनन्त कानेकर, राइटिंग इन इंडिया में, 'लिटरेरी क्रिटिसिज्म : मराठी', पृ. 114-20, सुधीर रसल, 'समीक्षा' इन मराठी साहित्य : प्रेरणा व स्वरूप, सं. जी.एम. पवार और एम.डी. हातकनांगलेकर (बॉम्बे, 1986), पृ. 322-64।

16 आर.बी. पाटणकर, 'एस्थेटिक्स : सम इपॉर्टेंट प्रॉब्लम्स', जर्नल ऑफ आर्ट एंड आइडियाज 6 (1984), पृ. 43-66 (पृ. 64-5)।

17 सुरेश जोशी, जॉन स्ताचनेव्स्की के साथ एक अप्रकाशित साक्षात्कार में (1985)।

18 इंडियन क्रिटिकल थॉट, सं. एस.के. देसाई और जी.एन. देवी (दिल्ली, 1987), पृ. 2।

19 श्री अरविन्द, द फ़्यूचर पोयट्री, बर्थ सेंटेनरी लाइब्रेरी, वॉल्यूम IX (पांडिचेरी, 1972)।

20 बी.एस. मारधेकर, आर्ट एंड मैन (लन्दन, 1937); सौन्दर्य अनि साहित्य (बॉम्बे, 1955)।

21 पाटणकर, 'एस्थेटिक्स : सम इपॉर्टेंट प्रॉब्लम्स' (1984), पृ. 65।

22 कृष्ण रायन, सजेशन टुडे (लन्दन, 1966); नगेन्द्र, 'ऑल टाइम रेलेवेंस ऑफ रस थियरी, कम्पेरेटिव इंडियन लिटरेचर एसोसिएशन की पहली कॉन्फ्रेन्स में पढ़ा गया पर्चा (दिल्ली, 1984)।

23 पिछले पन्द्रह वर्षों में मराठी में 'देशीवाद' नाम की एक आलोचना प्रवृत्ति शुरू हुई है। इसका नेतृत्व उपन्यासकार-आलोचक भालचन्द्र नेमाड़े कर रहे हैं और यह काफी प्रभावशाली है। इस प्रवृत्ति का मुख्य जोर देशी सांस्कृतिक सन्दर्भ में आलोचना के मान विकसित करने और कथा के मूल्यांकन में 'सार्वभौम' रूपवादी मानों से बचने पर है।

24 मरी कीगर, थियरी ऑफ क्रिटिसिज्म : अ ट्रेडिशन एंड इट्स सिस्टम (बाल्टीमोर और लन्दन, 1976), पृ. 54।

25 एम. मुनीर-विलियम्स—संस्कृत-इंग्लिश डिक्शनरी (ऑक्सफोर्ड, 1899); आर.सी. टर्नर, अ कम्पेरेटिव डिक्शनरी ऑफ इंडो-आर्यन लैंग्वेज (लन्दन, 1965)।

26 भालचन्द्र नेमाड़े (1986) मानते हैं कि मराठी में कल्चर की अवधारणा 'संस्कृति' पद के जरिये अभिव्यक्त की जाती है; जबकि इसका अर्थ बढ़ना या विकसित होना है। बोलचाल की मराठी, गुजराती, हिन्दी और शायद अन्य भारतीय भाषाओं में भी 'कल्चर' और 'संस्कृति' शब्द एक-दूसरे की जगह प्रयुक्त होते हैं।

27 जॉन गल्लाघेर ने 'द डिक्लायन, रिवाइवल एंड फाल ऑफ द ब्रिटिश एम्पायर' (कैम्ब्रिज, 1982) में और अनिल सील ने 'द इमर्जेंस ऑफ इंडियन नेशनलिज्म : कम्पिटीशन एंड कोलैबोरेशन इन द लेटर नाइंटीन्थ सेंचुरी (कैम्ब्रिज, 1968) में ब्रिटिश औपनिवेशिक सत्ता और भारतीय राजनीतिक चेतना के बीच गठजोड़ और संघर्ष के रूपों का जबरदस्त वर्णन है।

28 एम.एन. श्रीनिवास, सोशल चेंज इन मॉडर्न इंडिया (बर्कले, 1966); मिल्टन सिंगर, 'ट्रेडिशन' कम्पेरेटिव स्टडीज इन सोसायटी एंड हिस्ट्री, वॉल्यूम XIII (1971), पृ. 160-95; स्ट्रक्चर एंड चेंज इन इंडियन सोसायटी, सं. मिल्टन सिंगर और बर्नार्ड कोन, विकिंग फंड पब्लिकेशंस इन एन्थ्रोपोलॉजी (शिकागो 1968); एडवर्ड शिल्स , ट्रेडिशन एंड मॉडर्निटीमॉडर्निटी : द केस ऑफ इंडियन सोसायटी एंड, हिस्ट्री, कम्पेरेटिव स्टडीज इन सोसायटी एंड हिस्ट्री सप्लीमेंट 1 (1961)।

29 आशीष नन्दी अपनी क्लासिक पुस्तक 'द इंटिमेट एनिमी : लॉस एंड रिकवरी अंडर कोलोनियलिज्म (दिल्ली, 1983) में तर्क देते हैं कि गाँधी की राजनीतिक दक्षता गाँधी-पूर्व राजनीतिक युग के लिए अंग्रेजों द्वारा बनायी द्विध्रुवीय राजनीतिक संरचना से परे जाने में है। नन्दी औपनिवेशिक मनोविज्ञान की व्याख्या करने के लिए स्त्री-पुरुष द्विध्रुवीयता को रूपक की तरह इस्तेमाल करते हैं।

30 जी.एस. अमर, कृष्ण रायन, आर.बी. पाटणकर के निबन्धों के लिए देखें क्रिटिकल थॉट, सं. एस.के. देसाई और जी.एन. देवी (दिल्ली, 1986); कांटक के निबन्ध के लिए देखें न्यू क्वेस्ट 44 (मार्च-अप्रैल, 1984) पृ. 70-82।

31 वी.वाई. कांटक (1984), पृ. 70 और पृ. 82।

32 एस.एस. प्रवेर, कम्पेरेटिव लिटरेरी स्टडीज (लन्दन, 1973), पृ. 1।

33 एडवर्ड सईद, ओरिएंटलिज्म (लन्दन, 1978) भारत के प्रति योरप के रुख का अध्ययन करनेवाले छात्रों के लिए बहुमूल्य निबन्ध है।

34 ऑर्थर मेह्यू, द एजुकेशन ऑफ इंडिया : अ सर्वे ऑफ ब्रिटिश एजुकेशनल पॉलिसी इन इंडिया, 1835-1920, एंड इट्स बियरिंग ऑन नेशनल लाइफ एंड प्रॉब्लम्स इन इंडिया टुडे (लन्दन, 1926); जे.पी. नायक और सैयद नूरुल्लाह, अ हिस्ट्री ऑफ ब्रिटिश एजुकेशन इन इंडिया ड्यूरिंग द ब्रिटिश पीरियड (बॉम्बे, 1951)।

35 सुधीर कक्कड़, द इनर वर्ल्ड : अ साइकोएनालिटिकल स्टडी ऑफ चाइल्डहुड एंड सोसायटी इन इंडिया, दूसरा संस्करण (दिल्ली, 1981)।

36 वही, पृ. 6।

37 वही, पृ. 6।

38 काव्यादर्श ऑफ दंडी, सं. सी. शंकर रायमा शास्त्री (मद्रास, 1959); शृंगारप्रकाश, सं. वी. राघवन (मद्रास, 1963)।

39 जे.एस. मिल, द हिस्ट्री ऑफ ब्रिटिश इंडिया, छः खंडों में, तीसरा संस्करण (लन्दन, 1826), वॉल्यूम II, पृ. 46-7।

40 सुसन लैंगर, फीलिंग एंड फॉर्म (लन्दन, 1953), पृ. 323।

41 आशीष नन्दी, 'द इंटिमेट एनिमी : लॉस एंड रिकवरी अंडर कोलोनियलिज्म (दिल्ली, 1983)।

42 माधव देशपांडे, 'हिस्ट्री, चेंज एंड परमानेंस : अ क्लासिकल इंडियन पर्सपेक्टिव', कांट्रीब्यूशन टु साउथ एशियन स्टडीज, वॉल्यूम I, सं. गोपाल कृष्ण (दिल्ली (1979), पृ. 1-28 (पृ. 10-11)।

43 सर विलियम जोंस, वर्कस, वॉल्यूम I, पृ. 19-34; अ रीडर इन नाइंटीन्थ सेंचुरी हिस्टोरिकल इंडो योरोपियन लिंग्विस्टिक्स, सं. विनफर्ड पी. लेमन (ब्लूमिंगटन और लन्दन, 1967), पृ. 7-20 पर पुनर्प्रकाशित।

44 ए.के. वार्डर 1975 में लिखते हैं कि, "भारत में केवल संस्कृत ही सच्चे अर्थों में राष्ट्रभाषा थी...यदि यह अपनी सांस्कृतिक विरासत के साथ विलुप्त हो जाये तो भारत कभी भी राष्ट्र नहीं बन पायेगा..." ए.के. वार्डेर, 'क्लासिकल लिटरेचर', 'अ कल्चरल हिस्ट्री ऑफ इंडिया', सं. ए.एल. बाशम (ऑक्सफोर्ड, 1975), पृ. 171-96 (पृ. 196) पर।

45 एडवर्ड सईद (1978); वी.जी. केरनन, द लॉर्डस ऑफ ह्यूमन काइंड : ब्लैक मैन, येल्लो मैन, ह्वाइट मैन इन द एज ऑफ एम्पायर (बोस्टन, 1969)।

46 सेलेक्शंस फ्रॉम मैकाले : लेटर्स, प्रोज, स्पीचेज एंड पोयट्री, सं. ई.वी. डोवंस और जी.एल. डेविस (लन्दन, 1932), पृ. 59।

जलवायु एक घृणित प्रभाव पैदा करती है। यह बिना किसी अपवाद के मनुष्य के कार्यों को नष्ट करती है। स्टील में जंग लग जाती है, उस्तरे की धार खत्म हो जाती है, धागे नष्ट हो जाते हैं, कपड़े चिन्दी-चिन्दी हो जाते हैं, किताबें फट जाती हैं और अपनी जिल्दों से बाहर गिर जाती हैं, प्लास्टर चिटक जाते हैं, लकड़ी सड़ जाती हैं और चटाई टुकड़े-टुकड़े हो जाती है।

47 मिशेल हुलिन, सांख्य लिटरेचर, अ हिस्ट्री ऑफ इंडियन लिटरेचर, सं. जॉन गोंडा, वॉल्यूम VI, facs. 3, पृ. 128 (विस्बेडेन, 1978)।

48 एम.एन. श्रीनिवास (1966)।

49 अंग्रेज़ी साहित्य पर भारतीय प्रभाव के अध्ययन ने अब तक प्रभाव के बाहरी आयामों तक केन्द्रित किया है। जैसेकि रॉबर्ट सेनकोर्ट (1923) और जॉन ड्रिउ (1986)। यह देखना रोचक होगा कि क्या रूमानियत से आधुनिकतावाद की ओर योरपीय चेतना की गति का कोई सम्बन्ध या निर्भरता योरपीय उपनिवेशवाद के इतिहास पर है।

50 एम.डी. हातकनांगलेकर, 'मराठी वांग्मयवारिल परकीय प्रभाव', मराठी साहित्य : प्रेरणा स्वरूप, सं. जी.एम. पवार और एम.डी. हातकनांगलेकर (बॉम्बे, 1986), पृ. 308-21।

51 मैकाले के दृष्टिकोण पर एस. नागराजन के निबन्ध में फुटनोट के साथ टिप्पणी है, 'चिल्ड्रेन ऑफ मैकाले', न्यू क्वेंस्ट 46 (जुलाई-अगस्त 1984), पृ. 207-20।

52 मेह्यू (लन्दन, 1926); नायक और नूरुल्लाह (बॉम्बे, 1951); आर.के. मुखर्जी, एंशियेंट इंडियन एजुकेशन (लन्दन, 1947)।

53 एच.वी. हेम्पटन, बायोग्राफिकल स्टडीज इन मॉडर्न इंडियन एजुकेशन (मद्रास, 1947, पृ. 135।

54 भद्रलोक के अभ्युदय के विश्लेषणात्मक इतिहास के लिए देखें : जे.एच. ब्लूमफील्ड, इलीट कॉन्फ़्लिक्ट इन अ प्लूरल सोसायटी : टवेंटियेथ सेंचुरी बंगाल (बर्कले और लॉस एंजेलस, 1968), पृ. 1-41।

55 हैम्पटन (1947), पृ. 79।

56 एम.एन. श्रीनिवास (1966) एक तुलना प्रस्तावित करते हैं लेकिन मैं इसके विपरीत सोचता हूँ, परम्परागत भारतीय समाज में उस गतिशीलता का विश्लेषण जो व्यक्ति को जाति अनुक्रम में ऊपर जाने की इजाजत देती है।

57 पर्सिवल स्पीयर, अ हिस्ट्री ऑफ इंडिया, वॉल्यूम II (पेंग्विन, 1965/82), पृ. 13।

58 वही।

59 गलाघेर (1982); सील (1968)।

60 तालिका में तिथियों के संग्रह के लिए मैंने कई स्रोतों का इस्तेमाल किया है, उनमें से प्रमुख हैं : 1. सर जॉर्ज ग्रियर्सन, लिंग्विस्टिक सर्वे ऑफ इंडिया (कलकत्ता, 1902-28); 2. इ कल्चरल हेरिटेज ऑफ इंडिया, तीन खंड, रामकृष्ण मिशन इंस्टीट्यूट (कलकत्ता, 1937), दूसरा संस्करण (1963/69); 3. अ हिस्ट्री ऑफ इंडियन लिटरेचर, सं. जॉन गोंडा (विस्बेडेन)।

61 मनसुखलाल झवेरी (1965), पृ. 77।

62 गुजराती साहित्यानो इतिहास, वॉल्यूम II (1450-1850), सं. उमाशंकर जोशी, अनन्तराय रावल और यशवन्त शुक्ल (अहमदाबाद, 1976), पृ. 16 (उद्धरण का अनुवाद जी.एन. देवी)।

63 दत्तात्रेय पन्दे (पुणे, 1986)।

64 वही, परिशिष्ट, पृ. 3-23।

65 वही, पृ. 31-33।

66 वही, पृ. 92-101।

67 एम.एन. श्रीनिवास (1966) पृ. 76।

68 'रिकलेक्टिंग : इंडियन एंड प्लोटोनिक', कुमारस्वामी : सेलेक्टेड पेपर्स, वॉल्यूम II, सं. रोजर लिप्से, बोलिंजेन सिरीज LXXXIX, प्रिंसटन यूनिवर्सिटी प्रेस (प्रिंसटन, 1977), पृ. 49-65।

69 वही, पृ. 51-53।

70 वही, पृ. 56-57।

71 द बेसिक रायटिंग्स ऑफ सिग्मंड फ्रायड, ए.ए. ब्रिल द्वारा अनूदित और सम्पादित (न्यूयॉर्क, 1938), पृ. 63-3।

72 रोनॉल्ड स्टुअर्ट मैक्ग्रेगर, हिन्दी लिटरेचर ऑफ नाइंटीन्थ एंड अर्ली ट्वेंटियेथ सेंचुरीज, अ हिस्ट्री ऑफ इंडियन लिटरेचर, वॉल्यूम VIII, fasc. 2 (विस्बेडेन, 1974), पृ. 66-7।

73 रविवर्मा के योगदान पर विस्तृत चर्चा के लिए देखें : पार्थ मिट्टर, 'इंडियन आर्टिस्ट, वेस्टर्न आर्ट एंड ट्रेडिशन', चेंजिंग साउथ एशिया : सिटी एंड कल्चर, सं. केनेथ बल्हाष्ट और डेविड टायलर (लन्दन, 1984) पृ. 77-90।

74 एम.एन. श्रीनिवास (1966), पृ. 55।

अनवरत संक्रमण

सांस्कृतिक पुरातत्व

भारतीय साहित्यालोचना में विस्मृति की मौजूदा स्थिति दो जरूरी आवश्कताओं को रेखांकित करती है : 1) भारतीय साहित्य परम्पराओं पर ब्रिटिश प्रभाव का पुनर्मूल्यांकन, और 2) भाषा साहित्यों के लिए एक व्यावहारिक साहित्य के इतिहासशास्त्र का सूत्रीकरण। खासतौर पर भारतीय साहित्यालोचना के मौजूदा मोड़ पर साहित्य सिद्धान्त की समस्याओं को साहित्येतिहास की समस्याओं से अलगाव में नहीं समझा जा सकता। इसलिए आलोचना में मौजूद मूल्य संरचना को स्पष्ट करने की कोशिश शुरू करने या नये सैद्धातिक रुख को सूत्रबद्ध करने से पहले सांस्कृतिक अस्मिता को पुनर्परिभाषित करना जरूरी हो जाता है।

आर.बी. पाटणकर ने अपने लेख 'द थ्री अल्टरनेटिव्स'[1] में ऊपर लिखित दोनों आवश्यकताओं के बारे में संकेत किया है। यह लेख आधुनिक साहित्यालोचना को देशी भाषा परम्पराओं से जोड़ने की शायद पहली कोशिश है। वे प्रस्तावित करते हैं कि आधुनिक मराठी काव्यशास्त्र को समझने की कुंजी सोलहवीं या सत्रहवीं शताब्दी की भारतीय आलोचना की 'जड़ों' का अध्ययन है। यदि इसे विस्तारित करें तो उनका तर्क अन्य भाषा साहित्यों के सन्दर्भ में भी सही है। पाटणकर यह भी प्रस्तावित करते हैं कि भारत बिना ब्रिटिश प्रभाव के भी स्वयं को आधुनिकता की दहलीज तक ले आया होता। वे लिखते हैं :

हम ऐसे सेमिनार में अपने साहित्यिक ढाँचे की रचना नहीं कर सकते या उसे नहीं प्राप्त कर सकते जहाँ निष्प्रभावी देवदूत उधार के पश्चिमी और प्राचीन भारतीय पंख शून्य में चलाते हैं। हमें इन पंखों से छुटकारा पाना होगा और अपने को प्रथमश्रेणी के नागरिक की तरह पेश करना होगा। मैं यह प्रस्तावित नहीं कर रहा कि हमें देश और काल की अपनी सीमाओं को बन्द कर लेना चाहिए। हमें अपनी साहित्यिक संवेदना के बारे में ऐसी बौद्धिक अभिव्यक्ति तक पहुँचना चाहिए, जैसी

वह ब्रिटिश आगमन के पूर्व थी। सोलहवीं या सत्रहवीं शताब्दी महत्वपूर्ण प्रस्थानबिन्दु हो सकती है। हम वहाँ काव्य को नैतिक समस्याओं में ध्यानमग्न पायेंगे, सनातन समस्याओं को बिना आँखों से ओझल किये उसे रोजमर्रा की समस्याओं से मुब्तिला पायेंगे। हमें यहाँ से उनकी नयी समस्याओं के साथ आधुनिक काल की ओर आगे बढ़ना चाहिए, यह देखने की कोशिश करनी चाहिए कि उन मूल्य संरचनाओं और संवेदनाओं के लोग उनका सामना कैसे करते, देखना चाहिए कि क्या उत्पादन के पर्याप्त साधन थे, क्या वे अपना अधिशेष बहुप्रचलित उपभोग और दान की जगह उसे पुनः उत्पादन में लगा देते थे, क्या उन्होंने अर्थ और काम को पर्याप्त महत्व दिया था और जीवन के इन दो पहलुओं को संगठित करने के कदम उठाये थे। शायद हमें विदेश के और प्राचीन अतीत के विचारों को संयोजित करने की जरूरत पड़ती लेकिन तब हमने उनका संयोजन किया होता, उनके प्रभुत्व में नहीं आते। यदि ब्रिटिश ने हमारी प्राकृतिक वृद्धि को रोक न दिया होता तो शायद हम अपने-आप ही एक आधुनिक राष्ट्र में विकसित हो गये होते।[2]

तर्क का निष्कर्षात्मक हिस्सा व्यर्थ है, क्योंकि यह निष्क्रिय कयास है। लेकिन एक अधिक प्रासंगिक इतिहासशास्त्र विकसित करने के लिए भाषाओं के अतीत में जाने का विचार अत्यन्त उपयोगी हो सकता है। इस सांस्कृतिक पुरातत्व की अपनी खास समस्याएँ भी हैं। भाषाओं के ब्रिटिश-पूर्व अतीत के बारे में और उस अतीत से सबद्ध विद्वतापूर्ण सामग्री का अभाव एक समस्या है। यह और भी निरुत्साहित करनेवाला तथ्य है कि सत्रहवीं सदी से सम्बद्ध ज्यादातर जानकारी असाहित्यिक योरपीय पयर्वेक्षकों मसलन व्यापारियों, यात्रियों और प्रशासकों के विवरणों से मिलती है। उनमें से ज्यादातर भारतीय भाषाएँ सीखने में मन्द थे और इन भाषाओं के साहित्य के बारे में शायद ही उनकी कोई रुचि रही हो।

योरप के लिए पूरब अब भी एक नयी खोज था, एक रहस्यमय आदिम अस्तित्व जैसा न कि पालतू जानवर जैसा, ऐसे में प्राच्यवाद लगभग रचनात्मक लेखन की विधा थी।[3] मिल्टन के *'पैराडाइज लॉस्टस'* में कई जगहों पर इंड (Ind) का सन्दर्भ और ड्रायडन का नाटक 'औरंगजेब' इस विधा की रचनाएँ हैं।[4] जाहिर है इसीलिए सत्रहवीं शताब्दी में भारत के बारे में योरपीय रिपोर्टें रूढ़ि धारणाओं के अनुरूप लिखी गयीं थीं। सत्रहवीं शताब्दी में प्राच्यवाद ने भारत का जो मिथक गढ़ा वह धीरे-धीरे उन दस्तावेजों में फैल गया जिन पर उस समय का इतिहास आधारित है। राष्ट्रवाद के दौर में भारत में जिस इतिहासशास्त्र का विकास हुआ, वह इन मिथकीय आख्यानों की प्रतिक्रिया थी। भारतीय इतिहासकारों ने उन गुणों को जोर देकर रेखांकित किया, जिन्हें प्राच्यवादी रिपोर्टों में नकार दिया गया था। इसलिए इस जोर पर भी गम्भीर सवाल उठाने की जरूरत है। भारतीय इतिहास की स्रोत सामग्री के कुछ आमफहम उदाहरण ये हैं।

जेम्स फोर्ब्स (1749-1819) ने गुजरात में कई साल गुजारने के बाद लिखा कि एशियाई लोग "ललित कलाओं में बहुत कम शामिल होते हैं"[5] उनके ही नामराशि ए.के. फोर्ब्स (1821-65) ने गुजराती भाषा और साहित्य के विकास में कई तरह से महत्वपूर्ण योगदान किया।[6] लेकिन, जेम्स फोर्ब्स नरसिंह मेहता और अखा की कविताओं का मूल्य नहीं समझ सके, जोकि गुजरात में आज भी उतने ही जीवन्त रूप में मौजूद हैं, जितना फोर्ब्स के समय में थी। उनकी असंवेदनशील धारणाएँ दो शताब्दियों तक बनी रही और सर जॉर्ज ग्रियर्सन के अत्यन्त महत्वपूर्ण काम 'लिंग्विस्टिक सर्वे ऑफ इंडिया' (1894-1927) में इसकी प्रतिध्वनियाँ मौजूद हैं। ग्रियर्सन घोषित करते हैं कि "गुजरात ने अब तक कोई महान कवि नहीं पैदा किया है, जो हिन्दुस्तान के मध्यकालीन उस्तादों की बराबरी कर सके।"[7] जाहिर है उन्हें प्रेमानन्द और दयाराम जैसे बड़े कवि दिखे ही नहीं।

भारत के बारे में योरपीय धारणा का स्रोत एक फ्रांसीसी व्यक्ति फ्रांकोइस बर्नियर द्वारा लिखी गयी रिपोर्ट है, जिसने मुग़ल दरबार और भारत में यात्रा करने में चौदह साल का समय लगाया और भारतीय जीवन व संस्कृति के बारे में 'सूचनाओं' का विस्तृत विवरण लिखा। भारत के बारे में उसका वृत्तान्त (1656-68) पूरे योरप में भारत की छवि गढ़ने में प्रभावी था, खासकर प्राच्यवादी मनमानेपन के लिए। इस विचित्र और सरलीकृत छवि के आकर्षण ने ड्रायडन को *औरंगज़ेब* (1675) नाटक लिखने के लिए प्रेरित किया।

वी.एस. नायपॉल द्वारा की गयी भारत की आधुनिक आलोचना भारत के कला और साहित्य के समाजशास्त्र के बारे में बर्नियर के साक्ष्य की तुलना में फीकी पड़ जाती है :

क्या इससे कोई आश्चर्य पैदा हो सकता है कि, इन परिस्थितियों में कलाएँ उस तरह विकसित नहीं हुईं जैसे वे एक बेहतर सरकार के अधीन होतीं, या जैसे वे हमारे अपेक्षाकृत खुशहाल फ्रांस में विकसित हुईं? किसी भी कलाकार से यह उम्मीद नहीं की जा सकती कि वह अपना पूरा दिमाग अपने पेशे में लगाये जबकि वहाँ ज्यादातर लोग भयावह रूप से गरीब हैं या फिर जो अमीर भी हैं, वे गरीबी का दिखावा करते हैं, जो सौन्दर्य और उत्कृष्टता का नहीं बल्कि किसी वस्तु के सस्तेपन का सम्मान करते हैं, जिसके संरक्षक किसी कलाकृति के लिए अपनी सनक के अनुसार उसके मूल्य से कम कीमत चुकाते हैं, और जो जिद्दी कलाकारों, व्यापारियों आदि को कोड़े से दंड देने में भी नहीं हिचकते...भारत में कला अपना सौन्दर्य और नजाकत कब की खो चुकी होती यदि राजाओं और उमराओं ने बहुतेरे कलाकारों को घर पर काम करने, बच्चों को सिखाने आदि के लिए रखकर उन्हें पैसा न दिया होता। उन्हें ईनाम की उम्मीद और कोड़े के भय से प्रोत्साहन मिलता था।

मैंने जैसा व्याख्यायित करने की कोशिश की है कि एक गहन और सार्वत्रिक उदासीनता ऐसी सामाजिक अवस्था का स्वाभाविक परिणाम है। क्या हिन्दोस्तान में ढंग से आर्थिक सहायता प्राप्त अकादमियों और कॉलेजों की स्थापना सम्भव है? हमें कहाँ से संस्थापकों की उम्मीद करनी चाहिए? या क्या उनकी स्थापना की भी जानी चाहिए, अध्येता कहाँ हैं?[8]

भारत के बारे में यही सरलीकृत और काल्पनिक धारणा थी, जो ज्यादातर उस काल के सामाजिक यथार्थ से कटी हुई थी। यही बाद में विद्वानों और प्रशासकों के लेखन में दोहरायी गयी थी। अठारहवीं शताब्दी के उत्तरार्द्ध और उन्नीसवीं शताब्दी के योरपीय भारतविद्यावादियों ने भारत के प्राचीन अतीत के बारे में कुछ प्रभावशाली कोशिशें कीं, लेकिन तत्कालीन भारतीय समाज के बारे में उनके दृष्टिकोण में बर्नियर की दृष्टि के अनेक तत्व मौजूद थे।

भारत के इतिहास का ब्रिटिश काल आधुनिक भारतीय अध्येताओं और ब्रिटिश-पूर्व अतीत के बीच में केवल कालिक प्रसंग बनकर नहीं खड़ा है, बल्कि यह ज्ञानमीमांसीय बाधा भी है। इससे परे देखने के लिए इसके आर-पार देखना जरूरी है। यदि बाद में ब्रिटिश शिक्षा व्यवस्था द्वारा उन्हें पर्याप्त वैधता न दी गयी होती तो ब्रिटिश-पूर्व भारत के बारे में ऐतिहासिक स्रोत सामग्री से राजनीतिक रूप से दुराग्रहपूर्ण और धूर्ततापूर्ण योरपीय रिपोर्टों को निकाल देना आसान होता। भ्रामक भारतविद्या द्वारा पैदा की गयी ज्ञानमीमांसीय रूप-रचना से भारतीय भाषाओं का अतीत सबसे बुरी तरह प्रभावित हुआ। इस तरह भारतीय साहित्येतिहास में अन्धकार युग की धारणा के साथ-साथ स्वर्ण युग की धारणा के झूठे विचारों से छुटकारा पाने को बहुत बढ़ा-चढ़ाकर नहीं कहा जा सकता।[9] जाहिर है समकालीन साहित्यालोचना की समस्याओं के बारे में हमारी जाँच का वास्तविक आरम्भिक बिन्दु वही काल है जब भाषा साहित्यों ने अपनी शुरुआत की। फिर भी सत्रहवीं शताब्दी की परिस्थितियों की गहन पड़ताल आज की आलोचना के संकट पर कुछ उपयोगी प्रकाश डालती है।

सत्रहवीं शताब्दी के भारत में कला और साहित्य के क्षेत्र में अत्यन्त प्रभावशाली उपलब्धियाँ दर्ज हैं। इस काल का संगीत, चित्रकला, नृत्य, वास्तुशिल्प और काव्य के क्षेत्र में योगदान भारत के सांस्कृतिक इतिहास के गौरवशाली अध्याय का निर्माण करता है। फिर भी जीवित सांस्कृतिक परम्पराओं और बड़ी सामाजिक समस्याओं के सम्बन्ध के बारे में कोई साधारण सूत्रीकरण पूरे काल को सन्तोषजनक ढंग से नहीं व्याख्यायित कर सकता।[10] यहाँ एक ऐसी विसंगति से सामना होता है, जिसकी व्याख्या करना कठिन है। उपन्यास के उदय के साथ-साथ ही हम मराठी काव्यशास्त्र में तुकाराम (1598-1649) द्वारा हिन्दू विश्व-दृष्टि की पुनर्परिभाषा देखते हैं और जगन्नाथ (1620-65)[11] द्वारा संस्कृत की लम्बी और थकी हुई हिन्दू काव्यशास्त्र की

परम्परा का उपसंहार लिखते देखते हैं। एक तरफ असमिया में *बुरंजी* के रूप में अनूठी साहित्यिक विधा का विकास दिखायी पड़ता है तो दूसरी तरफ हिन्दी में एक शताब्दी पहले मीरा (1498-1573), कबीर (1440-1518) और तुलसीदास (1532-1623) द्वारा शुरू की गयी भक्ति की धारा का विकास दिखायी पड़ता है। सत्रहवीं शताब्दी में ही पंजाबी में वारिस शाह जैसा महान कवि हुआ तो इसी समय गुजराती में प्रेमानन्द और अखा भी उतने ही महान कवि हुए। लेकिन आन्ध्र में कलाओं को पर्याप्त संरक्षण मिलने के बावजूद तेलुगू साहित्य में भारी गिरावट भी इसी समय हुई। दूसरे शब्दों में कहें तो इस शताब्दी में काव्यशास्त्र की हिन्दू बौद्धिक परम्परा का क्षय हो रहा था, भले ही राजनीतिक रूप से हिन्दू राष्ट्रवाद उदीयमान स्थिति में था।

जगन्नाथ का *रसगंगाधर* अलंकारशास्त्र का विशद ग्रन्थ है। बीसवीं शताब्दी के आलोचक इसे अलंकार सम्प्रदाय के सर्वश्रेष्ठ ग्रन्थों में से मानते हैं। इसे कुछ हद तक मौलिक भी माना जाता है। जगन्नाथ ने व्याकरण और दर्शन की शिक्षा सम्मानित विशेषज्ञों से हासिल की थी और स्वयं भी प्रकांड पंडित, कवि और अलंकारशास्त्री थे। फिर उन्होंने उस हिन्दू वातावरण में न रहने का निर्णय लिया जिसमें शिक्षा, कविता और दर्शन विकसित हुए थे। उन्होंने दिल्ली में मुग़ल दरबार में आश्रय लिया। इस तरह अपनी मूल तेलुगू से असमिया और फिर फ़ारसी भाषाई वातावरण में पहुँचे। वे कविता संस्कृत में लिखते थे, जो उनके अनुसार जीवन से जुड़ी हुई भाषा नहीं रह गयी थी, लेकिन उनकी विषयवस्तु संस्कृत दुनिया से ही हो यह आवश्यक नहीं था। जगन्नाथ ने *आसफाविलास* नाम का मरसिया लिखा जिसकी विषय वस्तु शाहजहाँ का रिश्तेदार था। इस तरह उनकी कविता और काव्यशास्त्र ने सामाजिक, भाषाई और आध्यात्मिक बिखराव को स्वीकार कर लिया।

महान मराठी कवि तुकाराम जगन्नाथ के समकालीन थे। इसी तरह मराठी काव्य परम्परा के दो अन्य बड़े व्यक्ति, मुक्तेश्वर (सोलहवीं सदी का उत्तरार्द्ध) और रामदास (1608-81) भी उनके समकालीन थे। जब जगन्नाथ थके हुए संस्कृत छन्दों में मुग़ल दरबारियों के लिए कविताएँ रच रहे थे, उसी समय तुकाराम एक नये धार्मिक विमर्श की शुरुआत कर रहे थे। उनके *अभंग* विभिन्न सामाजिक तबकों और पन्थों के लोगों को एक साथ लाये। लेकिन उससे भी महत्वपूर्ण यह है कि उन्होंने मराठी कविता की भाषा को आम लोगों की भाषा से जोड़ दिया और दोनों को अभिव्यक्ति की बड़ी शक्ति दी। तुकाराम की जीवित भाषा में लिखी गयी समाजोन्मुखी कविता ने उदित होते मराठा राष्ट्रवाद में महत्वपूर्ण योगदान किया। यदि हम उनके साझा सांस्कृतिक सन्दर्भ में जगन्नाथ और तुकाराम को एक-दूसरे के सामने रखकर देखें तो दो प्रश्नों को सूत्रबद्ध करना सम्भव होगा : 1) संस्कृत काव्यशास्त्र के पतन और भाषा साहित्यों के उदय का ठीक-ठीक ऐतिहासिक कालक्रम क्या था? 2) महान

परम्परा और नयी उभरती हुई छोटी परम्परा के बीच सम्बन्धों की प्रकृति क्या थी या *मार्ग* और *देशी* के बीच सम्बन्ध की प्रकृति क्या थी? इन दोनों प्रश्नों के उत्तर तलाशने के क्रम में यह सम्भव है कि हम भाषा आलोचना की मूल्य संरचना की खोज में कुछ आगे बढ़ें।

एक अनवरत संक्रमण

I

यदि कोई एक साहित्यिक युग से दूसरे साहित्यिक युग में संक्रमण या दोलन के 'सतत गति' के योरपीय मॉडल के आधार पर भाषा साहित्यों का कालक्रमिक कालविभाजन करने के सिद्धान्त पर चले, तो कोई भी उपयोगी इतिहास पद्धति प्रस्तावित करने के लिहाज से यह निराशाजनक होगा। भारतीय साहित्यबोध में गहराई से समाये हुए इन मॉडलों का अनुसरण करने पर यह उम्मीद करना एकदम तार्किक होगा कि भाषा साहित्य के उदय और संस्कृत काव्यशास्त्र के क्षय का एक मिलनबिन्दु है, जिसमें भाषाओं में आलोचना का विकास होता है। कालक्रम के अनुसार संक्रमण की प्रक्रिया कुछ यों होनी चाहिए थी : क) साहित्य की भाषा के रूप में संस्कृत का पतन, ख) भाषाओं का उदय, ग) संस्कृत काव्यशास्त्र का पतन और घ) भाषा आलोचना का उदय। लेकिन वास्तविक इतिहास इस तर्क को नकार देता है।

इस तार्किक क्रम से दो सबसे महत्वपूर्ण विचलन हैं : क) भाषा साहित्यों के उदय के कई शताब्दियों बाद तक संस्कृत काव्यशास्त्र के पतन का कोई लक्षण नहीं दिखायी पड़ता। ख) भाषा परम्पराओं में किसी महत्वपूर्ण आलोचना के प्रमाण नहीं हैं। इसलिए संस्कृत काव्यशास्त्र से भाषा आलोचना में संक्रमण की प्रक्रिया एक नयी और उचित इतिहास पद्धति की माँग करती है।

यह भारतीय साहित्य के किसी विद्यार्थी को आश्चर्यचकित कर सकती है कि भारतीय साहित्यों की कई भाषाओं में अतीत में भी साहित्यिक परम्पराएँ थीं और वर्तमान में भी हैं, लेकिन किसी भी प्राचीन, मध्यकालीन या आधुनिक भारतीय भाषा ने अच्छी तरह विकसित काव्यशास्त्र को जन्म नहीं दिया; केवल संस्कृत अपवाद है। ब्रिटिश प्रभाव और पश्चिमी असर के चलते कुछ साहित्य सिद्धान्त की तरह का लेखन हुआ लेकिन इसमें से ज्यादातर अकादमिक अर्थों में ही 'काव्यशास्त्र' कहा जा सकता है, जिनका आधुनिक भारत के रचनात्मक लेखन के साथ कोई जीवन्त जुड़ाव नहीं था। भारत में भाषाओं के बारे में मौजूद सांख्यिकी पर एक निगाह डालना शिक्षाप्रद होगा। भारत में मौजूदा समय में एक सौ आठ भाषाएँ हैं, जिसमें से हर भाषा कम से कम दस हजार लोगों द्वारा बोली जाती है।[12] इनमें से कई सारी

साहित्यिक भाषाएँ हैं, जिनमें रचनात्मक लेखन की समृद्ध परम्परा है। अन्य भाषाओं में भले ही लिखित साहित्य न हो लेकिन उनके पास गीतों व नाटकों की समृद्ध विरासत है। जबकि दूसरी तरफ कुछ भाषाएँ कम लोगों द्वारा बोली जाती हैं फिर भी उनमें विकसित लिखित साहित्य परम्परा मौजूद है। उदाहरण के लिए अंग्रेज़ी को अपनी प्राथमिक भाषा माननेवालों की कुल संख्या का स्थान सरसठवाँ है फिर भी इसमें रचनात्मक साहित्य की तादाद लगातार बढ़ रही है। इन जीवित भाषाओं के अतिरिक्त अनेक ऐसी लुप्त हो चुकी भाषाएँ भी हैं जिनमें एक समय समृद्ध साहित्य परम्परा मौजूद थी। दूसरे शब्दों में कहें तो भारतीय साहित्य के ऐतिहासिक परिप्रेक्ष्य में महत्व रखनेवाली भाषाओं की तादाद काफी अधिक है। फिर भी ज्यादातर भारतीय भाषाओं में बौद्धिक अनुशासन या विधा के रूप में साहित्य सिद्धान्त को विकसित नहीं किया गया।

यदि संस्कृत को छोड़ दें तो शायद साहित्य के सिद्धान्त की व्यापक अनुपस्थिति का अपवाद तमिल में काव्यशास्त्र की व्यवस्था है।[13] यह 'व्यवस्था' तीन मौलिक ग्रन्थों और अनेक भाष्यों से मिलकर बनी है। तमिल काव्यशास्त्र के ये तीन मूल ग्रन्थ हैं : तोलकप्पियार (लगभग 450 ई.) का *पोरुलातिकाराम,* इरयानार का *कलाविलय* या *अकाप्पोरुल* (चौथी से छठी शताब्दी) और अय्यनार इतनार का पुराप्पोरुल्वेनपामलाइ (11वीं शताब्दी) हैं। भाष्यों में नक्कीरार का *कलाविलय* का भाष्य सबसे महत्वपूर्ण है। पोरुलातिकाराम का सबसे मौलिक योगदान काव्य का दो मुख्य विधाओं में वर्गीकरण है—*अकम* (आत्मगत दुनिया के बारे में कविता) और *पुरम* (भौतिक विषय-वस्तु से सम्बद्ध कविता)। यह विभाजन बाद की तमिल कविता के विकास में बुनियादी महत्व का रहा। लेकिन ऐसा नहीं लगता कि इसने संस्कृत काव्यशास्त्र को प्रभावित किया। बल्कि ऐसा लगता है कि इसने संस्कृत के *रस* सिद्धान्त को अपने में शामिल कर लिया और यह तमिल में *मेयप्पाटु* बन गया।

बौद्धिक क्षेत्र में संस्कृत की दूसरी सबसे मजबूत प्रतिस्पर्द्धी पालि (जो आधुनिक भाषा वैज्ञानिकों द्वारा बोलियों के एक समूह के लिए दिया गया नाम है) थी।[14] संस्कृत की तरह ही पालि में भी काफी विकसित दार्शनिक परम्पराएँ थीं। इसने राजनीतिक संरक्षण हासिल कर लिया था, जीवन्त सामाजिक बहसों की पृष्ठभूमि थी और रचनात्मक लेखन की परम्परा विकसित कर ली थी। चूँकि यह बौद्ध साहित्य की भाषा थी, इसलिए इंडो-आर्य व संस्कृत की विश्व-दृष्टि से बँधी हुई नहीं थी। फिर भी साहित्यालोचना के क्षेत्र में गर्व करने लायक इसके पास भी कोई उपलब्धि न थी। पालि में एकमात्र आलोचनात्मक प्रबन्ध श्रीलंका के विद्वान संघरक्खित ने बारहवीं शताब्दी के उत्तरार्द्ध में लिखा था, यानी दार्शनिक विमर्श की भाषा के रूप में पालि के स्वीकार्य होने के अठारह सौ साल बाद। टिप्पणीकारों का मानना है कि

संघरक्खित संस्कृत के प्रारूप पर निर्भर थे और तकनीकी शब्दावली वहीं से उधार ली और रूपान्तरित किया।

संघरक्खित के पालि छन्दों के बारे में ग्रन्थ *व्युत्तोदय* को उनका एकमात्र कुछ हद तक मौलिक ग्रन्थ माना जाता है। लेकिन उनके काम में संस्कृत शब्दावली और संस्कृत काव्यशास्त्र की भाषाई पूर्वधारणाओं का प्रवेश उनके मौलिकता के दावे को नष्ट कर देता है। संघरक्खित का पालि में कोई उत्तराधिकारी नहीं हुआ।

आधुनिक द्रविण भाषाओं में तेलुगू और मलयालम में छिटपुट कोश-लेखन के कुछ आयामों को विकसित किया, लेकिन कन्नड़ में कुछ हद तक महत्वपूर्ण आलोचनात्मक ग्रन्थ लिखे गये।[15] इनमें नृपतुंग या श्रीविजय द्वारा लिखा कविराजमार्ग (नौवीं शताब्दी) सबसे महत्वपूर्ण है। महत्व के लिहाज से दूसरा ग्रन्थ नागवर्मा का काव्यलोकन (ग्यारहवीं शताब्दी) है। कविराजमार्ग में संस्कृत अवधारणाओं को कन्नड़ में प्रतिस्थापित करने की कोशिश की गयी थी, लेकिन इस प्रक्रिया में कन्नड़ वाक्य-रचना, अलंकार और छन्द के निर्देशक सिद्धान्त बनाये गये। दूसरी ओर काव्यलोकन ने इस प्रक्रिया को उलट दिया और संस्कृत परम्परा के निकट पहुँचा। अलंकार और विधाओं की व्याख्या करने के क्रम में कन्नड़ से अनेक उदाहरण देने के बावजूद भी यह वामन, रुद्रट, राजशेखर आदि संस्कृत काव्यशास्त्रियों पर बहुत अधिक निर्भर रहा। ग्यारहवीं शताब्दी के इस ग्रन्थ और बीसवीं शताब्दी, के आरम्भ में बी.एम. श्रीकान्तैय्या के ग्रन्थ *कन्नेडिगारिगे वोल्लेया साहित्य* के बीच कन्नड़ में दुनिया की कुछ सबसे बेहतरीन कविताएँ लिखी गयीं, लेकिन कोई आलोचनात्मक सिद्धान्त नहीं लिखा गया। फिर भी साहित्यालोचना के बारे में कन्नड़ की उपलब्धि हिन्दी से कहीं बेहतर है, जबकि उसमें भी उतना ही महान काव्य लिखा गया। हिन्दी के पुराने ब्रजभाषावाले रूप में छिटपुट नायिका भेद और शृंगार की धारणाओं पर टिप्पणियाँ हैं। संस्कृत के स्थापित सौन्दर्यात्मक भावों में नये रस के रूप में भक्तिरस को जोड़ने में इसने अपनी पड़ोसी बांग्ला के साथ कुछ साझा भी किया। ब्रजभाषा में ज्यादातर ग्रन्थ शिक्षण सहायता सामग्री के रूप में तैयार किये गये थे, इसलिए जाहिर है मौलिक नहीं थे। वास्तव में वे स्कूलों की साधारण पाठ्यपुस्तकें थीं। यह प्रवृत्ति हिन्दी में आज भी व्याप्त है।

अठारहवीं शताब्दी में ब्रिटिश प्रभाव के सम्पर्क में आने के साथ से ही बांग्ला महत्वपूर्ण साहित्यिक भाषा रही। लेकिन उसके पहले इसका विकास वैसा नहीं था, जिसकी आशा की जा सकती है। बांग्ला में आलोचना के विकास को हाल के ही बांग्ला साहित्य के एक इतिहास में सबसे अच्छी तरह संक्षेप में पेश किया गया है :

आधुनिकता पूर्व बंगाली साहित्य की पहचान साहित्य, काव्यशास्त्र, सौन्दर्यशास्त्र या अलंकारशास्त्र विहीन साहित्य के रूप में थी। दूसरे शब्दों में कहें तो इसने अपने

संहिताबद्ध सौन्दर्यात्मक प्रतिमान नहीं रचे जिनसे कवि लिखना सीख सकें और उनके श्रोता या पाठक 'अच्छे' या 'बुरे' साहित्य का भेद कर सकें। बंगाली में स्थिति कितनी अलग थी इसे समझने के लिए काव्यशास्त्र के संस्कृत के अनेक ग्रन्थों और उनके असंख्य नियमों को याद करना ही पर्याप्त होगा। एक तरफ तो कुछ बंगाली कवियों ने अपने पूर्ववर्तियों का अनुसरण किया और ज्यादातर उनकी काव्य संवेदना से ही संचालित थे; जबकि दूसरी ओर कुछ लोग संस्कृत साहित्य से परिचित थे। उन्होंने काव्यशास्त्र के बारे में संस्कृत ग्रन्थों, खासकर रूपा गोस्वामी के ग्रन्थ का, जमकर इस्तेमाल किया और एक हद तक उनके नियमों को बंगाली में स्वीकार कर लिया। आधुनिकता-पूर्व बंगाली साहित्य में किसी भी तरह की साहित्यालोचना का अभाव था। वैष्णव कविताओं के कुछ संकलनों को आलोचना की भरपाई के रूप में नहीं देखा जा सकता, जिनके बारे में आम सहमति यह है कि वे एक विशेष शाखा की सर्वोत्तम उपलब्धियाँ हैं।[16]

गुजराती, मराठी और उड़िया में आलोचना की कहानी इससे भिन्न नहीं है। यह तर्क दिया जा सकता है कि राजनीतिक स्वाधीनता का अभाव आलोचना जैसे बौद्धिक अनुशासन की अनुपस्थिति के लिए जिम्मेदार था। यह काफी मोटा तर्क है। इसके साथ ही दुर्भाग्य से यह विदेशी राजनीतिक प्रभुत्व के दौर के पूरे कालखंड में सभी भारतीय भाषाओं के लिए सच नहीं है। इसलिए अरबी, फ़ारसी और उर्दू जैसी इस्लामी भाषाओं में आलोचना की स्थिति की जाँच उपयोगी हो सकती है, क्योंकि इन्हें राजनीतिक संरक्षण भी प्राप्त था और इनमें काव्यात्मक उत्कृष्टता भी थी, जिससे उनमें साहित्यालोचना का विकास सम्भव था।

फ़ारसी का मुग़ल दरबार की आधिकारिक भाषा का दर्जा 1582 ई. में अकबर के प्रशासन ने दिया। यद्यपि फ़ारसी की तुलना में तुर्की ज्यादा लोकप्रिय थी, लेकिन वह सामाजिक रूप से 'निचले' लोगों से सम्बद्ध थी, इसलिए भारत के इस्लामी साहित्य में फ़ारसी का अत्यधिक विकास हुआ। इसके महान कवियों की परम्परा अमीर ख़ुसरो (1253-1325) से शुरू होती है और आधुनिक काल में महान कवि ग़ालिब (1797-1869) और इकबाल (1875-1937) तक जारी रहती है।

यहाँ यह ध्यान देना जरूरी है कि अन्य भारतीय भाषाओं से अलग इस्लामी भाषाओं में विमर्शात्मक गद्य के विकसित रूप मौजूद थे। मौजूदा अध्ययन के लिहाज से फ़ारसी के आधिकारिक भाषा बनने के ठीक बाद मियाँ भावन[17] के नेतृत्व में 1512 में तैयार किया गया औषधियों के बारे में ग्रन्थ और मुल्ला गिवान[18] द्वारा 1717 में कानून के बारे में तैयार किया ग्रन्थ और कोशलेखन के बारे में गमालुद्दीन हुसैन इंगू (1623)[19] के ग्रन्थ प्रासंगिक होंगे। एक संस्कृति की कानून, औषधि या व्याकरण के बारे में आत्म-सजगता उसकी सौन्दर्यशास्त्र के बारे में सजगता की

पूर्वशर्त है। इस धारणा को गलत न समझा जाये इसलिए यह जोड़ना चाहूँगा कि औषधि का ज्ञान–दर्द, बेहोशी, जन्म और मृत्यु के प्रबन्धन की व्यवस्था, काव्य के ज्ञान–सुख, सौन्दर्य और रचना के प्रबन्धन की व्यवस्था, से अन्तःसबन्धित है। नैतिक अमूर्तताओं से सक्रिय अन्तःक्रिया करनेवाला कानून, सौन्दर्यात्मक अमूर्तताओं से सक्रिय अन्तःक्रिया करनेवाली आलोचना के बहुत नजदीक होता है। और व्याकरण भाषा के लिए वही करता है जो आलोचना साहित्य की भाषा के लिए करती है। जो हो, यद्यपि इन तीनों अनुशासनों ने फ़ारसी में बहुत उन्नति की लेकिन इस भाषा में साहित्य का सिद्धान्त विकसित करने की कोई कोशिश नहीं हुई थी।

फ़ारसी बोलनेवाले समाज से सम्बन्धित और उसके द्वारा विकसित संस्कृति वास्तुशास्त्र, संगीत, नृत्य और चित्रकला में समृद्ध थी। इसने खगोल विद्या, इतिहास पद्धति और दर्शनशास्त्र जैसे बौद्धिक अनुशासनों का विकास किया। इसकी एक स्वतन्त्र विश्व-दृष्टि थी, जो इस्लाम धर्म और राजनीतिक रूप से बेहतर स्थिति से बनी थी। चूँकि संस्कृत के जरिये विकसित हुई हिन्दू विश्व-दृष्टि से यह एकदम अलग थी, इसलिए फ़ारसी भाषा के पास साहित्यिक प्रतिमानों की नयी व्यवस्था बनाने का कारण भी मौजूद था और इसका अवसर भी था। लेकिन फ़ारसी ने इस मौके को गँवा दिया। भारत में फ़ारसी के पहले महान कवि खुसरो[20] का साहित्यिक जीवन इस बात का बहुत अच्छा उदाहरण है कि फ़ारसी में साहित्यालोचना प्राथमिकता के लिहाज से बहुत निचले पायदान पर थी।

तुर्की पिता और भारतीय कुल की माँ के यहाँ पैदा हुए ख़ुसरो को कविता के शिल्प में प्रशिक्षण हासिल था और वे अपनी समकालीन उत्तर भारत की काव्य पद्धतियों से भली-भाँति परिचित थे। काव्य में ग़ज़ल की विधा और गायकी में तराना और ख्याल की विधा में उनका योगदान किसी एक व्यक्ति द्वारा किये गये महानतम योगदान के रूप में देखे जाने लायक है। भारतीय जीवन, रीति-रिवाज, राजनीतिक घटनाक्रम और व्यक्तिगत इतिहास की उनकी बानबे किताबों से साबित होता है कि वे प्रचुर लेखन करनेवाले व्यक्ति थे। भारतीय जीवन, संस्कृति और इतिहास के बारे में उनका ज्ञान बहुत व्यापक था। ऐसा माना जाता है कि उन्होंने संगीत पर भी एक प्रबन्ध लिखा था, जिससे उनकी सिद्धान्तकार की क्षमता का पता चलता है। उनकी विद्वता और रुचि को देखकर यह बहुत सम्भव लगता है कि ख़ुसरो संस्कृत काव्यशास्त्र से परिचित रहे होंगे, जो उनसे दो शताब्दी पहले तक खूब फल-फूल रहा था। यह असम्भव नहीं लगता कि ख़ुसरो ध्वनि और अलंकार सिद्धान्त से परिचित रहे होंगे। फिर भी उन्होंने फ़ारसी में साहित्य की इस शाखा में कुछ करने का उपक्रम नहीं किया। आगे की पाँच शताब्दियों तक उनके अनुयायियों ने उनके उपदेश का पालन किया।

ऊपर जिन उदाहरणों की चर्चा की गयी उनके आधार पर सुरक्षित तौर पर यह निष्कर्ष निकाला जा सकता है कि भारतीय भाषाओं में या भारतीय भाषाओं के लिए कोई भी महत्वपूर्ण साहित्य सिद्धान्त नहीं पैदा हुआ जब तक कि उन्नीसवीं शताब्दी में वे ब्रिटिश साहित्य प्रभाव के सम्पर्क में नहीं आयीं। फिर भी बिना अपने काव्यशास्त्र के इतनी सारी काव्य परम्पराएँ रहीं, इसकी कल्पना करना उतना ही असम्भव है जितना भाषा के बिना चेतना की कल्पना करना। इसलिए यह समझना जरूरी है कि भारतीय भाषाओं में काव्यशास्त्र का अभाव—या व्यवस्थित काव्यशास्त्र का अभाव—किसी खास तरह के काव्यशास्त्र का अभाव नहीं था, बल्कि किसी भी तरह के काव्यशास्त्र का अभाव था। यह भी सम्भव है कि शायद भाषा साहित्यों का इतिहास किसी पूर्व-निर्धारित काव्यशास्त्र या साहित्य-सिद्धान्त को मान्यता नहीं देता। इस खंड के अगले हिस्से में हम उपलब्ध साक्ष्यों के आधार पर जितना सम्भव है, इस प्रश्न की पड़ताल करेंगे।

II

भारत में भाषाओं के उभार के काल के सामाजिक सन्दर्भ की पड़ताल उन मूल्य संरचनाओं में बड़े परिवर्तनों का खुलासा करेगी जिन पर प्राचीन भारतीय समाज आधारित था। इतिहासकारों ने रेखांकित किया है कि ग्यारहवीं शताब्दी में—जिसमें मराठी, गुजराती और बांग्ला भाषाओं का आविर्भाव हुआ—राजनीतिक ढाँचे, कानून की अवधारणाओं और आर्थिक संगठन में तेजी से बदलाव की शुरुआत हुई।[21] इस्लाम का आगमन उन पीढ़ियों के लिए जबरदस्त सांस्कृतिक अनुभव था, जो इस बाहरी ताकत से सबसे पहले सम्पर्क में आयीं। उस समय का साहित्य क्षेत्रीयता के उभार के साथ-साथ हिन्दू रूढ़िवाद से विचलन को स्पष्ट रूप से दिखाता है। यह पूरे भारत में हो रहा था।

बदलावों में सबसे महत्वपूर्ण और स्पष्ट था साहित्य रचना की भाषा के रूप में संस्कृत की जगह अन्य भाषाओं का आना। इस रोशनी में ऐतिहासिक स्थिति को देखते हुए इन्हीं बदलावों के अनुरूप साहित्य की उत्कृष्टता के बारे में धारणा बनाने की पद्धति भी बदलने की उम्मीद की जाती है। खासतौर पर तब जब भारत के पूरे इतिहास में साहित्य धर्मशास्त्र का और विश्वविद्यालयी शिक्षा का अनिवार्य अंग बना रहा।[22] इसलिए यह समझना मुश्किल हो जाता है कि इस सहस्राब्दि की शुरुआती कुछ शताब्दियों में संस्कृत काव्यशास्त्र को भाषाओं के काव्यशास्त्र ने विस्थापित क्यों नहीं किया। बल्कि इसके विपरीत जीवित साहित्य परम्परा के बतौर भाषा साहित्यों द्वारा संस्कृत को विस्थापित कर देने के कई शताब्दियों बाद भी यह बना रहा।

मुसलिम आक्रान्ताओं ने आठवीं शताब्दी में भारत के कुछ हिस्सों पर कब्जा करना शुरू किया था। लेकिन पुराने ढाँचे को पहला गम्भीर झटका 1001 ई. में

महमूद गजनवी ने दिया। कई हमलों के बाद 1025 ई. में उसने पंजाब पर कब्जा कर लिया। ग़ज़नी के सोमनाथ मन्दिर पर पहले आक्रमण और 1290 ई. में मराठी के महान ग्रन्थ *ज्ञानदेव* की *ज्ञानेश्वरी* के पूरा होने के बीच की तीन शताब्दियाँ भारतीय इतिहास में व्यापक संक्रमण का दौर हैं।

यह आश्चर्यजनक है, लेकिन कोई दुर्घटना नहीं है कि अभिनवगुप्त (ग्यारहवीं शताब्दी) से लेकर बागभट्ट (चौदहवीं शताब्दी) तक अनेक सिद्धान्तकारों ने उस समय महत्वपूर्ण कार्य किया, जब भाषाएँ अपनी साहित्यिक बुनियाद मजबूत कर रही थीं। इन सिद्धान्तकारों में भट्टनायक, कुन्तक, महिमभट्ट, भोज, क्षेमेन्द्र, मम्मट, रुय्यक, वागभट्ट, हेमचन्द्र, जयदेव और विद्याधर जैसे महत्वपूर्ण नाम शामिल थे। इस्लाम के राजनीतिक वर्चस्व, भाषाओं में साहित्य और संस्कृत में साहित्य सिद्धान्त का एक साथ विकास, सामाजिक-राजनीतिक स्थिति और सांस्कृतिक संरचनाओं के बीच सम्बन्ध के सरलीकृत सूत्रीकरणों को दरकिनार कर देता है। यह दिखाता है कि भाषाओं में साहित्य का उभार और संस्कृत काव्य-सिद्धान्त का पतन साथ-साथ नहीं हुआ। और भी महत्वपूर्ण बात यह दिखाता है कि साहित्य सिद्धान्त के सन्दर्भ में भाषा साहित्य 'निर्दोष' नहीं पैदा हुए थे। यह सब स्पष्ट रूप से दिखाता है कि एक सम्पूर्ण युग से दूसरे सम्पूर्ण युग में कालक्रमिक ढंग से विकास के सिद्धान्त को माननेवाली, विकासमूलक इतिहास पद्धति इस स्थिति की व्याख्या करने के लिए अपर्याप्त है।

भाषा साहित्यों में साहित्य सिद्धान्त की लगभग अनुपस्थिति संस्कृत काव्यशास्त्र की काफी अधिक जानकारी के चलते रही होगी न कि उसकी नाजानकारी के चलते। गुजराती में हेमचन्द्र और फ़ारसी में ख़ुसरो ने दिखाया कि भाषा साहित्यों के लेखक संस्कृत काव्यशास्त्र को अपनी भाषाओं के साहित्य के अनुरूप बनाने के बहुत इच्छुक नहीं थे। पालि में संघरक्खित और कन्नड़ में नृपतुंग जैसे लोगों द्वारा ऐसे अनुकूलन के जो कमजोर प्रयास हुए उनके बहुत कम अनुयायी हुए और उनकी भाषाओं में उनकी परम्परा स्वीकार्यता न पा सकी। दूसरी तरफ संस्कृत काव्यशास्त्र लगातार विकसित होता रहा। उस पर इस्लाम के राजनीतिक आक्रमण और भाषाओं के साहित्यिक आक्रमण का कोई प्रभाव नहीं पड़ा।

इस कालक्रम भंगता को व्याख्यायित करने का एक सतही तरीका तो संस्कृत काव्यशास्त्र व्यवस्था में निहित बहुभाषिता की परम्परा की ओर संकेत करना है। संस्कृत काव्यशास्त्र क्षेत्रीय भाषाई विविधता के प्रति अतिरिक्त रूप से संवेदनशील है। संस्कृत के ज्यादातर भाषावैज्ञानिक और काव्यशास्त्री बहुभाषाविद थे। उदाहरण के लिए विश्वनाथ (1300-1380) बहुभाषा काव्य का उदाहरण देने के लिए अपनी *प्रशस्तिरचनावली* से उद्धरण देते हैं। यह कविता उन्होंने सोलह अलग-अलग भाषाओं का प्रयोग करते हुए लिखी थी।[23] कोई समझ सकता है कि संस्कृत काव्यशास्त्र ने

भाषाई परम्परा-विरोध से भय क्यों नहीं महसूस किया। रचनात्मक साहित्य लेखन में भी अनेक भाषाओं की स्वीकार्यता थी। उदाहरण के लिए आरम्भिक शास्त्रीय नाटकों में समाज के अलग-अलग वर्गों से आनेवाले पात्रों के लिए अलग-अलग भाषाओं और बोलियों का प्रयोग होता था।

संस्कृत नाटकों में एक ही दृश्य में अलग-अलग भाषाओं या बोलियों का प्रयोग सामाजिक ऊँच-नीच को दिखाता है। इस ऊँच-नीच में भाषाएँ (या उनके आरम्भिक रूप) सामाजिक रूप से संस्कृत से निम्न समझी जाती थीं। भाषाओं में नये साहित्य ने इस ऊँच-नीच को चुनौती दी। ज्ञानदेव में अपनी मराठी को अमृत से भी मीठी भाषा बताया और दो शताब्दी बाद एकनाथ ने स्पष्ट तौर पर पूछा :

यदि संस्कृत को भगवान ने बनाया तो क्या प्राकृत को चोरों और गुलामों ने पैदा किया? इन भ्रामक बातों को अलगाव में डालना चाहिए। चाहे संस्कृत हो या पालि, जिस किसी में भी ईश्वर की कथा होती है वह पवित्र और उसका सम्मान किया जाना चाहिए। ईश्वर किसी भाषा के प्रति पक्षपाती नहीं है। उसके लिए प्राकृत और संस्कृत एक समान हैं। मेरी भाषा मराठी सबसे श्रेष्ठ संवेदनाओं की अभिव्यक्ति करने के योग्य है और ईश्वरीय ज्ञान के फल से लदी हुई है।[24]

भाषाई परम्परा-विरोध के बढ़ने के साथ-साथ संस्कृत काव्यशास्त्र और भी कठिन होता जा रहा था और अब वह *अलंकारशास्त्र* में बाल की खाल निकाल रहा था। अभिनवगुप्त का ग्रन्थ *अभिनवभारती* और ग़ज़नी का सोमनाथ मन्दिर पर आक्रमण दोनों भारतीय इतिहास में एक ही समय में घटित हुए। अभिनवगुप्त के साथ संस्कृत काव्यशास्त्र ने जटिलता और विचार के स्तर पर बहुत उन्नति की या शायद समकालीन साहित्य के साथ उसका सम्पर्क घटने लगा।

भारतविद्या ने जबसे संस्कृत की संस्कृति में अध्यवसायी रुचि दिखायी, विद्वानों ने संस्कृत काव्यशास्त्र को प्राचीन भारत की जीवित साहित्यिक संस्कृति की तरह देखने की जगह इसे विद्वता के एक विषय के रूप में अधिक देखा। भारतविद्या ने भरत से लेकर जगन्नाथ तक पूरी परम्परा को एक एकीकृत परम्परा के रूप में माना। लेकिन शायद इसे सतत बदलावों की लम्बी शृंखला के रूप में देखना ज्यादा यथार्थपरक होगा। अशोक केलकर संस्कृत काव्यशास्त्र को अपने दृष्टिकोण से प्रस्तुत करते हुए परम्परा को तीन विशेष सैद्धान्तिक जोरों के आधार पर परम्परा को तीन चरणों में बाँटते हैं।[25]

केलकर के अनुसार तीन चरण हैं : (क) दंडी (700-750 ई.), वामन (800 ई.), भामह (700-750 ई.) व उद्भट (800 ई.) और उनके *रस-गुण* व *रस-अलंकार* के सिद्धान्त। (ख) आनन्दवर्द्धन (890 ई.), धनंजय (700-750 ई.), कुन्तक (दसवीं शताब्दी), राजशेखर (900-950 ई.) आदि और उनके *ध्वनि* और *वक्रोक्ति* सिद्धान्त आदि। (ग) अभिनवगुप्त (925-1025) से जगन्नाथ (1600-1650) तक के काव्यशास्त्री

और पुराने काव्य सिद्धान्तों के संश्लेषण व पाठ्यपुस्तकें बनाने की उनकी परम्परा। यह ऐतिहासिक दृष्टिकोण समाजशास्त्रियों के शब्दों में साहित्य सिद्धान्त की भारतीय परम्परा के 'साभ्यतिक गतिविज्ञान'[26] को समझने में मददगार है।

हमें बताया जाता है कि आनन्दवर्द्धन का *ध्वन्यालोक* उनके पहले की दो शताब्दियों से जारी बहस के समाहार के रूप में आया था। फिर यह भारतीय संस्कृति के केन्द्रीय आलोचनात्मक वक्तव्य के रूप में स्वीकार कर लिया गया। इसके एक बौद्धिक परम्परा के केन्द्र में आने में अन्य अनुशासनों मसलन दर्शनशास्त्र व भाषाविज्ञान, सामाजिक शक्तियों व राजनीतिक घटनाक्रम और अपने समय की नयी धार्मिक जागृतियों के बारे में अद्यतन जानकारी आदि के साथ सम्बन्धों ने बड़ी भूमिका निभायी। संस्कृत काव्यशास्त्र के बारे में आज का दृष्टिकोण अभिनवगुप्त को आनन्दवर्द्धन का सीधा उत्तराधिकारी मानता है। दोनों में करीब डेढ़ शताब्दी के समय का अन्तराल है। लेकिन संस्कृत काव्यशास्त्र जिस समय मान का हिस्सा है, उसमें यह कोई बड़ा अन्तराल नहीं है। लेकिन जो चीज भुला दी गयी है वह यह कि जिस समय अभिनवगुप्त अपने हजारों अनुयायियों के साथ समाज से दूर हिमालय[27] की कन्दराओं में चले गये, उसी समय संस्कृत काव्यशास्त्र और इसे पैदा करनेवाले समाज के बीच का जीवन्त रिश्ता टूट गया। अभिनवगुप्त के जीवनकाल में ही संस्कृत ने अपने सांस्कृतिक हाशियाकरण को स्वीकार करना आरम्भ कर दिया था। आनन्दवर्द्धन और अभिनवगुप्त ने एक जैसी आलोचनात्मक शब्दावली का प्रयोग किया, यही तथ्य उन दोनों को संस्कृत काव्यशास्त्र के एक युग में लपेट देने के लिए पर्याप्त नहीं है। दोनों को एक परम्परा के दो अलग-अलग चरणों में अवस्थित मानना चाहिए। आनन्दवर्द्धन के प्राचीन भारत में जो कुछ भी विरुद्धमत माना जाता वही अभिनवगुप्त के उत्तर क्लासिकल भारत में स्वीकार्य होने लगा था। यह सच है कि अभिनवगुप्त और उनके अनुयायी संस्कृत की आलोचनात्मक परम्परा में अधिक बौद्धिक जटिलता ले आये। आमतौर पर इस जटिलता को गलत ढंग से विकास या वृद्धि मान लिया जाता है। लेकिन यह अत्यन्त स्वाभाविक है; अभिनवगुप्त के बाद काव्यशास्त्र की परम्परा में जो जटिलता दिखायी पड़ती है उसका सम्बन्ध रूढ़िवादिता और तत्कालीन सामाजिक चिन्ताओं से अलगाव से है।

अभिनवगुप्त के काल में संस्कृत काव्यशास्त्र में घटित होनेवाले संक्रमण को तभी ठीक से समझा जा सकता है, जब हम काव्यशास्त्र को स्वायत्त बौद्धिक गतिविधि मानने की जगह संस्कृति का उपांग मानें। अब तक किसी भी आधुनिक विद्वान ने संस्कृत काव्यशास्त्र का सामाजिक इतिहास नहीं लिखा है। इसलिए सामाजिक इतिहास की मदद से कुछ मोटी संकलपनाएँ प्रस्तुत करने के जरिये हमें इस दिशा में शुरुआत करनी होगी। मैक्स वेबर, लुईस दूमो, सैम्युअल आइसेंसटैड[28] जैसे समाजशस्त्रियों ने भारत में सामाजिक बदलाव की प्रक्रिया के बारे में सामान्य पर्यवेक्षण प्रस्तुत किये हैं।

इन प्रयासों में से आइसेंसटैड की व्याख्या, जिसे वे 'साभ्यतिक गतिविज्ञान' कहते हैं, इस सहस्राब्दि की शुरुआत में भारतीय साहित्यिक संस्कृति के संक्रमण का विश्लेषण करने में कुछ उपयोगी निर्देश दे सकता है। वे परम्परा विरोध के मूल स्रोत की ओर देखते हैं, जो विभिन्न पन्थों, मतों और सांस्कृतिक रिवाजों के अभ्युदय, ब्रह्मांड की आध्यात्मिक व्यवस्था और अस्तित्व की नैतिक व्यवस्था के बीच बढ़ते तनाव के रूप में अभिव्यक्त होता है। दूसरे शब्दों में कहें तो ईश्वर की दुनिया और मनुष्य की दुनिया के बीच का स्पष्ट अन्तराल क्लासिकल से उत्तर-क्लासिकल भारतीय समाज में संक्रमण का कारण है। इस तनाव के सामान्य चरित्र की व्याख्या करने के बाद वे इसके परिणामों पर टिप्पणी करते हैं :

पारलौकिक और मानवीय के बीच के तनाव की अवधारणा का लगभग अपरिहार्य सह-उत्पाद मोक्ष के विभिन्न संस्करणों का विकास था, ताकि इस कल्पित तनाव को समाप्त किया जा सके। इनमें से ज्यादातर संस्करणों ने मानव व्यवहार और व्यक्तित्व की उच्च नैतिक और आध्यात्मिक आधारों पर पुनर्रचना पर ध्यान केन्द्रित किया। कुछ दृष्टिकोण इससे परे भी गये और उन्होंने सामाजिक-आर्थिक और राजनीतिक व्यवस्था की पुनर्रचना की माँग की।[29]

यह उस हद तक सही है जितना यह उस काल के बारे में बात कर रही है, लेकिन इस विश्लेषण में यह बात निहित है कि संस्कृत काव्यशास्त्र ने भी साहित्य सिद्धान्त की आध्यात्मिक धारणाओं और साहित्य के अपने समाज के गतिविज्ञान के बीच के तनाव के बारे में कल्पना कर ली थी और इसे ध्यान में रखने की जरूरत थी। काव्यशास्त्र की परम्परा का विकास और बदलते समय के अनुकूल स्वयं को बदलने की क्षमता, इस तनाव की स्पष्ट समझदारी पर निर्भर करती थी। यह देखना उपयोगी होगा कि संस्कृत काव्यशास्त्र ने संक्रमण काल में कैसा व्यवहार किया।

अपने विकास के आरम्भिक चरण[30] में संस्कृत काव्यशास्त्र ने *लोकोत्तर* की अवधारणा विकसित कर ली थी, जिसने आध्यात्मिक सुख के सन्दर्भ में सौन्दर्यात्मक अनुभूति की धारणा विकसित की थी। लेकिन *काव्यानन्द* को *ब्रह्मानन्द* से अलग करने या सौन्दर्यात्मक सुख को आध्यात्मिक सुख से अलग रखने की सतर्कता बरती गयी थी। काव्य और नाट्य के लिए रस सिद्धान्त का सूत्रीकरण स्पष्ट रूप से इस जागरूकता को दिखाता है कि रंगमंच मूलतः लोकधर्मी नाट्यधर्म (समाजोन्मुख नाट्यकला) है। संस्कृति काव्यशास्त्र के विकास का दूसरा महत्वपूर्ण चरण ध्वनि सिद्धान्त का निरूपण था, जिसमें भरत के प्रतीकात्मक और वास्तविक, लौकिक और पारलौकिक, आत्मा और ध्वनि के शरीर के बीच के विभेद को कायम रखा गया था। लेकिन अभिनवगुप्त, के उत्तर-क्लासिकल भारत में यह विभेद धूमिल पड़ने लगता है। वास्तव में संस्कृत काव्यशास्त्र के अन्तिम चरण का पूरा जोर भरत, आनन्दवर्द्धन और कुन्तक द्वारा सतर्कतापूर्वक विकसित, परिभाषित और एक-दूसरे

से अलगाये गये सिद्धान्तों के संश्लेषण पर है। विश्वनाथ ने *साहित्यदर्पण* तब लिखा जब भाषाओं ने अपनी साहित्यिक परम्परा स्थापित कर ली थी और हिन्दू राजनीति पूरी तरह से इंडो-इस्लामिक राजनीति द्वारा हटायी जा चुकी थी। चौदहवीं शताब्दी में जब विश्वनाथ ने *ओपस* की रचना की उस समय तक काव्य और नाटक के बीच का विभेद गायब हो चुका था, या यह कहना ज्यादा उचित होगा कि इस विभेद की आलोचनात्मक धारणा गायब हो चुकी थी। मौखिक कला की व्याख्या के सूत्र "वाक्यम् रसात्मकम् काव्यम्" (सौन्दर्यात्मक रूप से अच्छी लगनेवाली भाषा संरचना काव्य है)[31] में उनकी मंशा काव्य और नाटक दोनों को समेटने की है। इसी तरह ध्वनि के स्वायत्त लोक-अस्तित्व के वृत्त–और स्फोट अर्थों के उद्‌घाटन के सन्दर्भ में उसकी भौतिक अभिव्यक्तियों के बीच के विभेद को यह कहकर धूमिल किया गया कि सभी काव्यात्मक ध्वनियाँ एक दैवीय वृत्त से रसात्मक ध्वनि के रूप में उपजती हैं। ध्वनि के मूलग्रन्थ आनन्दवर्द्धन के *ध्वन्यालोक* में *वस्तुध्वनि* (अर्थ), *अलंकारध्वनि* (संकेतन) और *रसध्वनि* (पुनर्रचना) के बीच अन्तर स्थापित करने में बहुत सतर्कता बरती गयी है, जिसका सब कुछ *वाक्य* (स्थिर अर्थ) के विरुद्ध *प्रतीयमान* (अन्तर्निहित अर्थ) होता है।

विश्वनाथ ही बहुत बारीकी से विकसित की गयी अवधारणाओं के विनाशकारी संश्लेषण, प्रतिगमन और पतन की प्रवृत्ति के बड़े प्रतिनिधि नहीं हैं। यह प्रवृत्ति अभिनवगुप्त से लेकर उनके बाद के हर सिद्धान्तकार में दिखायी पड़ती है। यह क्षीयमान प्रवृत्ति संस्कृत काव्यशास्त्र में वर्णित हर धारणा और विधा के बारे में जड़ जमाती दिखायी पड़ती है। उदाहरण के लिए दंडी और भामह ने *अर्थगुण* और *शब्दगुण*[32] की दो कोटियों का प्रयोग महाकाव्य की अन्तर्वस्तु के गुण व अलंकारिक और संरचनात्मक चरित्र को व्याख्यायित करने के लिए किया था। तीन शताब्दी बाद भोज इन दोनों कोटियों का प्रयोग जारी रखते हैं लेकिन वे अपनी ओर से भी एक और कोटि *उभयगुण* (किसी महाकाव्य संरचना और विषयवस्तु के साझा गुण) भी जोड़ देते हैं।[33] वे इन पाँच उभयगुणों को महाकाव्य के लिए आवश्यक मानते हैं : 1) रसरूपसन्दर्भत्व (ग्रन्थ के किसी भी हिस्से में सौन्दर्य भावनाओं और रूप में संगति), 2) पात्रानुरूपभाष्यत्व (पात्र की मर्यादा और उसकी भाषा में संगति), 3) अर्थानुरूपकान्दस्त्व (अन्तर्वस्तु और छन्दों के बीच संगति), 4) समस्तलोकरंजनत्व (सभी श्रोताओं का मनोरंजन) और 5) सदालंकारवाक्यत्व (सुसज्जित संरचना व विन्यास)। दंडी की *सर्गबन्ध* (धारावाहिक या महाकाव्य) की मूल परिभाषा में महाकाव्यात्मक रूप और महाकाव्यात्मक अन्तर्वस्तु की एक-दूसरे पर निर्भरता को खारिज नहीं किया गया था; लेकिन उन्होंने इसे कम पांडित्यपूर्ण तरीके से स्थापित किया था। महाकाव्य की उनकी अवधारणा और सूक्ष्म थी। इसने सांकेतिक तौर पर महाकाव्य की विषयवस्तु के बारे में और धारावाहिक आख्यानों के शैलीगत लक्षणों

के बारे में एक खाका तैयार किया था। और इसने विषय-वस्तु और संरचना के बीच परस्पर संवाद की ओर बिना आदेशात्मक हुए महज संकेतभर किया था। संक्षेप में कहें तो अभिनवगुप्त से लेकर आगे तक का संस्कृत काव्यशास्त्र अपनी शब्दावली की जटिलता और अवधारणाओं के संश्लेषण के जरिये *लोकोत्तर* और *लोकधर्मी* के बीच तनाव के बारे में अनावश्यक जागरूकता की ओर संकेत करता है। टकराव की इस स्थिति में—जो भारत में इस्लाम काल के आरम्भिक वर्षों में और ज्यादा बढ़ना शुरू हुआ—संस्कृत के सिद्धान्तकार ने अपने-आपको साहित्य और कला के लोकोत्तर दृष्टिकोण और क्लासिकल भारत में स्थापित आध्यात्मिक व्यवस्था के संरक्षक की भूमिका में कल्पित किया। ग़ज़नी के सोमनाथ पर आक्रमण के बाद की शुरुआती तीन शताब्दियों में काव्यशास्त्र पर लिखी गयी अनेक पाठ्यपुस्तकों में दिखायी पड़ता है कि संस्कृत के सिद्धान्तकार काव्यशास्त्र में रूढ़िवादिता को बचाने के लिए संघर्षरत थे। उनकी *लोकोत्तर* विश्व-दृष्टि के विघटित हो जाने के भय से विचारों के संश्लेषण की उनकी सनक पैदा हुई है। इस दौरान जीवन और भाषा साहित्य निर्णायक ढंग से संस्कृत और संस्कृति से दूर जा चुका था।

राजशेखर का साहित्यिक जीवन (नौवीं/दसवीं शताब्दी)[34] इस बात का बेहतरीन उदाहरण है कि कैसे दसवीं शताब्दी में काव्यशास्त्र एक अर्थपूर्ण सांस्कृतिक विमर्श के रूप में विघटित होना शुरू हो गया था। अपने तमाम समकालीन विद्वानों की तरह राजशेखर भी महाराष्ट्र में पैदा होने के बाद दो पीढ़ियों के राजकुमारों का सभासद बनने के लिए कन्नौज आ गये। वे मुख्यतः काव्यशास्त्र के अपने महत्वपूर्ण ग्रन्थ *काव्यमीमांसा* के लिए जाने जाते हैं, जो ज्ञान की विभिन्न शाखाओं का वर्गीकरण करती है, सूत्र, भाष्य, वृत्ति, पद्धति, टीका, समीक्षा (ये सभी आलोचना की शाखाएँ थीं) आदि साहित्यिक अवधारणाओं को परिभाषित करती है, और उदाहरण सहित साहित्य, वाक्य-रचना, छन्द, विधा, अर्थविज्ञान और भाषाविज्ञान आदि अन्य अवधारणाओं की व्याख्या करती है। लेकिन मुख्य रूप से राजशेखर की *काव्यमीमांसा* साहित्य के सामाजिक उद्देश्य और लेखक के समाजशास्त्रीय सन्दर्भ के बारे में बात करती है। इसके सन्दर्भों की अत्यन्त प्रभावशाली व्याप्ति कालिदास, भारवि, हरिश्चन्द्र आदि लेखकों, पाणिनि, पिंगल और वररुचि जैसे भाषावैज्ञानिकों से लेकर अवन्तिसुन्दरी (उनकी पत्नी), पाल्यकीर्ति, भरत, मंगल, रुद्रट, वाक्पतिराज, वामन, श्यामदेव, सुरानन्द आदि आलोचकों तक है। वे स्वयं काव्यरचना करने के लिए जाने जाते हैं और उन्हें श्रेष्ठ बहुभाषाविद—*सर्वभाषाचतुर* के रूप में भी जाना जाता है। उनका राजनयिक जीवन यह संकेत करता है कि वे कुछ लैटिन, अरबी, फ़ारसी और एक अफ्रीकी बोली (जो उस समय भारत में क्रमशः रोमक, यवन, परसिका और बर्बर नाम से जानी जाती थीं) जानते थे। निश्चित रूप से वे कई प्राकृत बोलियाँ जानते थे। *काव्यमीमांसा* में वे पैशाचिक, विदर्भी, गौड़ीय, पंचाली और काकु में साहित्यों

का विस्तृत विश्लेषण करते हैं, विभिन्न भौगोलिक क्षेत्रों, उनकी बोलियों, स्वरशैलियों, समाज-भाषावैज्ञानिक विशिष्टताओं और साहित्यिक परम्पराओं की सूची बनाते हैं। उन्होंने स्वयं दो भाषाओं में लिखा : *काव्यमीमांसा* संस्कृत में लिखा लेकिन *शत्ताक* विधा में एक स्वांगपूर्ण नाटक *कर्पूरमंजरी* अपनी मातृभाषा महाराष्ट्र में लिखा, जो मराठी का पूर्वरूप थी।

राजशेखर का जीवन और उनके आलोचनात्मक काम दिखाते हैं कि नयी सामाजिक शक्तियों, खासतौर पर क्षेत्रीयता की भावना, ने उन्हें ज्यादा व्यापक सामाजिक यथार्थवाद को अपने साहित्य सिद्धान्त में शामिल करने के लिए प्रेरित किया। इस तरह संस्कृत और प्राकृत में अभिजातवादी काव्यशास्त्र और लोकप्रियतावादी साहित्य के बीच का तनाव स्पष्ट दिखायी पड़ता है। लेखन के समाजशास्त्र की उनकी पड़ताल जो काफी हद तक भरत के नाटक के समाजशास्त्र के विश्लेषण की याद दिलाती है, संस्कृत काव्यशास्त्र के मानवीकरण की प्रक्रिया के आरम्भ को दिखाती है। यह प्रवृत्ति आगे विकसित नहीं हुई क्योंकि संस्कृत भाषा अन्य भारतीय भाषाओं द्वारा संस्थाबद्ध विपरीत मत का निशाना बनी। वे जिनसे परिचित थे उन नयी *देशी* साहित्य परम्पराओं के लिए भी कोई सिद्धान्त प्रस्तावित नहीं करते। राजशेखर की आलोचना अजीब तरह से आलोचनात्मक रूढ़िवाद और आलोचनात्मक अशास्त्रीयता के बीच फँसी हुई है। *काव्यमीमांसा* साहित्यालोचना का पहला भारतीय ग्रन्थ है, जो जिसे मैं अनवरत संक्रमण कहता हूँ, उसकी शुरुआत करता है। यह संक्रमण, आइसेंसटैड की शब्दावली को थोड़ा बदल दें तो, साहित्य के *मार्ग* और *देशी* दृष्टिकोणों के बीच के तनाव से पैदा होता है। यदि आज भी एक सांस्कृतिक प्रक्रिया के रूप में यह संक्रमण जारी है, तो राजशेखर को भाषा आलोचनाओं का पूर्ववर्ती कहा जा सकता है।

III

यदि संस्कृत आलोचना जीवन्तता से रहित स्थिति में पहुँच चुकी थी, या यह कहना ज्यादा उचित होगा कि यह कृत्रिम श्वसन प्रणाली के सहारे जीवित थी और यदि भाषाओं के साहित्य ने मजबूती हासिल करनी शुरू कर दी थी तो यह समझना मुश्किल है कि किसी भी भाषा ने साहित्यालोचना का विकास क्यों नहीं किया। भाषाओं की कविता में भक्ति आन्दोलन—जो चौदहवीं से सत्रहवीं शताब्दी तक चला—का अपना साहित्यिक सौन्दर्यशास्त्र (या काव्यशास्त्र) था, स्रोताओं का नया वर्ग था, कविताओं के 'प्रकाशन' की अपनी पद्धति थी और भक्ति को रस के रूप में स्वीकार करने की अवधारणा थी। यह सब मानने पर पूछना जरूरी हो जाता है कि भाषा साहित्यों ने कोई आलोचनात्मक ग्रन्थ या दस्तावेज क्यों नहीं पैदा किया। इस प्रश्न का कोई आसान जवाब नहीं है, लेकिन ये टिप्पणियाँ इसकी कुछ हद तक

व्याख्या कर सकती हैं।

यह बहुत पहले स्थापित किया जा चुका है कि भाषाओं और क्षेत्रवाद का भारत में अन्तर्सम्बन्ध रहा है और किसी एक क्षेत्र के संस्कृत से सम्बन्ध और अपनी भाषा से सम्बन्धों की प्रकृति अलग-अलग रही है।[35] आर्यों के भारत आगमन के समय से संस्कृत का उपयोग—पूरे देश में यहाँ तक कि उन क्षेत्रों में भी जो लौकिक कारोबार के लिए द्रविड भाषाओं का प्रयोग करते थे—उच्च आध्यात्मिक उद्देश्यों के लिए होता था। यह किसी एक खास जगह पर जड़ जमाये बिना पूरे भारत में क्षैतिज रूप से फैला हुआ था। किसी भी इलाके में कुछ गिने-चुने लोग इसका प्रयोग 'जीवित' भाषा के रूप में करते थे। यह कुल भारतीय जनसंख्या के एक बहुत छोटे हिस्से द्वारा समझी जाती थी। इंडो-इस्लामी शताब्दियों के दौरान भी संस्कृत का सम्मान और उसका प्रयोग और भी नीचे गिरा। संस्कृत में बातचीत का क्षेत्र भौगोलिक रूप से विस्तारित था, लेकिन उन जगहों पर भी यह कुछ समुदायों के छोटे समूहों तक ही सीमित था, जो गैर-संस्कृत भाषी लोगों से घिरे हुए थे। संस्कृत में बोलचाल की वैसी संस्कृति न थी जो भाषाओं में थी। ऐसे हालात में बोलचाल के संस्कृत शब्द हमेशा ही तेजी से विलुप्त होने के खतरे में थे।

संस्कृत लेखक और विद्वान अतीत के साथ संवाद बनाने में लगे हुए थे। शंकर ने बुद्ध और व्यास[36] से 'संवाद' किया तो अभिनव ने भरत[37] आदि से। साथ ही मैं अलग से जोड़ना चाहूँगा कि भारतीय संस्कृति के रहस्य संस्कृत भाषा के भूतकाल के वाक्यों की भाषाई संरचना में छिपे हुए हैं, सांस्कृतिक नृविज्ञान के अध्येताओं के लिए यह शोध का जबरदस्त क्षेत्र होगा। यहाँ यह ध्यान देना जरूरी है कि संस्कृत में विद्वतापूर्ण अनुशासनों की माँग एक सहस्राब्दि या उससे भी अधिक समय में विकसित हुई, और उच्च-भ्रू सामाजिक दायरे के बीच सम्प्रेषण की आवश्यकता ने ग्रन्थों के लेखन और उनके पांडुलिपि के रूप में संरक्षण को सम्भव बनाया। क्षेत्रीय भाषाएँ इन दोनों बाध्यताओं से मुक्त थीं क्योंकि वे 'जीवित' भाषाएँ थीं और उनके जरिये जीवित समाज सम्प्रेषण करता था। भाषाओं के काल में लेखन तकनीक से सम्बन्धित विवरण, संस्कृत और भाषाओं के बीच के इस अन्तर के समर्थन में और भी साक्ष्य हैं।

प्राचीन संस्कृत साहित्य के काल में साहित्यिक ग्रन्थ एक पीढ़ी से दूसरी पीढ़ी तक याद करने के जरिये पहुँचाये जाते थे। स्मरण की शक्ति को स्कूल और विश्वविद्यालय के स्तर पर प्रोत्साहित किया जाता था और इसे ज्ञान प्राप्त करने का अनिवार्य अंग माना जाता था। प्राचीन ग्रन्थों का याद होना किसी की योग्यता का मानदंड माना जाता था, और स्मरण शक्ति के चलते व्यक्ति को समाज में सम्मान दिया जाता था। फिर भी ग्रन्थों को लिखित रूप में भी संरक्षित किया जाता था। समय-समय पर छाल या सूखी पत्तियों पर पांडुलिपि के रूप में प्रतिलिपि तैयार की जाती थी। भाषाओं के उभार के साथ ही ये तरीके समाजशास्त्रीय और तकनीकी

बदलाव से गुजरे।

समाजशास्त्रीय परिवर्तन हुआ क्योंकि भक्ति काव्य में व्यक्त नये पन्थों के आन्दोलन ने वर्ग और जाति की संरचनाओं पर तीखा प्रहार किया और उन्होंने धार्मिक ज्ञान पर ब्राह्मण एकाधिकार को अस्वीकार कर दिया। बहुत से अब्राह्मणों ने अपनी कविता के जरिये, धर्म के अपने अनुभवों के बारे में उपदेश देना शुरू कर दिया। मराठी में नामदेव (1270-1350) जाति से दर्जी थे। वे गोरा कुम्हार, संवत माली, चोखा महार, सेना नाई, जनाबाई नौकरानी से घिरे हुए थे। क्योंकि या तो इनमें से कुछ कवि निरक्षर थे, या उन्होंने समाज के निरक्षर वर्गों के हित में कविताएँ लिखीं, उन्होंने अपनी कविताओं को लिखित ग्रन्थ के रूप में नहीं बल्कि मौखिक काव्य के रूप में 'प्रकाशित' करना ज्यादा पसन्द किया। वे मन्दिरों के बड़े जमावड़ों तीर्थ स्थानों या गलियों में अपनी कविताएँ गाते थे। ग्रन्थ की भूमिका और साहित्यिक संस्कृति में उसका स्थान बदल गया था।

लेखन के लिए कागज के प्रयोग के साथ तकनीकी बदलाव आया। चौदहवीं शताब्दी की शुरुआत में मोहम्मद-बिन-तुगलक (1325-51) के शासन के दौरान भारत ईरान व अन्य इस्लामी देशों को कागज और किताबों का निर्यात कर रहा था। इतिहासकार हमें बताते हैं कि इस व्यापार ने दिल्ली के ईरानी व्यापारियों को बहुत धनी बना दिया।[38] अब ग्रन्थों की प्रतिलिपियाँ बनाना आसान था। प्राकृतिक रंगों से पत्तियों पर लिखने की अपेक्षा कागज पर स्याही से लिखना आसान था। इसका परिणाम हुआ कि भाषाओं की शताब्दियों के दौरान लिखित ग्रन्थ बनाना आम चलन में आ गया था। शायद मराठी में इसका सबसे प्रसिद्ध उदाहरण एकनाथ (1585) द्वारा ज्ञानदेव की ज्ञानेश्वरी का अत्यन्त मेहनत से तैयार किया गया विद्वतापूर्ण संस्करण है। सम्भवतः नयी तकनीक का इस्तेमाल उच्च-भ्रू संस्कृत लेखकों द्वारा किया जाता था, जिनका अकर्षण गिने-चुने पाठकों को ही था। इस तरह नयी तकनीक ने उच्च-भ्रू कविता और लोकप्रिय कविता के बीच पहले से मौजूद विभाजन को और बढ़ा दिया।

साहित्यिक तकनीक के रूप में कागज के आगमन के पहले उच्च-भ्रू साहित्य और लोक साहित्य के बीच का अन्तर स्पष्ट रूप से 'लिखित' साहित्य और 'मौखिक' साहित्य के स्पष्ट मानदंड पर आधारित था। उदाहरण के लिए भाषाओं का मुख्यधारा का काव्य न तो पूरी तरह लिखित था और न ही पूरी तरह मौखिक। निश्चित रूप से इसकी रचना सचेत रूप से की जाती थी, यद्यपि कुछ कवि अब भी मौखिक तरीके का काम करते थे तो कुछ ने अपनी कविताओं को लिखित रूप दिया। इतना ही नहीं भाषा कविता ने न तो संस्कृत के 'लिखित' काव्य को पूरी तरह विस्थापित किया और न ही स्थानीय 'लोक' काव्य को। यह दोनों का संकरण था और कविता की एकदम नयी कोटि थी। लेकिन यह जोड़ना जरूरी है कि भाषा कविता का पूरा

विस्तार ऐसा ही नहीं था। भाषा कविता के भीतर ही तीन लघु प्रवृत्तियों के बारे में सोचना सम्भव है और यह उचित भी है। भाषा कविता की तालिका के रूप में प्रस्तुति स्थिति को और स्पष्ट करेगी। वर्गीकरण के लिए जिन कोटियों का प्रयोग किया गया है, वे जटिलता की व्याख्या करने के लिए पर्याप्त नहीं हैं।

फिलहाल यहाँ मैंने उनका प्रयोग पद्धतिगत सहूलियत के लिए किया है।

कागज तकनीक (13वीं शताब्दी) और छपाई तकनीक (18वीं शताब्दी) के बीच मराठी कविता का तालिका के रूप में प्रस्तुतीकरण

प्रकार	**उच्च-भ्रू**	**लोकप्रिय**	**लोक**
ग्रन्थ	लिखित और लिखित रूप में पुनरुत्पादित	कभी-कभार लिखित लेकिन सामान्यतः मौखिक रूप में पुनरुत्पादित	मौखिक। बाद में लिखित रूप में अभिलिखित
विषय-वस्तु	संस्कृत साहित्य के मिथक, आमतौर पर रामायण और महाभारत से ली गयी, लेकिन शृंगार वर्णन की सम्भावना के साथ	नैतिक, दार्शनिक और जीवन के व्यावहारिक दर्शनवाली। सामाजिक सवाल और समर्पण मूलक	जादू, जातीय स्मृति, फँतासी आदि। वीरतापूर्ण, स्थानीय इतिहास गाथाएँ।
रूप	संस्कृत छन्दशास्त्र से लिये गये छन्द और वृत्त; धारावाहिक आख्यान	ओवी, अभंग, भजन, कीर्तन, गीत या गीतात्मक सिलसिला	लावनी, पवाड़ा, भारुड, तमाशा, गीत
दिशा और प्रभाव	ब्राह्मण परम्पराओं की ओर झुकाव; संस्कृत काव्य छन्दशास्त्र का प्रभाव। पुनरुत्थानवादी।	तत्कालीन समाज की ओर उन्मुख, प्रगतिशील और परिमार्जनवादीय; कुछ हद तक सूफी रहस्यवाद और मराठा राष्ट्रवाद से प्रभावित	मनोरंजन की ओर झुकाव, स्थानीय इतिहास और क्षेत्रीय विषय। बाद में फ़ारसी गजल और मुहावरे का असर

प्रकार	उच्च-भ्रू	लोकप्रिय	लोक
काव्यशास्त्र	संस्कृत काव्यशास्त्रियों द्वारा लिखा गया काव्यशास्त्र। पारम्परिक	नहीं लिखा गया। लेकिन शैली, रूप, कवि-सहृदय सम्बन्ध आदि, सचेत ढंग से संस्कृत से स्वतन्त्र विकसित किये गये।	काव्यशास्त्र नहीं लिखा गया। बहुत मजबूत परम्पराएँ नहीं। लेकिन लोक-नाटिका और चारण काव्य में संस्कृत काव्यशास्त्र के अवशेष देखे जा सकते हैं।
प्रतिनिधि कवि	मुकुन्दराज (13वीं शताब्दी) मोरोपन्त (18वीं शताब्दी)	नामदेव (14वीं शताब्दी) रामदास (17वीं शताब्दी)	होनाजी बाला (18वीं शताब्दी)

मराठी के सन्दर्भ में तालिका कविता लिखने और कविता छापने के बीच के सम्बन्ध और हर प्रवृत्ति द्वारा प्रयुक्त काव्यशास्त्र को दिखाती है। ये यह भी दिखाती है कि कविता का क्षेत्र सम्प्रेषण की पद्धति, युक्त छन्दों के चलन, और तालिका में दिखायी गयी हर प्रवृत्ति के द्वारा विकसित काव्यशास्त्र आदि के आधार पर विभाजित और विखंडित था। कागज तकनीक (13वीं शताब्दी) और छपाई तकनीक (18वीं शताब्दी) के बीच कविता विविध असम्बद्ध रास्तों से विकसित हुई, जिसने दिशाहीन काव्यशास्त्र को निष्क्रिय बना दिया। इसलिए आलोचनात्मक विमर्श भी विखंडित हो गया। अन्य, भाषाओं का उदाहरण लेकर भी यह दिखाना सम्भव है कि यही प्रवृत्ति दूसरी भाषाओं में भी मौजूद थी। इस तरह क्लासिकल युग की संस्कृत कविता का काव्यशास्त्र उच्च-भ्रू और संस्कृत के प्रभाववाली भाषा कविता पर लागू किया जा सकता था लेकिन गैर-संस्कृत काव्य के लिए यह पूरी तरह नाकाफी था।

मार्ग और देशी

मुख्यधारा की संस्कृति के साथ उपसंस्कृतियों के सम्बन्धों के जटिल सन्तुलन के लिए भारतीय समाज ने अत्यन्त परिष्कृत सांस्कृतिक औजार निर्मित किये थे। इस रोशनी में ही साहित्यिक विखंडन की प्रकृति को समझा जा सकता है। शायद 'क्षैतिज' और 'ऊर्ध्व' पदों का प्रयोग इस सम्बन्ध को समझने में मददगार हों।[39] 'क्षैतिज' संस्कृति

और साहित्य सर्वसमावेशी ढंग से काम करते थे जिनमें संस्कृति विशेष की 'ऊर्ध्व' प्रवृत्ति समाहित हो जाती थी। सर्वसमावेशी क्षैतिज प्रवृत्ति के लिए संस्कृत में और भाषाओं में भी 'मार्ग' शब्द का प्रयोग होता था, जबकि ऊर्ध्व व समावेशित प्रवृत्ति के लिए 'देशी' पद का प्रयोग होता था।[40] व्युत्पत्ति के आधार पर ऐसा माना जाता है कि इनका भेद विवरणात्मक भाषाविज्ञान से उपजा होगा। भाषावैज्ञानिक भूगोल क्षेत्रीय भाषाओं या बोलियों को और भाषा प्रकारों को *देशी* कहता है और मानकीकृत भाषा को *मार्ग*। बाद में ये पद समाजशास्त्र और काव्यशास्त्र में स्थानान्तरित हो गये। दसवीं शताब्दी तक ये निश्चित सौन्दर्यात्मक कोटियों के रूप में प्रयुक्त होने लगे थे। सौन्दर्यात्मक कोटि के रूप में इनके प्रयोग का महत्वपूर्ण उदाहरण दसवीं शताब्दी का मातंग का संगीत विषयक ग्रन्थ *बृहद्देशी* है।[41] मातंग संगीत को पाँच प्रकार की *मार्ग गीति (शुद्ध, भिन्न, गौड़ी, राग और साधारणी)* और कई अन्य तरह की कोटियों को *देशी* शीर्षक के अन्तर्गत रखकर वर्गीकृत करते हैं।

लेकिन यह विभेद केवल राष्ट्रीय और क्षेत्रीय की भिन्नता पर ही आधारित नहीं था। हमें बताया जाता है कि मातंग ने *मार्ग* शब्द का प्रयोग "प्राचीन परम्परागत संगीत सामग्री के लिए किया, जबकि *देशी* उस समय राज्य में प्रचलित सांगीतिक चलन को दिखाता है।"[42] *मार्ग* केवल मुख्यधारा ही नहीं बल्कि परम्परागत भी था और *देशी* सिर्फ क्षेत्रीय ही नहीं बल्कि समकालीन भी था। दोनों के बीच का सम्बन्ध स्वस्थ आदान-प्रदान के सिद्धान्त पर आधारित था। अपने उत्कर्ष के दिनों में संस्कृत काव्यशास्त्र ने काव्य व नाट्य रूपों में क्षेत्रीय विविधताओं के महत्व को स्वीकार किया था। यहाँ तक कि मृतप्राय संस्कृत के सिद्धान्तकार विश्वनाथ (14वीं शताब्दी) अपने *साहित्यदर्पण* के नौवें अध्याय में *देशी* रूपों को गौड़ी, वैदर्भी और महाराष्ट्री के रूप में व्याख्यायित करते हैं।[43]

देशी भाषा परम्पराओं में, हेमचन्द्र का *देशीनाममाला या देशीशब्दसंग्रह* (प्राकृत का शब्दकोश) जिसे *रयनावली* कहा जाता है, श्रेष्ठ ग्रन्थ है। शब्दकोश तीन तरह के 'क्षेत्रीयतावादों' को चिह्नित करता है : (1) जिन शब्दों का संस्कृत मूल न हो, (2) संस्कृत मूल के शब्द लेकिन प्राकृत अर्थों से अभियोजित और (3) प्राकृत मूल और परम्परा के शब्द। हेमचन्द्र पर यह हालिया टिप्पणी दिखाती है कि बारहवीं शताब्दी में *देशी* और *मार्ग* कितने सद्भावपूर्ण तरीके से साथ-साथ थे :

देशीनाममाला में ही संस्कृत में एक जबरदस्त आत्मटिप्पणी है जिसमें हेमचन्द्र शब्दकोश में किन्हीं शब्दों को शामिल करने या न करने, या किसी खास वर्तनी और अर्थ को स्वीकार करने या खारिज करने के कारणों की व्याख्या करते हैं। यद्यपि यह काफी हद तक खंडन-मंडनवाली शैली है, वे कभी-कभार उन विद्वानों का नाम भी लेते हैं, जिनके साथ उनकी सहमति या असहमति है। जिनका नाम विशेष तौर पर

लिया गया है उनमें प्राकृत कोशकार अभिमानसिन्हा (अपने व्याख्याकार उदुखल के साथ), गोपाल, देवराज, द्रोण, धनपाल, पदलिप्त, राहुलक, सिलंक के साथ संस्कृत के लेखक भरत और भामह, वैय्याकरण कलपस या कतान्त्र हैं और हलयुद्ध के अभिधानरत्नमाला से दो अनाम उद्धरण दिये गये हैं।[44]

हेमचन्द्र द्वारा प्रदर्शित आभार में उद्धृत विद्वानों की सूची उनके *मार्ग* और *देशी* दोनों परम्पराओं के साथ जुड़ाव की ओर इंगित करती है।

परम्परागतरूप से *मार्ग* और *देशी* परम्परओं के बीच या दो *देशी परम्पराओं* के बीच विचारों और बौद्धिक/सांस्कृतिक आन्दोलनों का आदान-प्रदान अखिल भारतीय स्तर पर विकसित हुए सांस्कृतिक आदान-प्रदान के नेटवर्क के जरिये होता था। देश का भूगोल इसके इतिहास और संस्कृति को प्रभावित करनेवाला बहुत महत्वपूर्ण कारक रहा है। इस सांस्कृतिक रूपान्तरण में भी भूगोल ने केन्द्रीय भूमिका निभायी। भूगोलवेत्ताओं द्वारा इस व्यवस्था को "तन्त्र उन्मुख सांस्कृतिक भूगोल"[45] कहा जाता है। शहरों, विश्वविद्यालयों, रियासतों के दरबारों, तीर्थ स्थानों, रमता सन्यासियों और विद्वानों, सचल सेनाओं आदि ने सामूहिक रूप से *मार्ग* से *देशी* और *देशी* से *मार्ग* के बीच विचारों के मिश्रण में भूमिका निभायी। लेकिन इस संजाल की संरचना ने ऐसे सांस्कृतिक केन्द्रों और बौद्धिक रवायतों का निर्माण किया, जो बाहरी प्रभाव या आतंक के समक्ष कमजोर थीं।

जब ग़ज़नी के महमूद ने भारत पर आक्रमण आरम्भ किया[46] तब यह सांस्कृतिक सम्मिश्रण का पूरा तन्त्र लगभग तबाह हो गया। पाल, प्रतिहार और राष्ट्रकूट जैसे तीन शक्तिशाली वंशों के लगभग एक साथ पतन से पूरी तरह बिखर जाने का खतरा बढ़ गया था। उनकी सेनाएँ एक-दूसरी से इतना लम्बा लड़ी थीं कि खजाने खाली हो गये थे और सड़कें बुरी हालत में थीं। बदलती हुई राजनीतिक संरचना में सामन्ती जागीरदारों की तादाद में तेजी से इजाफा हुआ था। ग्यारहवीं शताब्दी की राजनीति की पहचान इस रूप में की जाती है जिसमें उत्पादन और प्रशासन के दो सिरों पर मौजूद किसान और राजा को जोड़नेवाली कड़ी को बिचौलियों की तादाद में भारी वृद्धि ने पहले के किसी भी समय की तुलना में बहुत कमजोर बना दिया। संवाद के तन्त्र की क्षति का अर्थ था, वर्चस्वशाली संस्कृति और भाषा के बरअक्स स्थानीय संस्कृतियों और भाषाओं की दावेदारी और साथ ही साथ *मार्ग* परम्परा में एक आत्मरक्षात्मक कठोरता। इस तरह भारत में इस्लाम के आगमन के साथ *मार्ग* बौद्धिक परम्पराओं का विकास रुक गया, यद्यपि वे कई शताब्दियों तक क्षीयमान रूप में बची रहीं। दूसरी ओर *देशी* परम्पराएँ अभूतपूर्व तरीके से विकसित होने लगीं और उन्होंने अपने लिए नयी पहचान और नया सांस्कृतिक परिदृश्य रच लिया। फिर भी, *मार्ग* और *देशी* पदों द्वारा जिन सौन्दर्यात्मक कोटियों को जाना जाता है, वे

इतनी तेजी से नहीं बदलीं, यद्यपि परम्पराओं ने अपनी भूमिका बदल ली थी। इस नयी परिस्थिति के दो महत्वपूर्ण परिणाम हुए जिन्होंने ब्रिटिश आगमन से पहले तक भाषा साहित्यों के विकास को प्रभावित किया।

पहला परिणाम था, विभिन्न क्षेत्रीय साहित्यों के बीच बढ़ता संवाद। जब संस्कृत के प्रभुत्व और बिचौलिये की उसकी भूमिका के समाप्त होने की सम्भावना हुई तो भाषा साहित्यों ने एक-दूसरे के साथ सीधे संवाद के रास्ते कायम कर लिये। इसलिए इन शताब्दियों में हमें नामदेव (मराठी और पंजाबी), विद्यापति (मैथिलि और बांग्ला), मीरा (हिन्दी और गुजराती) आदि जैसे कई बहुभाषी कवि मिलते हैं। ये बहुभाषी लेखक जिन भी भाषाओं में लिख रहे थे, वे उनके लिए समान सामाजिक स्तर की थीं। जबकि दूसरी तरफ *मार्ग* और *देशी* के बीच संवाद महज अनुवादों और लिप्यन्तरणों तक सीमित था। भाषा साहित्यों की आरम्भिक शताब्दियों में *रामायण* और *महाभारत* के विभिन्न पाठों की मौजूदगी इसका संकेत करती है। इसी तरह संस्कृत साहित्य की विषय-वस्तु पर आधारित और एकदम परम्परागत तरीके से बहुत से खंडकाव्य भी थे। लेकिन यह संवाद अब कोई जीवित संवाद नहीं रह गया था। दो भाषा साहित्यों के बीच संवाद अधिक जीवन्त था और यह अन्ततः भारतीय साहित्य के सम्भवतः सर्वोत्कृष्ट अध्याय-भक्ति काव्य में परिणत हुआ।

मार्ग और *देशी* की भूमिकाओं में बदलाव का दूसरा परिणाम साहित्यिक मूल्यों के अनुक्रम का उदय था। यह अनुक्रम अत्यन्त कठोर और बदलते हुए यथार्थ से अलग-थलग था। परम्परागतरूप से *मार्ग* परम्पराओं ने प्राचीनतम साहित्यों के लिए साहित्यिक व सौन्दर्यात्मक मान निर्धारित किये। *देशी* भदेस और अश्लील साहित्य का प्रतिनिधि था। आत्मरक्षात्मक मुद्रावाली *मार्ग* परम्पराओं में बढ़ती कठोरता के चलते राष्ट्रीय व क्षेत्रीय चीजों से सम्बद्ध मूल्य, परम्पराओं के महत्व के अनुरूप नहीं बदले। इस तरह भाषा साहित्यों में कई महत्वपूर्ण साहित्यिक रचनाओं के बावजूद उस पर से अश्लीलता का ठप्पा नहीं हटा। संस्कृत काव्यशास्त्र को न सिर्फ इंडो-इस्लामी सांस्कृतिक आक्रमण से बल्कि भाषाओं के आक्रमण से भी अपनी रक्षा करनी थी। आत्मरक्षा (या मूलतः ब्रह्मणवादी वर्गों की आत्मरक्षा जिनसे यह जुड़ी हुई थी) की सहजवृत्ति ने संस्कृत को सत्रहवीं शताब्दी तक प्रसुप्त अवस्था में जीवित रखा। जाहिर है, ऐसा कालभ्रम उसी समाज में पनपता है, जहाँ बौद्धिक विमर्श अतीत और वर्तमान दोनों ओर के अनियमित दबावों से बिखरा हुआ हो।

संस्कृत काव्यशास्त्र की पहली शताब्दी के दौरान भरत और आनन्दवर्द्धन जैसे आलोचकों ने *लोकधर्मी* या सामाजिक रूप से स्वीकार्य भंगिमाओं से सम्बद्ध कला का सम्मान किया था और *देशी* में जीवन्त बौद्धिक रुचि प्रदर्शित की थी। सुदूर अतीत में जब संस्कृत लोगों द्वारा बोली जानेवाली भाषा थी, वह श्रम और जीवन

के करीब थी। ऋग्वेद में बोलने के लिए प्रयुक्त शब्द *इला* का एक अर्थ 'भोजन' भी था और *आप्स* की देवी *वाक्* का एक अर्थ *'कठोर श्रम'* था[47]। उत्पादक जीवन से भाषा का यह गहरा जुड़ाव स्वाभाविक रूप से उसके द्वारा विकसित काव्यशास्त्र में दिखायी पड़ता था। काव्यशास्त्र की व्यवस्था का वह खुलापन ग्यारहवीं शताब्दी में उत्तर-क्लासिकल काल तक आते-आते समाप्त हो चुका था, यही ध्वनि के बाल की खाल निकालने में दिखायी पड़ता है। उत्तर-क्लासिकल पतनकाल ने व्यवस्था को और बन्द बनाया, जिसके चलते अनुक्रमात्मक मूल्य संरचना कठोर होती चली गयी। ब्राह्मणवादी बौद्धिक तबकों के निहित स्वार्थ भी अनुक्रम की कठोरता में वृद्धि और बिना अपने पतन का रचनात्मक प्रतिवाद किये मार्ग परम्पराओं का महत्व प्रतिपादित करने के लिए बराबर के जिम्मेदार थे।

इंडो-इस्लामी युग में *मार्ग* परम्पराओं पर इस्लामी सांस्कृतिक प्रभाव का वर्चस्व था, *देशी* परम्पराओं के विद्रोही सम्प्रदायों के द्वारा इसे पलटा जाता था। लेकिन भारत में ब्रिटिश औपनिवेशिक शासन के शुरुआती चरण में योरपीय भारतविद्यावादियों द्वारा *मार्ग* परम्पराओं को जोरदार लेकिन कृत्रिम साँस दी गयी। जाहिर है *मार्ग* परम्पराओं के राजनीतिक अभिप्राय और भारतविद्यावादी सांस्कृतिक इतिहास में एक साम्य था। मूल्यों की ऐसी पदानुक्रम संरचना दोनों के लिए अनुकूल थी, जिसमें विद्रोही और आत्मसम्मानवाली भाषाओं को निचला दर्जा दिया गया था। दूसरी तरफ आश्चर्यजनक रूप से वैज्ञानिक प्रगति या बौद्धिक आत्मविश्लेषण के बिना ही *देशी* परम्पराओं और भाषा साहित्यों का आजादी के लिए आन्दोलन, वृहत्तर क्षेत्रीयता का आन्दोलन था। इसलिए साहित्यालोचना के क्षेत्र में *मार्ग* से *देशी* में संक्रमण अधूरा रह गया।

समर्पणवाद और विमर्श

अति शैलीग्रस्त संस्कृत काव्यशास्त्र की परम्परा को उलट देने, तत्वमीमांसा और नीतिशास्त्र पर ब्राह्मण एकाधिकार से टकराने और क्षेत्रीय आकांक्षाओं की अस्मिता की दावेदारी के लिए भाषा साहित्यों ने जो अद्‌भुत रणनीति निकाली, वह था *भक्ति* का सौन्दर्यशास्त्र।

विभिन्न भाषाओं में अत्यन्त स्वतःस्फूर्त ढंग की कविता से विकसित *भक्ति* अपने साथ क्रान्तिकारी सामाजिक दर्शन, नयी तत्वमीमांसा व सौन्दर्यशास्त्र ले आयी। हालाँकि यह कोई व्यवस्था नहीं बल्कि आन्दोलन था। इसका अपना गतिविज्ञान था, लेकिन इसने अपने मूल्यों को सिद्धान्त के रूप में पेश करने की कोशिश नहीं की। पूरे भारतीय साहित्य के इतिहास के किसी भी अन्य काल में साहित्य सामाजिक जीवन के इतना करीब नहीं था, और न ही उसने जीवन को उतना मूलभूत तरीके से प्रभावित किया था, जितना कि भक्तिकाल में किया। इसने *मार्ग* और *देशी* परम्पराओं

के बीच स्थापित पदानुक्रम को उलटने की प्रक्रिया में एक जड़ीभूत समाज की हड्डियों में बेचैनी पैदा कर दी और काफी हद तक उसका रंग बदल दिया।

दो महान आधुनिक भारतीय चिन्तकों आनन्द के. कुमारस्वामी और श्री अरविन्द का तर्क है कि भारतीय सभ्यता के केन्द्र में एक सौन्दर्य सिद्धान्त है।[48] उनका काम इस सिद्धान्त की खोज की ओर उन्मुख था : कुमारस्वामी ने भारतीय कलाओं और हस्तशिल्प पर अपने अध्ययन के जरिये इसे खोजने की कोशिश की तो श्री अरविन्द ने रहस्यवाद की पड़ताल के जरिये। उनके तर्क की दिशा लेकर कोई कह सकता है कि वैदिक समाज के केन्द्र में वाक् (बोलना एक काम के रूप में और एक अमूर्तन के रूप में) की अवधारणा और भौतिक जगत को नियन्त्रित करने की इसकी क्षमता थी। इसी तरह उत्तर-क्लासिकल युग में खासकर शंकर के *ब्रह्मसूत्रभाष्य* में अद्वैत वेदान्त का दर्शन स्फोट और ध्वनि (विस्फोट और अर्थ के सुझाव या अर्थ) की अवधारणा के इर्द-गिर्द संगठित की गयी थी। *वाकारम्भनंविकारो* (बोलने को धारण करना रचना है)[49] की उनकी उद्‌घोषणा पर अनेक वेदान्तियों ने टिप्पणी की है। इस पर शंकर की टिप्पणी है :

उस शब्द की प्रकृति क्या है जिसके बारे में कहा जाता है कि, ब्रह्मांण की उत्पत्ति 'शब्द' से हुई है। पूर्वपक्षियों का कहना है कि यह स्फोट है। इस धारणा की पुष्टि नहीं की जा सकती कि समस्त देवताओं की उत्पत्ति वेदों के शाश्वत शब्दों से हुई है, क्योंकि अक्षर उत्पन्न होते ही नष्ट हो जाते हैं...इसका अर्थ है कि स्फोट वह शब्द है। शब्द के विभिन्न अक्षरों का बोध करने के पश्चात बोध की अभिकर्ता बुद्धि एक प्राथमिक प्रभाव प्राप्त करती है। उन प्रभावों के परिपक्व होने के—अर्थात् शब्द के अन्तिम अक्षर का बोध होने के—बाद स्फोट स्वयं को बुद्धि में बोध की एकीकृत मानसिक कार्रवाई के बतौर प्रकट करता है...उस स्फोट की पहचान उसी रूप में होती है, जिस रूप में शब्द का उच्चारण किया जाता है, यह शाश्वत है...इस शाश्वत शब्द में, जो स्फोट जैसी प्रकृति का होता है, सूचक शक्ति होती है, यहीं सूच्य वस्तु पैदा होती है, जैसेकि यह दुनिया जो कार्यव्यापार, कर्ता और कार्य के परिणामों से युक्त है।[50]

इस तरह *स्फोट* शंकर के दर्शन की सबसे महत्वपूर्ण अवधारणा है, जो क्लासिकल भारत का सबसे विशिष्ट बौद्धिक उत्पाद था। पिछली सहस्राब्दि के *'वाक्'* और *'स्फोट'* की तरह ही इस सहस्राब्दि में करीब पाँच शताब्दियों (चौदहवीं से अठारहवीं शताब्दी तक) के लिए भारतीय संस्कृति के केन्द्र में जमने के लिए भक्ति आ गयी। *वाक्* और *स्फोट* दोनों ही *मार्ग* परम्परा के उत्पाद थे जबकि भक्ति भाषा साहित्यों की *देशी* परम्पराओं से उपजी थी। इसके साथ ही स्थापित सांस्कृतिक पदानुक्रम उलट दिया गया।

फ्रांसीसी विद्वान लुइस रेनो (1896-1966) के मम्मट के काव्यशास्त्र के अध्ययन

की अन्तर्दृष्टि हमें भक्ति आन्दोलन द्वारा किये गये बदलावों के प्रभावों को समझने में मददगार होगी। ग्यारहवीं शताब्दी के मम्मट के ग्रन्थ *काव्यप्रकाश* के अध्ययन में रेनो स्थापित करते हैं कि मम्मट द्वारा प्रयुक्त व्याकरणीय रूपों और उनके काव्यशास्त्र की अन्तर्वस्तु में काफी समानता है।[51] यदि इस तर्क का विस्तार करें तो पता चलता है कि भारत में सतत भाषाई बदलाव और भाषाओं का सतत उत्थान और पतन, विश्व-दृष्टि में भी उसी तरह के संक्रमण का संकेतक है। इसलिए एक साथ कई नयी भाषाओं में भक्ति काव्य के उदय को काल, भाषा और आत्म जैसी बुनियादी अवधारणाओं के सामाजिक, सौन्दर्यमूलक और दार्शनिक सम्बन्धों में बुनियादी बदलाव का संकेतक माना जा सकता है।

भाषा साहित्यों के उदय के पूर्व भारत में काल की अवधारणा की दो व्याख्याएँ थीं—एक दार्शनिक और दूसरी गणितीय। दार्शनिक अवधारणा, जीवन की उत्पत्ति व विकास से सम्बन्धित अनेकानेक मिथकों और दार्शनिक ग्रन्थों जैसे कि चौथी शताब्दी के जैन विचारक कुन्दकुन्द के *पर्वकंसार* आदि में मौजूद है। वे समय को बहुत बारीकी से एक आपेक्षिक परिघटना के रूप में व्याख्यायित करते हैं :

किसी भी स्थान के विमीय बिन्दु अन्य पदार्थों के विमय बिन्दु होते हैं (समय को छोड़कर)। अणु का कोई विमीय बिन्दु नहीं होता लेकिन उसे विमीय बिन्दु के विकास के रूप में व्याख्यायित किया जाता है। लेकिन किसी क्षण का कोई विमीय बिन्दु नहीं होता। यह तब घटित होता है जब एकल विमीय बिन्दुवाला पदार्थ किसी स्थान के एक विमीय बिन्दु को पार करता है।[52]

गणितीय राशि के रूप में काल को दो रूपों में प्रस्तुत किया गया था—चक्रीय गति की भौंड़ी काव्यात्मकता के रूप में (दुर्भाग्य से इसे भारत के एकमात्र कालबोध के रूप में जाना जाता है) और व्यवस्थित वैज्ञानिक रेखीय गति के रूप में। शायद इन धारणाओं का सर्वोत्तम अभिलेख ग्यारहवीं शताब्दी के अरबी विचारक अल बरूनी के संस्मरणों में मिलता है। अल बरूनी ने भारत में 1030 ई. के आस-पास के बौद्धिक विकासों को बहुत परिशुद्धता के साथ दर्ज किया। गणित और खगोलविद्या उसकी रुचि के विशेष क्षेत्र थे। 'काल के विभिन्न प्रमुख मापकों, धार्मिक व खगोलीय सम्बन्धों और सम्बन्धित विषयों के बारे में' शीर्षक अध्याय में वह भारत में काल मापन के प्रचलित तरीकों के बारे में लिखता है :

अवधि या काल केवल सृष्टा के युग पर लागू होता है, जो आदि और अन्त द्वारा निर्धारित नहीं होता। वे सामान्यतया इसे आत्मा या पुरुष कहते हैं। लेकिन जहाँ तक सामान्य काल की बात है जो गति द्वारा निर्धारित होता है, उसके हिस्से आत्मा के अलावा अन्य जीवों पर लागू होते हैं। इस तरह कल्प सदैव ब्रह्मा के सन्दर्भ में प्रयुक्त होता है, यह उसके लिए एक दिन और रात के बराबर है, और उसका जीवन

इससे निर्धारित होता है। हर मनवन्तर का एक विशिष्ट, गुणोंवाला विशेष मनु होता है, जिसके बारे में पहले के अध्याय में लिखा गया है। दूसरी तरफ मैंने कभी भी चतुर्युग या युगों के बारे में नहीं सुना।[53]

अल बरूनी के उद्धरण का अन्तिम सन्दर्भ मानव के विकास के बारे में सांख्य के दृष्टिकोण से सम्बन्धित है, जिसमें मनुष्य के विकास को 'उल्टा' यानी *सत्ययुग* से *कलियुग* प्रकाश से अन्धकार युग की ओर माना गया है। यह रेखांकित करना महत्वपूर्ण होगा कि ग्यारहवीं शताब्दी के बाद सांख्य संशोधन की प्रक्रिया में जाता है और काल की शुरुआती अवधारणा को छोड़ देता है।[54] दूसरी ओर भाषाओं का अभ्युदय काल के बारे में नयी दृष्टि लाता है। ज्ञानेश्वरी का अन्तिम हिस्सा *पस्यदान* मानवजाति के बेहतर भविष्य में दृढ़ विश्वास प्रकट करता है। वर्तमान क्षण से अलग भविष्य और अतीत की स्पष्ट धारणा नयी भाषाओं के साथ विकसित होती है। इतिहासकार हमें बताते हैं कि इस समय नये तरह का इतिहास लेखन छोटे भौगोलिक क्षेत्रों—जैसेकि कश्मीर और नेपाल—में भी शुरू हो गया था।[55] कल्हण की *राजतरंगिणी* (बारहवीं शताब्दी, संस्कृत) और हेमचन्द्र की परिशिष्टपर्वम् (बारहवीं शताब्दी, संस्कृत) इतिहास आधारित आख्यानों के प्रसिद्ध उदाहरण हैं। भारत में इस्लाम के आगमन ने इतिहास में रुचि इस हद तक बढ़ा दी कि चौदहवीं शताब्दी में जियाउद्दीन बर्नी की *तारीख-ए-फिरोजशाही* (1357) जैसी इतिहास की जबरदस्त पुस्तक हमारे पास होती है।

इतिहास में नयी रुचि को भाषाओं द्वारा स्वयं के काल और इसीलिए परम्परा के साथ नये और अधिक व्यावहारिक सम्बन्ध को परिभाषित करने के रूप में देखा जा सकता है। इसी तरह भक्तिकाल ने भाषा और आत्म की अवधारणाओं में क्रान्तिकारी बदलाव किये। भाषा संस्कृति का मुख्य जोर इन अवधारणाओं और इनसे सम्बन्धित अन्य अवधारणाओं को मानवीय बनाने पर था। देवभाषा संस्कृत को मातृभाषा के लिए त्याग दिया गया था। ब्रह्म और आत्म (सार्वभौम सिद्धान्त और आत्म) के बीच के सम्बन्धों के बारे में शंकर की निर्वैयक्तिक दार्शनिक धारणा की जगह देव और मनुष्य के बीच कहीं अधिक व्यक्तिगत और अन्तरंग सम्बन्धों ने ले ली थी। इसीलिए मीरा जैसी सन्त ग्वाल कृष्ण को अपना मित्र घोषित करती हैं (मेरे तो गिरिधर गोपाल, दूसरो न कोई)। यहाँ तक कि अन्दरूनी जीवन के मसले भी पारिवारिक ढाँचे के भीतर समझे जाते थे : कृष्ण पति या प्रेमी बन गये, विट्ठल और ज्ञानदेव माँ, मौलि और भक्त कभी बच्चे तो कभी कृष्ण के खेल के साथी बन गये।

भारतीय समाज के मनोवैज्ञानिक विश्लेषणात्मक अध्ययनों में भक्ति की धारणा पर हाल में काफी ध्यान दिया गया है। सुधीर कक्कड़ ने भारतीय बचपन के अपने अध्ययन में कृष्ण-भक्ति पर लम्बी टिप्पणी की है, जिसमें वे भक्ति को अन्तर्मन की

त्रासकारी प्रवृत्तियों के निर्मोचन का माध्यम मानते हैं :

भक्ति का समाज-मनोवैज्ञानिक अर्थ है कि वह ऐसी 'लोकतान्त्रिक' फैंटेसी की रचना करती है, जो कठोर संरचनावाली और श्रेणीबद्ध समाज व्यवस्था द्वारा जीवन पर थोपे गये आन्तरिक व बाहरी दमनों का हरण कर लेती है। परम्परागत आचरण के नियम, सामाजिक समूहों के बीच सम्बन्ध, खासकर स्त्री-पुरुष सम्बन्ध, कृष्ण भक्ति में टूट जाते हैं।[56]

कक्कड़ कृष्ण के प्रतीक को मनोजगत से अराजक और सहज प्रवृत्तियों के विरेचन के उपादान के रूप में देखने के साथ-साथ यूटोपियाई समाज व्यवस्था की फैंटेसी को पूरा करनेवाले प्रतीक के रूप में देखते हैं। यह व्याख्या स्पष्ट कर देती है कि सभी भाषाई दीवारों को तोड़ते हुए पूरे भारत को लम्बे समय तक अपने दायरे में लेनेवाले भक्ति काव्य ने अपना केन्द्रीय प्रतीक किसी दुर्घटनावश नहीं चुना था। यह चुनाव संस्कृति की अत्यन्त कठोर और वर्चस्वशाली *मार्ग* परम्परा के विरुद्ध संस्कृति की ऊर्ध्व, क्षेत्रीय और *देशी* परम्परा के पक्ष में जाता है। जाहिर है, उस काल में कृष्ण भक्ति ही भक्ति का एकमात्र रूप नहीं था। हिन्दी में तुलसीदास और मराठी में रामदास जैसे कवियों को राम से प्रेरणा मिलती थी। सूफी कवियों ने आदर्शीकृत स्त्री सिद्धान्त के बारे में लिखा और मराठी में दत्ता पन्थी साहित्य की मजबूत परम्परा का उदय हुआ। फिर भी, इस बात से इंकार नहीं किया जा सकता कि बालक देवता कृष्ण ने भक्ति का मुख्य आधार मुहैया कराया।

भक्ति काल के दौरान भारत के विभिन्न हिस्सों में कृष्ण भक्ति के अलग-अलग स्थानीय रूप लोकप्रिय हुए। वृन्दावन और मथुरा के भौगोलिक इलाके में विकसित हुए पन्थों से कृष्ण के जीवन सम्बन्धी अनेक मिथक जुड़ गये। महाराष्ट्र में कृष्ण का स्थानीय रूप विट्ठल या विठोबा की पूजा की जाती थी। यह पंढरपुर के देवता विठोबा ही हैं, जिनके इर्द-गिर्द *वारकरी* सम्प्रदाय विकसित हुआ। इसने अपने धर्मग्रन्थों में ज्ञानदेव, नामदेव, एकनाथ, तुकाराम जैसे मराठी के महान कवियों की रचनाओं को शामिल किया। ज्यादातर भाषाओं में कृष्ण का जीवन और उससे जुड़े हुए कुछ प्रसंग खासकर अवचेतन के आवेगों और मुक्त कामुकता के प्रसंग कवियों के लिए प्रेरणा के स्रोत बन गये। उदाहरण के लिए कृष्ण के रुक्मिणी से विवाह के प्रेम प्रसंगों के बारे में बहुत सी कविताएँ लिखी गयीं। यह भक्ति साहित्य का जबरदस्त उभार, इस्लामी शासन के शिखर के समय भारतीय समाज में हो रहे बुनियादी बदलावों का प्रत्यक्ष सूचकांक था। भक्ति जीवन के किसी एक क्षेत्र में सीमित आन्दोलन नहीं था। यह एक मिश्रित अवधारणा और व्यापक आन्दोलन था। मध्यकालीन भारत के पास यह मार्ग परम्पराओं के वर्चस्व और संस्कृत काव्यशास्त्र की अत्यधिक जटिलताओं के विकल्प की तरह था।

भक्ति काव्य भाषा साहित्यों के उभार का स्वाभाविक परिणाम था। भक्ति ने भावुकता को प्रवाहित किया जो पहले क्लासिकल भारतीय साहित्य में परम्पराओं और सख्ती से निर्धारित सामाजिक नैतिकता के कठोर नियन्त्रण में थी। उनके खिलाफ विद्रोह करने और अनियन्त्रित भावुकता की ओर जाने के जरिये भक्ति ने स्वयं को तर्कसंगत विचारों पर आधारित बौद्धिक व्यवस्था विकसित करने में सक्षम बनाया। इसके पास क्रान्तिकारी सामाजिक-राजनीतिक प्रेरणा थी, लेकिन यह प्रेरणा प्रतीकवाद और रहस्यवाद के जरिये विकसित हुई और बौद्धिक विमर्श को सूत्रबद्ध करने के लिए आवश्यक तार्किक शक्ति हासिल नहीं कर सकी। इसलिए इसमें आश्चर्य नहीं कि भक्ति के काव्यशास्त्र को व्यवस्थित करने के लिए बहुत कम सिद्धान्तकार थे। भारत में बारूद, कागज और इस्लाम के आगमन से बहुत पहले चौथी शताब्दी में भरत ने रसों की स्थापना की थी। भक्ति को रसों में शामिल कराने के कुछ कमजोर प्रयास भी हुए।

नाट्यशास्त्र में भरत ने नाट्य और काव्य द्वारा उत्पन्न सौन्दर्यात्मक भावों के बतौर रसों के आठ प्रकार प्रस्तावित किये थे। बाद के संस्कृत सिद्धान्तकारों ने 'शान्त' को नवें रस के रूप में मानना शुरू कर दिया। इसे सभी रसों की आरम्भिक अवस्था के रूप में माना जाने लगा जिसे महाभारत जैसे महाकाव्य को पैदा करना चाहिए। भक्ति काव्य के 'संस्कृतकरण की प्रक्रिया' के हिस्से के रूप में भक्ति को स्थापित रसों की सूची में शामिल कराने के प्रयास उन सन्तों और लेखकों की ओर से किये गये जो वृहत्तर परम्परा से भावनात्मक रूप से ज्यादा लगाव महसूस करते थे। भक्तिरस को एक विशिष्ट दर्जा देनेवालों में सबसे महत्वपूर्ण टिप्पणीकार रूप गोस्वामी (1470-1554) हैं। अपने ग्रन्थ *भक्तिरसामृतसिन्धु* (1541-2) में रूप गोस्वामी भक्ति को *मधुररात्रि* के जरिये प्राप्त सौन्दर्यात्मक आनन्द, कृष्ण के संयोग और प्रेम के आनन्द के बतौर प्रस्तावित करते हैं। नये रस की व्याख्या करने में उन्होंने भरत के सिद्धान्तों और अभिनवगुप्त की उनकी व्याख्याओं के सभी उपकरणों का इस्तेमाल किया। जाहिर है रूप गोस्वामी से बारह सौ साल पहले सूत्रबद्ध किये गये सिद्धान्त के इस विस्तार से काव्य के किसी नये सिद्धान्त की रचना नहीं हुई। लम्बे अन्तरालों में सर्वाधिक बुनियादी अवधारणाओं के अर्थों में कई बदलाव हुए। उदाहरण के लिए भरत ने शृंगार (काम या स्त्री-पुरुष सम्बन्ध) को सौन्दर्यात्मक भावों में से एक माना था। उनके समय में किसी को भगा ले जाना शृंगार का वैध तरीका था। *राक्षस विवाह,* जबरन विवाह, जो आर्यों के भारत पर आक्रमण की आरम्भिक शताब्दियों में औपनिवेशिक मुठभेड़ का अवशेष रहा होगा, शृंगार के एक रूप के बतौर स्वीकृत था। लेकिन, अलाउद्दीन खिलजी की मृत्यु (1316) के समय तक आते-आते बाहरी सेनाओं द्वारा की जानेवाली हिंसा ने शृंगार की अन्तर्वस्तु को *करुणा* या *शोक* में

बदल दिया था। जब श्रृंगार रस की अवधारणा की गयी थी उस समय समाज में स्त्री-पुरुष सम्बन्धों में एक हद तक प्राकृतिक स्वतन्त्रता थी। लेकिन यह स्वतन्त्रता आरम्भिक इस्लामी काल में लगभग समाप्त हो गयी और इस समय महिलाओं के खिलाफ अपराधों में वृद्धि हुई। *राक्षस विवाह, गन्धर्व विवाह* आदि पहले के काव्य के विषय थे। अब ऐसा विवाह केवल हिंसक और दुखद अनुभव हो सकता था। इस तरह पूरी तरह बदले हुए सांस्कृतिक सन्दर्भ में रस सिद्धान्त का प्रयोग निरर्थक है। यह अलग से कहने की जरूरत नहीं कि रूप गोस्वामी के सिद्धान्त ने भक्ति साहित्य को संस्कृत का प्रमाणपत्र देने के अलावा और कुछ नहीं किया। पी.वी. काणे के शब्दों में, "रूप गोस्वामी भक्ति सिद्धान्त को कृष्ण केन्द्रित और रस सिद्धान्त की शब्दावली व वेश में पेश करने के लिए उतावले थे।"[57] रस सिद्धान्त पर उनकी चर्चा अपने प्रयोजन और अभिप्राय दोनों में बहुत सीमित थी और संस्कृत काव्यशास्त्र के रस और ध्वनि सिद्धान्तों का स्थान लेने में अक्षम थी।

चूँकि भक्ति काव्य का मुख्य मकसद *मार्ग* परम्पराओं और तार्किक रूप से कठोर दार्शनिक व्यवस्थाओं की परम्पराओं का विरोध करना था, इसलिए सिद्धान्त के प्रति इसका रुख उदासीन ही रहा। इसने काव्य की शैली और मुहावरे के साथ हर तरह के प्रयोग किये और काव्य की स्थापित परम्पराओं को बदल दिया लेकिन काव्य के किसी नये सिद्धान्त को गढ़ने की कोशिश नहीं की। जब संस्कृत की बौद्धिक परम्पराओं में पले हुए कुछ बुद्धिजीवियों द्वारा ऐसे प्रयास हुए भी तो वे अत्यधिक समावेशी और सैद्धान्तिक रूप से कमजोर थे। मधूसूदन सरस्वती का *भक्तिरसायन* ऐसा ही प्रयास था। इस पर टिप्पणी करते हुए आर.बी. पाटणकर संकेत करते हैं कि क्लासिकल संस्कृत काव्यशास्त्र में सुपरिभाषित *साधारणीकरण* की अवधारणा को यह उलझा देता है। पाटणकर लिखते हैं :

रोजमर्रा के जीवन में हम दुष्यन्त को एक व्यक्ति की तरह देखते हैं, नाटक के अनुभव में हम दुष्यन्त का साधारणीकरण देखते हैं। लेकिन वह जरा भी दुष्यन्त नहीं है, मनुष्य मात्र है। लेकिन कृष्ण के साधारणीकरण के बारे में क्या धारणा हो सकती है, जो काव्य और नाटक के दायरे के बाहर भी पहले से ही साधारणीकृत हैं? भक्ति और उसके आलम्बन के रूप में कृष्ण के आते ही अपने-आप भक्तिरस बन जाता है और भक्त स्वतः ही रसिक बन जाते हैं। यदि विशुद्ध आनन्द को साहित्यानुभव का मानक मान लिया जाये तो भक्तिरस सर्वोत्तम रस बन जाता है। क्योंकि कृष्ण जगत के सर्वोच्च आधार हैं और विशुद्ध आनन्द के स्वरूप हैं।[58]

जिस तरह भरत ने अन्य सौन्दर्य भावनाओं के सन्दर्भ में साधारणीकरण की समस्या को हल किया था, यदि उसी तरह भक्ति रस भी कर पाता तो यह भक्ति काव्य के सन्दर्भ में व्यावहारिक साहित्य सिद्धान्त बन सकता था। भक्ति काव्य के

सिद्धान्तकारों में वैसी दार्शनिक श्रमशीलता नहीं थी। उनका मुख्य लक्ष्य परम्परागत भारतीय प्रविधियों-परम्परा को विस्तारित करके उसे प्राचीनतम बनाने की प्रविधि—का इस्तेमाल करके नये अनुभवों को प्राचीन वस्तु में बदलने तक सीमित था।

भक्ति साहित्य की सैद्धान्तिक अक्षमता और संस्कृत काव्यशास्त्र की कठोरता के संयोग के कारण भाषा साहित्यों के उदय के साथ ही भारत में आलोचना बौद्धिक विमर्श का क्षेत्र नहीं रह गयी। यहाँ 'विमर्श' शब्द की व्याख्या आवश्यक हो सकती है, क्योंकि यह वर्तमान आलोचना की शब्दावली में अनेक तरह ये व्यवहृत है। वर्तमान उद्देश्य के लिए मुझे इस शब्द की पाणिनी द्वारा *सूत्रपथ* (ई.पू. चौथी शताब्दी) में की गयी प्राचीनतम परिभाषा पर्याप्त लगती है। यह इस बहस में निहित है :

पूर्वपक्ष : *उपदिष्ट* का क्या आशय है

सिद्धपक्ष : उच्चारित

पू. : इसका यह मतलब कैसे हुआ... किसके द्वारा उच्चारित

सि. : शिष्ठों द्वारा

पू. : शिष्ठ कौन हैं

सि. : वैय्याकरण

पू. : कैसे

सि. : शास्त्र के ज्ञाता को शिष्ठ कहा जाता है और वैय्याकरण शास्त्र (व्याकरण का) को जानते हैं।

पू. : यदि मनुष्य शास्त्रों द्वारा शिष्ठ बनाया जाता है और शास्त्र मनुष्यों के शिष्ठ होने पर निर्भर करते हैं, तो यह चक्रीय तर्क है। चक्रीय तर्क नहीं माना जाता...

सि. : ठीक है। शिष्ठ का चरित्र उस देश द्वारा किसी को दिया जाता है, जिसमें वह रहता है।[59]

पाणिनि के कहने का आशय है कि ज्ञान को तब तक ज्ञान का दर्जा हासिल नहीं होता जब तक कि उसे सामाजिक स्वीकृति हासिल न हो। बौद्धिक विमर्श सामाजिक रूप से वैधता प्राप्त व्यवस्थाएँ हैं, ये *उपदिष्ट* या व्यवस्थित क्रम में सज्जित भी हैं। पाणिनि की चर्चा भाषाओं के ज्ञान की व्यवस्था के बारे में है। वे विमर्श की न्यूनतम तीन शर्तों का उल्लेख करते हैं : इसे अपने-आपसे बाहर की किसी चीज के बारे में ज्ञान होना चाहिए, इसे अच्छी तरह क्रम में होना चाहिए और इसे ज्ञान की व्यवस्था के बतौर सामाजिक स्वीकृति होनी चाहिए। इसे विमर्श की परिभाषा मान लेने के बाद कहा जा सकता है कि साहित्यालोचना को बौद्धिक विमर्श का दर्जा तब हासिल होता है जब यह साहित्यिक रचना, तर्कसंगत ढंग से सूत्रबद्ध सिद्धान्त और दोनों के बीच संवाद के लिए सामाजिक स्वीकृति के साझे बिन्दु पर खड़ी होती है।

भक्ति आन्दोलन ने आलोचना के आत्मसजग बौद्धिक विमर्श के बिना ही

तीव्र समर्पणवाला विपुल साहित्य पैदा किया। *मार्ग* और *देशी* परम्पराओं के जटिल संजाल के टूट जाने के कारण भक्ति आन्दोलन ने साहित्य के किसी नये सिद्धान्त की शुरुआत नहीं की। समाजशास्त्रीय तौर पर भक्ति काव्य उत्पीड़ित वर्गों द्वारा, संस्कृति और आध्यात्मिक ज्ञान पर ब्राह्मणवादी वर्चस्व के खिलाफ पेश की गयी चुनौती था। फिर भी यह चुनौती ज्ञान के प्रसार की औपचारिक व्यवस्था में सेंध नहीं लगा सकी।

प्राचीन भारत की तरह ही मध्यकालीन भारत में भी औपचारिक शिक्षा के विद्यालयों और उच्च शिक्षा संस्थानों पर ब्राह्मणवादी वर्गों का नियन्त्रण बना रहा। भक्ति के उदय की प्रतिक्रिया में यह नियन्त्रण और कठोर हो गया। पूर्ववर्ती कालों में भारतीय दर्शनों और बौद्धिक आन्दोलनों ने सम्मानजनक अकादमिक स्तर की आकांक्षा की थी और उसे प्राप्त कर लिया था। उदाहरण के लिए पाणिनि और शंकर जैसे चिन्तकों ने अपने विचारों को आगामी पीढ़ियों तक पहुँचाने के लिए शैक्षणिक प्रविधियों को बड़ी सावधानीपूर्वक निर्मित किया था। इस सतर्क अकादमिक रुचि के विपरीत भक्ति कवियों ने औपचारिक विद्वतापूर्ण प्रशिक्षण को जीवन के सत्य को समझने के मार्ग में बाधक के रूप में और ऐसे पुराने ढाँचे के रूप में देखा जो जीवन की नयी धारणाओं के साथ तालमेल बैठाने के प्रति अनिच्छुक था। औपचारिक शिक्षा के प्रति अवज्ञा के भाव का एक उदाहरण रामदास के *दासबोध* में देखा जा सकता है। बार-बार याद आनेवाली सुन्दर कविताओं (कुल इकतालीस) में से अपने महाकाव्य के दूसरे भाग के दसवें हिस्से में सत्रहवीं शताब्दी के मराठी सन्त-कवि *पढ़तमूर्ख* के गुणों का उल्लेख करते हुए उसे बिना बुद्धिमत्ता के ज्ञान के मूर्त रूप के बतौर बताते हैं। एक कविता इस तरह है : “नाहि भक्तिक साधन, नाहि वैराग्य न भजन, क्रियेविना बोले ब्रह्मज्ञान, तो एका पढ़तमूर्ख” (पढ़ा लिखा मूर्ख वह है जो बिना भक्ति, वैराग्य, भजन और कर्म के लिखित ज्ञान को जानता है)।[60]

आश्रय देने की प्रचलित प्रवृत्ति ने इस वर्ग संघर्ष को और तीखा कर दिया। भक्तिकाल में प्रमुख राजनीतिक ढाँचा सामन्ती था। यद्यपि पूरे उपमहाद्वीप की केन्द्रीय सत्ता के भीतर असहमति राजनीतिक इतिहास का सतत हिस्सा था, लेकिन लोकप्रिय स्तर पर असहमति को भी शासक उतना ही खतरनाक मानते थे। इसलिए भक्ति साहित्य का स्वागत उन वर्गों ने नहीं किया जो साहित्य को राजनीतिक आश्रय देने में सक्षम थे। भक्ति साहित्य के चरम राजनीतिक विरोध का एक उदाहरण नानक की कविताओं द्वारा प्रेरित सिखों की हत्या है। दूसरा उदाहरण उससे पाँच शताब्दी पहले अल्लामा प्रभु और बासवन्ना द्वारा प्रेरित कन्नड़ के वीरशैव सम्प्रदाय के अनुयायियों पर क्रूर सामन्ती हमला है। बासवन्ना की अनेक कविताओं में हमें इस अत्याचार की झलक मिलती है :

मैं व्यभिचार के लिए गयी
लेकिन मुझे धोखा मिला
मैं एक भग्न दीवार के पीछे गयी
लेकिन बिच्छुओं ने डंक मारा
मेरी चीख सुननेवाले चौकीदार ने
मेरे कपड़े उतार लिये
मैं शर्म में डूबी घर गयी
मेरे पति ने पीठ पर निशान उभार दिये
हे नदियों के संगम के देवता, शेष जो कुछ भी बचा था
राजा ने जुर्माना वसूल लिया।[61]

शायद यह कहना ज्यादा उपयुक्त होगा कि मार्ग परम्पराओं ने भक्ति के केवल धर्मतत्व विषयक अर्थ को स्वीकार किया और विद्रोही अध्यात्मवाद को नजरअन्दाज किया। इस तरह शासक वर्ग पूरे मध्यकाल में संस्कृत आधारित औपचारिक शिक्षा को व्यवधान रहित तरीके से आश्रय प्रदान करते रहे। जब आश्रयदाता मुसलमान शासक हुए तो संस्कृत के साथ फ़ारसी और अरबी जुड़ गयी। दूसरे शब्दों में कहें तो औपचारिक शिक्षा का सम्बन्ध *मार्ग* से है और जीवन की जटिलताओं का अनुभव *देशी* के मुहावरे में समझा और व्यक्त किया जाता था।

जीवनानुभव और औपचारिक ज्ञान के बीच का विभाजन भक्ति साहित्य के लिए प्रासंगिक आलोचनात्मक विमर्श के न जन्म लेने का मूल कारण है। साहित्य भाषाओं में लिखा जा रहा था जबकि आलोचना संस्कृत और विद्वानों व लेखकों के बिखरे हुए समुदायों के जरिये जीवित थी, जिन्होंने सुविधानुसार दोनों में से कुछ चीजों को महत्व दिया। साहित्येतिहास की पाश्चात्य धारणाओं से परिचित आधुनिक मस्तिष्कवाले लोगों को यह स्थिति समझने में दिक्कत महसूस हो सकती है। इस स्थिति के बारे में स्थापित दृष्टिकोण इसे एक असफलता, रोगग्रस्तता, निर्वात और अयोग्यता जैसे शब्दों से व्याख्यायित करता है। फिर भी भाषाओं में उच्च कोटि का साहित्य रचा गया और उन्हें एक अनुशासन के रूप में आलोचना से पूर्ण अनभिज्ञता भी नहीं थी, इसलिए यह मानना गलत होगा कि लगभग आधी सहस्राब्दि के लिए भारतीय साहित्यों ने अपना आलोचनात्मक बोध खो दिया था। यह कहना अधिक उपयुक्त होगा कि आलोचना एक विमर्श, साहित्य के बारे में बौद्धिक दायरे की एकभाषी व्यवस्था नहीं बनी। लेकिन यह बहुसांस्कृतिक, बहुभाषी उद्यम बनी रही। बहुसांस्कृतिकता और बहुभाषिकता को महान सांस्कृतिक असफलता और बीमारी का लक्षण सिर्फ इसलिए नहीं मान लेने की जरूरत है कि पाश्चात्य साहित्येतिहास में उनका कोई जोड़ीदार नहीं है। पहले वे राजनीतिक और सामाजिक जरूरतें थीं

और श्रद्धा के व्यावहारिक उपयोग और उसकी वैधता में सन्निवेशित थीं। वास्तव में यह भारतीय साहित्यबोध में भक्ति काल का अभूतपूर्व योगदान है। भक्ति साहित्य बहुभाषिकता के साथ एकदम सहज था। अपराधबोध ऐसा तत्व है जिसे भारतीय बोध में ब्रिटिश औपनिवेशिक काल में खासकर भारत में अंग्रेज़ी शिक्षा की शुरुआत के साथ जोड़ा गया। ब्रिटिश सम्पर्क के आरम्भिक दिनों में भारतीय मानस बहुसांस्कृतिकता और बहुभाषिकता को अस्तित्व की अनिवार्य शर्त के रूप में देखता था। और इसे योरप के एकभाषी एक संस्कृतिवाले राष्ट्रवाद से प्रेरित भारतीय राष्ट्रवाद के चरम के दिनों में भी बनाये रखा। अब हम देखेंगे कि बहुभाषिकता और बहुसांस्कृतिकता की स्थानीय परम्पराओं को संरक्षित करने के लिए भारतीयों ने ब्रिटिश के साथ कैसे समझौते किये।

औपनिवेशिक ढाँचा : शहर और छावनी

भारत में औपनिवेशिक ब्रिटिश शासन की एक विशिष्टता भारतीय समाज और भूमि के अन्दरूनी हिस्सों में पैठ करने के प्रति उसकी अनिच्छा थी। औपनिवेशिक ब्रिटिश की व्यावहारिक चिन्ता अपनी सांस्कृतिक पहचान को बचाये रखने के प्रति थी, न कि भारतीय संस्कृति को गुलाम बनाने की कोई आदर्श इच्छा थी। जब भी सचेत ढंग से सांस्कृतिक प्रभावों को थोपा गया तो उसके कारण हमेशा ही भौतिक और व्यावहारिक थे। इसलिए सांस्कृतिक अन्तःक्रिया एक व्यापक टकराव और सहयोग की प्रवृत्ति थी। एंग्लो-भारतीय औपनिवेशिक संरचना की सबसे महत्वपूर्ण विशेषता दोहरेपन के प्रति सहनशीलता और चरम विकल्पों के चुनाव के प्रति अनिच्छा थी।

ईस्ट इंडिया कम्पनी के विस्तार के आरम्भिक वर्षों (1616-1757) में ब्रिटिश बस्तियाँ सूरत, बॉम्बे, कोचीन, मद्रास और कलकत्ता जैसे तटीय व्यापारिक बन्दरगाहों तक सीमित थीं। 1757 के प्लासी के युद्ध में क्लाइव की जीत के चलते बंगाल कम्पनी के सीधे शासन में आ गया। औपनिवेशिक संस्कृति के विद्यार्थियों को यह बात रुचिकर लगेगी कि क्लाइव द्वारा स्थापित शासन व्यवस्था को दोहरी प्रणाली के रूप में जाना जाता था, जिसमें प्रशासकीय शक्तियाँ नवाब के हाथों में दी गयी थीं, जबकि सैन्य व मुक्त व्यापार की शक्ति कम्पनी के हाथों में थी। पूरे औपनिवेशिक काल में बाद की कई अन्तःक्रियाओं में दोहरापन एक विशिष्टता बना रहा। 1818 में भारत पर पूरी तरह ब्रिटिश आधिपत्य स्थापित हो गया। यही मराठा प्रतिरोध की समाप्ति का भी वर्ष है। फिर भी बहुत से स्वतन्त्र रजवाड़े, जो परोक्ष रूप से ब्रिटिश द्वारा नियन्त्रित थे, पूरे औपनिवेशिक भारत के नक्शे पर देखे जा सकते हैं। अंग्रेज़ों ने 1857 के विद्रोह से 1947 में आजादी मिलने तक के औपनिवेशिक शासन के नब्बे वर्षों में राजनीतिक विभाजन को बरकरार रखा। इस चरण में भारत की सीमा ब्रिटिश

भारत—जो प्रत्यक्ष ब्रिटिश प्रशासन के नियन्त्रण में था और राजसी भारत—जिसमें 362 रियासतें थीं जिनकी ब्रिटिश के साथ विभिन्न प्रकार की राजनीतिक सन्धियाँ थीं, में विभाजित थी। यद्यपि सारी रियासतें 1947 के बाद भारतीय संघ में शामिल कर ली गयीं, लेकिन राज्य और केन्द्र में शक्तियों का बँटवारा करनेवाला संघीय ढाँचा क्लाइव की दोहरी प्रणाली के बारे में स्पष्ट संकेत करता है। जब बंगाल में दोहरी व्यवस्था लागू की गयी, उस समय यह कोई स्थापित पश्चिमी विचार नहीं था। यह विचार योरपीय पाठ्यपुस्तकों में भी मौजूद नहीं था। यह विचार औपनिवेशिक बंगाल में औपनिवेशिक ब्रिटिश और औपनिवेशिक भारतीयों द्वारा संयुक्त रूप से विकसित किया गया था और यह एक हद तक भारतीय अवधारणा थी। किसी अन्य ब्रिटिश उपनिवेश ने ऐसी अवधारणा विकसित नहीं की। यह भारतीयों द्वारा इस गठजोड़ में शामिल होने की इच्छा के चलते सम्भव हो सका।

यह गठजोड़ 1857 के विद्रोह के साथ समाप्त हो गया और अब अन्तःक्रिया ने सहयोग और संघर्ष का जटिल चरित्र ग्रहण कर लिया। इससे पहले औपनिवेशिक ब्रिटिश और भारतीय शासक वर्गों के बीच का सम्बन्ध व्यापार और लूट में बराबरी के साझीदार या प्रतिस्पर्द्धी का था, जिसमें दोनों पक्षों ने एक-दूसरे के काम में कुछ व्यावहारिक प्रश्नों के अलावा दखल न देने का निर्णय लिया हुआ था। लेकिन इससे यह निष्कर्ष निकालना गलत होगा कि औपनिवेशिक सन्दर्भ ने सांस्कृतिक तनाव रहित सहअस्तित्व को सम्भव किया। वास्तव में यह एक-दूसरे के प्रति गहरे अविश्वास से बँधा हुआ था। खाँटी औपनिवेशिक ब्रिटिश कभी भी भारतीयों पर भरोसा नहीं कर सके। उदाहरण के लिए जेम्स मिल का विचार है कि विलियम जोंस को संस्कृत का ज्ञान नहीं था। उसने कभी भी रामायण नहीं पढ़ी जबकि इसकी बहुत प्रशंसा की है।[62] दूसरी तरफ भारतीयों ने कभी भी अंग्रेज़ों को बाहरी मानना बन्द नहीं किया। कम्पनी का पहला गुप्तचर विलियम हॉकिंस, जो सूरत में था, का स्थानीय लोग तिरस्कार करते थे और कुछ अवसरों पर उसे मुग़ल सैनिकों से बचने के लिए स्वयं को ताले में बन्द करना पड़ा था।[63]

ऐसा लगता है कि शुरुआती अन्तःक्रिया में ब्रिटिश और भारतीय दोनों ने एक-दूसरे के साथ महज व्यावहारिक सम्बन्ध रखने का निर्णय लिया था और तय किया था कि आर्थिक व सैन्य सम्बन्धों के अतिरिक्त और कोई सम्बन्ध न रखें। यह अपने-आपमें उदासीनता और अविश्वास का मिश्रण है। दोनों पक्षों के सहयोग से बननेवाले सम्बन्ध की प्रकृति के बारे में इस आत्मसजगता को सूत्रात्मक ढंग से 'शहर और छावनी संरचना' के रूप में व्याख्यायित किया जा सकता है। चलते-चलते यह भी जोड़ा जा सकता है कि अंग्रेज़ी शब्दकोश 'कैंटोनमेंट' शब्द की उत्पत्ति भारतीय मानते हैं।[64] दोहरी प्रणाली की तरह ही छावनी की तरह की नगर-योजना भी भारत

में ब्रिटिश औपनिवेशिक शासन की विशेषता है।

भारत के साथ औपनिवेशिक अन्तःक्रिया के आरम्भिक चरण में ही स्पष्ट था कि भारतीय कला और स्थापत्य के लिए बहुत थोड़ी ब्रिटिश सहानुभूति थी। सर थॉमस रो ने कैंटबरी के आर्क बिशप को लिखते हुए इस रुख के बारे में मूल बात कही है;

इमारतें मिट्टी की और एक मंजिला हैं। केवल सूरत में कुछ इमारतें पत्थरों की हैं। राजा के अपने घर पत्थरों के हैं, वे सुन्दर हैं और एक जैसे हैं। ज्यादातर लोग अपने वारिसों के लिए घर नहीं बनाते। जहाँ तक मैंने देखा है, वे तम्बुओं में या ऐसे घरों में रहते हैं जो झोपड़ियों से भी खराब हैं।[65]

अगर वे थोड़ा कम अनुदार होते तो शाही इमारतों के *पियेत्रा द् यूरा* के जड़ाऊ काम को नज़रअन्दाज नहीं कर पाते, जिन्हें फ़्लोरेंस की कुछ बेहद शानदार इमारतों की तर्ज पर बनाया गया था। कुछ दशक बाद ही बर्नियर (फ्रेंच यात्री, जिसकी चर्चा पहले की जा चुकी है) "लाल मणि, जाचेन और हरिताश्म व अन्य कीमती पत्थरों को देखकर" आश्चर्यचकित हो गया था। ये पत्थर भारतीय वास्तुकला की शोभा बढ़ा रहे थे।[66] जेम्स मिल और यहाँ तक कि जॉन रस्किन के समय तक भारत के घरों के बारे में ब्रिटिश का नकारात्मक रुख बना रहा। मिल ने रो का पत्र ब्रिटिश भारत का इतिहास (1826)[67] के पहले पन्ने पर प्रकाशित किया और रस्किन को भारतीय कला की समृद्धि ने अकेला कर दिया था।[68] इसका परिणाम यह हुआ कि ब्रिटिश ने अपनी वास्तुकला शैलियों की शुरुआत की और छावनी शैली उसी की व्यावहारिक अभिव्यक्ति थी।

चित्रकला और साहित्य के साथ ही वास्तुकला वह क्षेत्र है जिसमें ब्रिटिश ने भारत में महत्वपूर्ण योगदान किया। लेकिन औपनिवेशिक वास्तुकला कला के प्रति शुद्ध प्रेम का परिणाम नहीं थी। मुग़ल जबरदस्त भवन निर्माता थे और जब ब्रिटिश भारत आये वास्तुकला काफी उन्नत अवस्था में थी। लेकिन मुग़लों, मराठों और राजपूतों द्वारा ब्रिटिश आगमन से पहले बनवायी गयी सार्वजनिक इमारतें, जिलों की किलाबन्द चौकियाँ और राज्य प्रशासनिक भवन का अंग्रेज़ों ने कोई इस्तेमाल नहीं किया। दिल्ली में ही सत्रहवीं शताब्दी में बने लालकिले पर अंग्रेज़ों ने उसी तरह कब्जा नहीं रखा (कुछ प्रतीकात्मक प्रशासनिक जलसों को छोड़कर) जैसे उनके पहले मुग़लों का था। भारतीय कार्यालय भवनों पर कब्जा करने की जगह अंग्रेज़ों ने छावनी बनायी। अंग्रेज़ शासकों ने अपने को 'नये मुग़लों' की भूमिका में नहीं देखा, यद्यपि उन्होंने परम्परागत शानो-शौकत की नकल की और कभी-कभार दरबार भी लगाते थे। भारतीय संस्कृति और समाज पर पूर्ण कब्जा उनका कभी भी उद्देश्य नहीं था। इस तरह ब्रिटिश नगर योजना और उनकी वास्तुकला भारत में उनके राजनीतिक मकसद से जुड़ी हुई थी।

यौन सम्बन्ध वह दूसरा क्षेत्र है, जिसमें अंग्रेज़ों ने अपनी जातीय पहचान की रक्षा की। भारत में इस्लामी शासक अनेक पत्नियाँ रखते थे। जबकि दूसरी तरफ अंग्रेज़ों ने शासक जाति और भारतीयों के बीच यौन सम्बन्धों को जिस हद तक सम्भव था, रोकने की कोशिश की। इस मकसद से विशेष कानून बनाये गये और उन्हें कड़ाई से लागू किया गया। उपनिवेशवाद की व्याख्या करने के लिए नन्दी द्वारा प्रयोग किये गये रूपक को यदि हम अंग्रेज़ों से सेक्स के बारे में वास्तविक रुख में मिलायें तो कहा जा सकता है कि अंग्रेज़ों ने सांस्कृतिक सम्बन्धों को पूरी तरह अनुत्पादक बनाने में काफी रुचि दिखायी।

अंग्रेज़ी हुकूमत के सामाजिक इतिहास के लिए 1891 का फैनी इप्सटेन[69] मामला बहुत ही लज्जाजनक था। उपन्यासों से भी ज्यादा विचित्र घटनाओं से होते हुए फैनी बम्बई पहुँचीं। लन्दन में उनके चिन्तित पिता मौजूद थे। बम्बई के कमाठीपुरा इलाके में वह एक साधारण वेश्या की तरह रहने लगीं। योरपीय लड़कियों को इन पेशे में आने के लिए प्रोत्साहित किया जाता था ताकि गोरे लोग लाभ उठा सकें। लेकिन फैनी ने अपने घर के दरवाजे देशी लोगों के लिए भी खोल दिये। इस घटना से बम्बई सरकार इतना चिढ़ गयी कि उसे वापस लन्दन भेज दिया। देशी लोगों के साथ यौन सम्बन्धों का भय केवल अंग्रेज़ महिला और भारतीय पुरुष के सम्बन्ध के मामले में ही काम नहीं करता था, यह अंग्रेज़ पुरुष और भारतीय महिला के बीच सम्बन्धों के बारे में भी काम करता था। सब कुछ के बाद अंग्रेज़ों के भारत छोड़ते समय लम्बे समय के सम्पर्क के लिहाज से कुल एंग्लो-इंडियन जनसंख्या (या 1891 की पहली जनगणना के पहले जिसे 'यूरेशियन' जनसंख्या कहा जाता था), बहुत कम थी। अंग्रेज़ों का भारतीयों से यौन सम्बन्धों के बारे में भय, औपनिवेशिक भारत में जारी सांस्कृतिक प्रक्रिया में भागीदारी की उनकी अनिच्छा में भी दिखायी पड़ता है।

केनेथ बालहैचेट ने भारत में अंग्रेज़ी औपनिवेशिक काल में नस्ल और यौन सम्बन्धों के बारे में उत्तेजक अध्ययन किया है। वे दर्ज करते हैं :

छावनी एक व्यवस्थित वातावरण प्रदान करती थी, जिसके भीतर अंग्रेज़ सैनिक भारतीय जीवन के साथ असहज सम्बन्धों से सुरक्षित रखे जा सकते थे। ऐसा लगता है कि ज्यादातर सैनिकों ने इस स्थिति को स्वीकार कर लिया था और अपनी दुनिया में शासक नस्ल के सदस्य के बतौर विशेषाधिकारवाली भूमिका समझ ली थी। वे भारतीय नौकर रखते थे और वर्चस्वशाली समूह के पुरुष होने के नाते उनसे यौन ईर्ष्या रखते थे...सेना पुलिस नियमित तौर पर भारतीयों को उन वेश्यालयों से बाहर रखती थी, जिनका इस्तेमाल अंग्रेज़ सैनिक करते थे, और ऐसा करना उचित माना जाता था। फिर भी कुछ सैनिकों ने इस परम्परा को इस हद तक धता बताया कि उन्होंने भारतीय या यूरेशियाई महिलाओं से विवाह की घोषणा कर दी। लेकिन अंग्रेज़ी शासन के अन्त तक अंग्रेज़ अधिकारियों ने ऐसे सम्बन्धों को हतोत्साहित किया।

शासक नस्ल के सभी सदस्यों से उम्मीद की जाती थी कि वे दूरी बनाकर रखें।[70]

भारतीय पत्नियाँ न रखना, भारतीय इमारतों और घरों का प्रयोग न करना, अलगाव और छावनी की संरचना—ये सभी भारत के प्रति उनके नजरिये के विभिन्न पहलू हैं। यह पूरी तरह अनैतिक, अमानवीय और अवज्ञापूर्ण रवैया था, जिसमें भारत की हैसियत सतत आर्थिक लाभ के एक स्रोत से अधिक और कुछ नहीं थी। पिछली कई शताब्दियों से बहुसांस्कृतिकवाद में प्रशिक्षित भारतीय मानस ने इस खेल को बखूबी समझा और उसने उतनी ही अवज्ञापूर्वक इस खेल को खेलना सीखा।

सामान्य तौर पर यह माना जाता है कि राममोहन राय जैसे भारतीय नेताओं की ओर से अंग्रेज़ी शिक्षा की माँग की गयी। इसी तरह यह भी माना जाता है कि उन्नीसवीं शताब्दी परम्परा बनाम पश्चिमीकरण की बहस की साक्षी रही। लेकिन इसके समाजशास्त्रीय और मनोवैज्ञानिक कारणों के बारे में अध्ययन का प्रयास नहीं किया गया है। यद्यपि भारतीयों ने पश्चिमी शिक्षा की माँग की लेकिन उन्होंने निश्चित तौर पर गहन पश्चिमीकरण के लिए ऐसा नहीं किया। भारतीय मनोविज्ञान के प्रेक्षक आर्थर मैथ्यू ने शिक्षा और भारतीय संस्कृति के बारे में टिप्पणी करते हुए लिखा कि :

जब हम यह सोचते हैं कि जीवनयापन के लिए एक भारतीय क्या कर सकता है या उसे अवश्य करना चाहिए, हम उसकी कल्पना सरकारी नौकरी या व्यापारिक प्रतिष्ठान के कार्यालय में, अदालतों में जिरह करते हुए, अस्पतालों में डॉक्टरी करते या कार्यकारी कमेटियों या 'स्वर्ग में जन्मी' लोक सेवा के लिए आरक्षित रहे मन्त्रालयों में काम करते हुए करते हैं। यहाँ पश्चिम हमारे साथ लगा हुआ है...यदि हम क्लर्क का उसके दफ़्तर से घर तक पीछा करें या हम उस खेत मजदूर का खेत की जुताई के बाद घर जाते हुए पीछा करें जिसने गाँव के प्राथमिक विद्यालय से शिक्षा पायी है और देखें...तो हमें पश्चिम नहीं पूर्व दिखायी पड़ेगा। यह महज औपचारिक कपड़ों से घरेलू कामकाज के कपड़ों तक का ही सफर नहीं है। व्यवहारतः यह स्कूल और कॉलेज में पश्चिम के सम्पर्क के जरिये काफी पैसा देकर अर्जित सब कुछ से छुटकारा पाने जैसा है...आप एक शिक्षित हिन्दू से खुशी-खुशी उसके व्यावसायिक जीवन के बारे में बात कर सकते हैं...लेकिन औसत योरपीय यह नहीं जान पाता कि एक मनुष्य के रूप में वस्तुतः उसे किन चीजों की परवाह है, कौन सी चीजें उसके जीवन में मानी पैदा करती हैं, उसका वास्तविक आत्म क्या है...अंग्रेज़ी का प्रोफेसर उस साहित्य के प्रति अपने व्यक्तिगत और आत्मीय कर्ज के बारे में बात नहीं करेगा। उसके लिए यह उसके व्यक्तिगत और घरेलू जीवन में घुसपैठ नहीं करती।[71]

मैथ्यू की टिप्पणी से स्पष्ट है कि शहर-छावनी संरचना की औपनिवेशिक संस्कृति जितना अंग्रेज़ी प्रशासन के लिए मुफीद थी उतना ही भारतीय हिन्दुओं के लिए भी।

इस संरचना को विकसित और संरक्षित करने में दोनों का गठजोड़ औपनिवेशिक भारत के बारे में लिये गये कई उपन्यासों का विषय है। ई.एम. फोस्टर के शब्दों में शहर और छावनी को जोड़नेवाला सिर्फ 'दोनों के ऊपर फैला हुआ आकाश'[72] था।

छावनी मानसिकता सिर्फ अंग्रेज़ों के दिमाग की चालभर नहीं थी। यह एक बहुत विशाल देश को प्रशासनिक तन्त्र पर बहुत कम खर्च करके नियन्त्रित करने की सोची-समझी रणनीति थी। पूरे औपनिवेशिक काल के दौरान भारत में अंग्रेज़ों की संख्या बहुत कम थी। सूरत में हॉकिंस के आने के करीब एक शताब्दी बाद भी मद्रास जैसे बड़े व्यावसायिक केन्द्र पर अंग्रेज़ नागरिकों की संख्या महज एक सौ चौदह थी और करीब तीन सौ सैनिक थे। लगभग अठारहवीं सदी के मध्य तक "कमोबेश नीतिगत रूप से यह तय हो चुका था कि भारत अंग्रेज़ों के लिए किसी भी आधिकारिक सम्पर्क की जगह नहीं है।"[73] अंग्रेज़ों के यहाँ पैदा हुए लोगों को भारत में जमीन रखने पर 1766 के बाद पाबन्दी लगा दी गयी थी और अंग्रेज़ी संसद में पास कानून के अनुसार 1783 के बाद भारत जाने के लिए उन्हें लाइसेंस की जरूरत होती थी। 1833 में भारत में अंग्रेज़ सैनिकों की वास्तविक संख्या 36,422 थी, प्रशासनिक अधिकारी 1,055 थे और आम नागरिक महज 2687 थे। 1931 में जब एक अत्यन्त लोकप्रिय आन्दोलन अंग्रेज़ी राज के लिए खतरा बना हुआ था, भारत में कुल अंग्रेज़ों की तादाद 100,000 थी जिसमें 70,000 सैनिक थे और 30,000 नागरिक थे।[74] भारत जैसे विशाल देश को अंग्रेज़ों की इतनी छोटी तादाद के जरिये नियन्त्रित करने के लिए जरूरी था कि उनकी भयभीत करनेवाली मर्दानी छवि पेश की जाये। उपनिवेश हमेशा ही युद्ध शिविर जैसे थे, जहाँ केवल युवा और लड़ने लायक लोगों को ही भेजा जाता था। एडमंड बर्क ने लिखा है कि "भारत में एक चीज कभी नहीं दिखायी पड़ी, वह थी किसी अंग्रेज़ के काले बाल।"[75]

इस तरह छावनी यौवन, जीवन्तता, मर्दानेपन और ताकत का प्रतीक बन गया। यह वर्चस्वशाली मर्दवादी अहं का प्रतीक था। लेकिन छावनी 'घर' नहीं थी। वहाँ लोग केवल लड़ते हुए मरते थे, बिस्तर पर पड़े हुए नहीं। इसलिए छावनी के छोटे संक्रमण के समय के दौरान गहरी जड़ें बनाने की कोई जरूरत नहीं थी। दूसरी ओर शहर पराजय, हतोत्साह, कमजोरी और जनानेपन का प्रतीक बन गया था। छावनी द्वारा थोपी गयी अस्मिता और अस्तित्व की चुनौतियों से निपटने की इसकी अपनी प्रविधि थी। आशीष नन्दी ने औपनिवेशिक मनोविज्ञान का विश्लेषण करने के लिए सेक्स की राजनीति के रूपक का प्रयोग किया है। उनका तर्क है कि अंग्रेज़ों ने जैववैज्ञानिक रूप से सम्बन्धों के पदानुक्रम की ज्ञानमीमांसा के भीतर ही काम किया और भारत सम्बन्ध की इस दो ध्रुवीयता को नहीं तोड़ पाया। वह केवल अन्तर्निहित पदानुक्रम को ही चुनौती दे सका। वे टिप्पणी करते हैं :

"इसी अर्थ में गाँधी अंग्रेज़ों को भी उतना ही मुक्त करना चाहते थे, जितना कि भारतीयों को...उन्होंने जैववैज्ञानिक पदानुक्रम के आधार पर राजनीतिक गैरबराबरी और अन्याय को चुनौती दी...यौन अस्मिताओं के औपनिवेशिक अनुक्रम में माना जाता था...कि मर्दानापन औरतपने से श्रेष्ठ है और औरतपन पुरुष के औरतपने से श्रेष्ठ है...गाँधी ने दो अनुक्रमों का प्रयोग किया जिनका परिस्थिति और जरूरत के हिसाब से उपयोग किया जा सकता है। पहली सीधे बड़ी व छोटी सन्त परम्पराओं से ली गयी है। उसके अनुसार मर्दपना और औरतपना बराबर है लेकिन मर्द और औरत के द्वैध से परे जाने की क्षमता दोनों से श्रेष्ठ है। गाँधी का दूसरा पदानुक्रम साम्राज्यवाद विरोधी आन्दोलन का औचित्य सिद्ध करने के लिए किया गया था...जिसका मूल आशय है कि औरतपना मर्दपने से श्रेष्ठ है और मर्दपना कायरता से श्रेष्ठ है।[76]

सेक्स की राजनीति, नस्ल और संस्कृति के साथ शहर और छावनी की संरचना ने औपनिवेशिक भारत में सांस्कृतिक सम्बन्धों के आवश्यक प्रारूप का निर्माण किया। अतीत में बहुसांस्कृतिक अनुभववाले भारतीय औपनिवेशिक स्थिति का बड़े परिपक्व तरीके से सामना कर सके। मूल्यों की दोहरी व्यवस्था साहित्यालोचना समेत संस्कृति के हर क्षेत्र में उपनिवेशवाद से लड़ने का औजार बनी।

दोहरा कानून

एक ऐसे ठोस उदाहरण का अध्ययन करना शिक्षाप्रद होगा जो खासकर साहित्यालोचना पर भी लागू किया जा सके जैसेकि भारतीय अपने लाभ के लिए पदानुक्रमवाली संरचनाओं का इस्तेमाल करते थे। मैं न्याय व्यवस्था का उदाहरण देना चाहता हूँ क्योंकि यह आलोचना के लिए ठीक रूपक हो सकता है। आलोचना साहित्य के सिद्धान्तों का कानून बनाने की व्यवस्था होती है। नवाबों से अपने हाथ में शासन लेने के बाद ईस्ट इंडिया कम्पनी को जिन शुरुआती समस्याओं का सामना करना पड़ा, उनमें से एक यह थी कि किस तरह की न्याय व्यवस्था का इस्तेमाल होना चाहिए। इसलिए नथैनियल हालहेड को वारेन हेस्टिंग्स ने हिन्दू कानून की अंग्रेज़ी टीका तैयार करने का निर्देश दिया। हालहेड की व्याख्या 1776 ई. में 'अ कोड ऑफ जेंटू लॉ'[77] नाम से प्रकाशित हुई। कलकत्ता में अपना पद सँभालने के चार महीने के भीतर ही हेस्टिंग्स ने स्वयं ही 1772 की विधिक योजना तैयार की जिसके अनुसार "विरासत, विवाह, जाति और अन्य धार्मिक उपयोगों या संस्थाओं के मुकदमों में मुसलमानों के सन्दर्भ में कुरान के कानूनों और हिन्दुओं के सन्दर्भ में शास्त्रों के कानूनों का पालन बिना अपवाद के किया जाये।"[78] यह एक व्यावहारिक विधि सिद्धान्त था। लेकिन यदि इसे जमीन और सम्पत्ति के विवादों के सन्दर्भ में भी लागू किया जाता तो यह आर्थिक रूप से लाभप्रद साबित नहीं होता। इन मामलों में कम्पनी ने तत्कालीन

अंग्रेज़ी कानून के स्वरूप को स्वीकार कर लिया।

चूँकि भारत में पहले से ही प्रशासनिक और राजकोषीय कानून स्थापित थे, इसलिए जब कम्पनी ने अपना राज कायम किया तो भारतीय विधि व्यवस्था और अंग्रेज़ी विधि व्यवस्था के बीच चुनाव करने की समस्या खड़ी हुई। एक टिप्पणीकार के अनुसार : "डब्ल्यू.ए. रॉब्सन कहते हैं कि "दैव प्रेरित हिन्दू और मुसलमान कानूनों पर कम्पनी के अधिकारियों के रूप में पाश्चात्य सभ्यता के प्रभाव ने ऐसे नाटकीय विधिक टकराव देखे, जैसे आधुनिक दुनिया ने कभी नहीं देखे थे।" जाहिर है यह प्लासी के युद्ध का स्वाभाविक परिणाम था जिसने अंग्रेज़ों की राजनीतिक सत्ता स्थापित कर अंग्रेज़ी विधि व्यवस्था की स्थापना करवाई।"[79]

जैसाकि ऊपर कहा गया है, कम्पनी सरकार ने दोहरी कानून व्यवस्था लागू की। आजाद भारत को जो विधि व्यवस्था विरासत में मिली उसकी जड़ें अठारहवीं शताब्दी के उत्तरार्द्ध के बंगाल में हैं।

हाल के वर्षों में भारतीय विधि व्यवस्था पर समाजशास्त्रीय दृष्टिकोण से हुए अध्ययनों में से ऑलिवर मेंडेल्सन[80] का योगदान हमारी बहस के लिए बहुत प्रासंगिक होगा। मेंडेल्सन ने अपना तर्क बर्नार्ड कॉन[81] और रॉबर्ट किडर[82] के पूर्ववर्ती अध्ययनों पर आधारित किया है। कॉन ने तर्क दिया है कि अंग्रेज़ी कानून को भारतीय अदालतों में लागू करते समय अंग्रेज़ों को ऐसी परिस्थितियों का सामना करना पड़ा जिनमें दो समाजों के मूल्यबोध में सीधा टकराव था, और इसके जवाब में भारतीयों ने नयी परिस्थिति में केवल हेर-फेर करने का विचार किया और वे अदालतों का इस्तेमाल विवादों को सुलझाने के लिए नहीं बल्कि उन्हें और बढ़ाने के लिए करने लगे। किडर का तर्क है कि दूसरी तरफ अंग्रेज़ों से विरासत में मिली विधि व्यवस्था भारतीय मूल्यों के अनुरूप नहीं थी, इसीलिए वह प्रभावी नहीं हो पायी। मेंडेल्सन इन दोनों स्थितियों से अलग कानूनी विवादों में ज्यादातर के जमीन सम्बन्धी होने की ओर संकेत करते हैं और प्रस्तावित करते हैं कि "भारत जैसे ग्राम समाजों में भूमि सम्बन्धों के चरित्र ने पश्चिमी तरीके की अदालतों के प्रभावी ढंग से विवादों का निपटारा करने पर रोक लगा दी।"[83] अपने तर्क के समर्थन में एक वास्तविक मामले के अध्ययन का उदाहरण देकर वे स्थापित करते हैं कि भारतीय किसान जल्दी परिणाम पाने के लिए सामुदायिक कानूनों का सहारा लेते हैं और यदि परिणामों को लटका के रखना हो तो पश्चिमी तरीके की अदालतों का :

एंग्लो-भारतीय न्याय व्यवस्था का सबसे अनोखा चरित्र न्याय को बढ़ावा देने के लिए बहुप्रशंसित अंग्रेज़ी कानून द्वारा निर्धारित जटिल प्रक्रियाओं के माध्यम से बना। अंग्रेज़ी क्या अन्य पश्चिमी अदालतें अत्यन्त सतर्क संस्थाएँ हैं। वे एक या दूसरे पक्ष को अपना निर्णय दे सकती हैं—वहाँ समझौता नहीं हो सकता...जब हर

पक्ष अपने तर्क रख चुकता है। भारत के सन्दर्भ में इन अधिकारों और प्रक्रियाओं में व्यवस्थित ढंग से विकृति पैदा हुई।[84]

यहाँ समाजशास्त्रीय नजरिये से भारतीय किसान की ऐसी छवि प्रस्तावित की गयी है जिसमें वह अपने जीवन की व्यावहारिक जरूरतों के हिसाब से शहर और छावनी के मूल्यों का सफलतापूर्वक अपना काम निकालने के लिए इस्तेमाल कर सकता है।

दो अलग-अलग न्याय संरचनाओं से चालाकी से अपना काम निकाल लेने की भारतीय क्षमता को मान लेने का अर्थ उसकी इस क्षमता को भी स्वीकार करना है कि उसमें दो परस्पर विपरीत सांस्कृतिक व्यवस्थाओं को समायोजित कर लेने और अपनी सुविधानुसार उनका इस्तेमाल करने क्षमता भी है। दो संस्कृतियों को स्वीकार करने की उसकी क्षमता औपनिवेशिक अनुभव के चलते और भी तेज हुई। इससे यह संकेत भी मिल सकता है कि भारतीय आलोचना जिस मनो-भयग्रस्तता व संकट के बोध से ग्रस्त है और 'पाश्चात्यकरण' व 'संस्कृतकरण' के विभाजन के चलते पैदा हुआ तनाव भारतीय आलोचना की ज्ञानमीमांसीय विशेषता है, न कि सत्ता (अस्तित्व) विमर्शीय विशेषता।

सन्दर्भ

1 आर.बी. पाटणकर, 'द थ्री अल्टरनेटिव्स', टुवाड्र्स अ कॉमन इंडियन पोयटिक्स, सं. सी. डी. नरसिम्हैया (मैसूर, 1984), पृ. 51-63।

2 वही, पृ. 51।

3 एडवर्ड सईद (1978); जे.वी. केरनन (1969)।

4 आर. सेनकोर्ट (1923)।

5 जेम्स फोर्ब्स, ओरियेंटल मेमॉयर्स : अ नैरेटिव ऑफ सेवेन ईयर्स रेजीडेंस इन इंडिया, दूसरा संस्करण काउंटेस दे मोंटालेम्बथर्ट संशोधित, वॉल्यूम I (लन्दन, 1834), पृ. 330।

6 ए.के. फोर्ब्स (1821-65) को अहमदाबाद, गुजरात में असिस्टेंट जज नियुक्त किया गया था। उन्होंने गुजराती भाषा, साहित्य और इतिहास का अध्ययन किया। उन्होंने 1850 में सूरत में एंड्रूज पुस्तकालय की स्थापना की। दलपतराम (1820-98) की मदद से उन्होंने पांडुलिपियों, ऐतिहासिक व पुरातात्विक सामग्रियों का संग्रह किया। उन्होंने 1848 में गुजरात वर्नाक्युलर सोसायटी की अहमदाबाद में स्थापना की और दो खंडों में रसमाला (1856) प्रकाशित की। इसमें गुजरात के नष्ट होते गौरव की व्याख्या थी। उन्होंने 1849 में पहले गुजराती अखबार 'वर्तमान' के प्रकाशन को प्रोत्साहन दिया। उन्हें बॉम्बे विश्वविद्यालय (1864) का कुलपति नियुक्त किया गया, जहाँ शोधकार्य के लिए उन्होंने गुजराती सभा (गुजराती साहित्य की अकादमी) की स्थापना की। उसी साल उनकी मृत्यु (अगस्त, 1865)

के बाद सभा का नामकरण उनके नाम पर किया गया।

7 जी.एस. ग्रियर्सन, लिंग्विस्टिक सर्वे ऑफ इंडिया, वॉल्यूम IX, भाग दो (कलकत्ता, 1980), पृ. 333।

8 ट्रैवेल्स इन मुग़ल एम्पायर, 1656-68 ई., फ्रैंकोइस बर्नियर द्वारा, फ्रांसीसी से अनुवाद और सम्पादन आचिबाल्ड कांसेटेबल (1891), पुनर्सम्पादन विंसेंट स्मिथ (लन्दन, 1934), पृ. 228-9।

9 रोमिला थापर, अ हिस्ट्री ऑफ इंडिया, वॉल्यूम I (पेंग्विन, 1966/83), पृ. 15-27।

10 आर.बी. पाटणकर (1984) जीवित परम्पराओं और इतिहास की 'बड़ी' समस्याओं को सम्बद्ध करते हुए एक संकल्पना प्रस्तावित करते हैं।

11 जगन्नाथ की जीवनी के लिए देखें पी.वी. काणे (1971), पृ. 322-25।

12 आर.सी. निगम, लैंग्वेज हैंडबुक ऑन मदरटंग्स इन सेंसस, सेंसस ऑफ इंडिया 1971, सेंसर सेंटेनरी मोनोग्राफ नं. 10 (दिल्ली, 1972)।

13 कामिल वेथ ज्वेथलेबिल, तमिल लिटरेचर (1974), पृ. 31-42; जॉर्ज ल्युज़ेरेन हार्ट, द रिलेशन बिटवीन तमिल एंड क्लासिकल संस्कृत लिटरेचर (1976) वॉल्यूम X 1 और 2 दोनों, अ हिस्ट्री ऑफ इंडियन लिटरेचर, सं. जॉन गोंडा (विस्बेडेन)।

14 के.आर. नॉर्मन, पाली लिटरेचर इन्क्लूडिंग द कोलोनियल लिटरेचर इन प्राकृत एंड संस्कृत ऑफ ऑल हीनयान स्कूल्स ऑफ बुद्धिज्म, अ हिस्ट्री ऑफ इंडियन लिटरेचर, वॉल्यूम VII, fasc. 2, सं. जॉन गोंडा (विस्बेडेन, 1983), पृ. 167-8।

15 के. कृष्णमूर्ति, 'लिटरेरी क्रिटिसिज्म : कन्नड़', राइटिंग इन इंडिया (बॉम्बे, 1965), पृ. 102-10 (पृ. 102) में।

16 दुसान ज्बावितेल, बंगाली लिटरेचर, अ हिस्ट्री ऑफ इंडियन लिटरेचर, वॉल्यूम IX 3 (विस्बेडेन, 1976), पृ. 22।

17 अन्नेमरी चिम्मेल, इस्लामिक लिटरेचर्स ऑफ इंडिया, अ हिस्ट्री ऑफ इंडियन लिटरेचर, वॉल्यूम II का हिस्सा (1979), पृ. 22।

18 वही, पृ. 44।

19 वही, पृ. 26।

20 वही, पृ. 18-9।

21 रोमिला थापर (1983), पृ. 241-88।

22 आर.के. मुखर्जी (1947)।

23 करंभकं तु भाषाभिर्विविधाभिर्विनिर्मितम। यथा मम षोडशभाषामयी प्रशस्तिरत्नावली॥, विश्वनाथ, साहित्यदर्पण, VI, 571, सं. जे.वी. भट्टाचार्य (कलकत्ता, 1874), पृ. 154।

24 एस.जी. मालसे और एस.ए. गावास्कर का अनुवाद, द हिस्ट्री एंड द कल्चर ऑफ द

इंडियन पीपुल, वॉल्यूम VII, भारतीय विद्या भवन (बॉम्बे, 1974), पृ. 579।

25 अशोक केलकर, टुवाड्र्स अ कॉमन इंडियन पोयटिक्स, सं. सी.डी. नरसिम्हैया (मैसूर, 1884), पृ. 18-29।

26 ऑर्थोडॉक्सी, हेटरोडॉक्सी एंड डिसेंट इन इंडिया, सं. एस.एन. इसेंसटैड, आर. कहाने और डी. शलमन (बर्लिन, 1984)।

27 अभिनवगुप्त की जीवनी के लिए देखें, पी.वी. काणे (1971); पृ. 161-208।

28 डेलेफ कान्तोव्स्की, 'मार्क्स वेबर ऑन इंडिया, एंड इंडियन एंटरप्रेटेशन ऑफ वेबर', चेंजिंग साउथ एशिया : रिलिजन एंड सोसायटी में, सं. केनेथ बालहाचे और डेविड टेलर (लन्दन, 1984), पृ. 11-35।

29 ऑर्थोडॉक्सी, हेटरोडॉक्सी एंड डिसेंट इन इंडिया, पृ. 4।

30 पी.वी. काणे (1923/71); एस.के. डे (1923/60); एडविन गेरो (1977)।

31 विश्वनाथ, साहित्य दर्पण, I, 3।

32 काव्यादर्श, सी. शंकर राम शास्त्री (1959); शृंगार प्रकाश, वी. राघवन (1963)।

33 वही।

34 पी.वी. काणे (1923/71), पृ. 208-18।

35 भरत एल. भट्ट, 'इंडिया एंड इंडियन रिलिजंस : अ क्रिटिकल ओवरव्यू', एन एक्सप्लोरेशन ऑफ इंडिया : ज्योग्राफिकल पर्सपेक्टिव्स ऑन सोसायटी एंड कल्चर में, सं. डेविड ई. सोफर (लन्दन, 1980), पृ. 35-64।

36 अ सोर्स बुक ऑफ अद्वैत वेदान्त, सं. इलियट ड्वाइचे और जे.ए.वी वन ब्युटनेन (होनोलुलु, 1971), पृ. 111-222।

37 काव्यशास्त्र पर अभिनवगुप्त का महत्वपूर्ण ग्रन्थ भरत के नाट्यशास्त्र की टीका अभिनवभारती है।

38 एस.ए.ए. रिजवी, 'इंडिया एंड द मेडिवल इस्लामिक वर्ल्ड', अ कल्चरल हिस्ट्री ऑफ इंडिया, सं. ए.एल. बाशम (ऑक्सफोर्ड, 1975), पृ. 465।

39 'ऊर्ध्वाधर' और 'क्षैतिज' के तत्वों के भारतीय इतिहास में अन्तर्सम्बन्धों के विश्लेषण के लिए देखें बी. सुब्बाराव, 'द पर्सनैलिटी ऑफ इंडिया' (बड़ौदा, 1956)।

40 एम. मुनीर-विलियम्स का शब्दकोश मार्ग की निम्नलिखित परिभाषा करता है :

"seeking, search, tracing out, hunting, the track of a wild animal, any track, road, path, way to, course (also of wing and stars), to give way to, allow to pass, to suffer the same fate, in order to make way to any one, walk, journey, reach, range, a scar, mark, a passage, channel, a way, manner, method, custom, usage, a was of speaking, or writing, diction, style, a high style of acting. dancing or singing."

41 एन.ए. जियाराजभोय, 'म्यूजिक', अ कल्चरल हिस्ट्री ऑफ इंडिया, सं. ए.एल. बाशम (ऑक्सफोर्ड, 1975), पृ. 218-9।

42 वही, पृ. 219।

43 विश्वनाथ, साहित्यदर्पण, IX, 1-5।

44 क्लाउस वोगेल, 'इंडियन लैक्सिकोग्राफी, अ हिस्ट्री ऑफ इंडियन लिटरेचर, वॉल्यूम V, fasc. 4, सं. जॉन गोंडा (विस्बेडेन, 1979), पृ. 344।

45 थॉमस विलबैंक्स, 'एक्सेसबिलिटी एंड सोशल चेंज इन नॉदर्न इंडिया', एन एक्सप्लोरेशन ऑफ इंडिया में, सं. डेविड ई. सोफर (लन्दन, 1980), पृ. 269।

46 रोमिला थापर (1966/83), पृ. 241-50।

47 एस.एस. नरुला, सोशल रूट्स ऑफ इंडियन लिंग्विस्टिक्स (दिल्ली, 1979), पृ. 12।

48 आनन्द कुमारस्वामी, द डांस ऑफ शिव (बॉम्बे, 1948); श्री अरविन्द, 'द नेशनल वैल्यू ऑफ आर्ट', कलेक्टेड वर्क्स में, वॉल्यूम XVII, जन्मशती पुस्तकालय (पांडिचेरी, 1972), पृ. 23-54।

49 इलियट ड्वाइचे और जे.ए.बी. ब्युटनेन (1972), पृ. 10।

50 वही, पृ. 166।

51 अ रीडर ऑन संस्कृत ग्रामेरियंस, सं. जे.एफ. स्टाल (कैंब्रिज, मैसाच्युसेट्स, और लन्दन, 1971); पृ. 432-525।

52 सोर्सेज ऑफ इंडियन ट्रेडिशन, संकलन–विलियम थियोडोर दे बारे व अन्य (न्यूयॉर्क, 1958/60); पृ. 77।

53 अल्बरूनीज इंडिया : एन एंकाउंटर ऑफ द रिलिजन, फिलॉसफी, लिटरेचर, ज्योग्राफी, क्रोनोलॉजी, एस्ट्रॉनॉमी, कस्टम्स, लॉज एंड एस्ट्रोलॉजी ऑफ इंडिया अबाउट ए.डी. 1030, सं. सी. साचू (लन्दन, 1988), वॉल्यूम II, चैप्टर LXI, पृ. 118-22 (पृ. 118)।

54 मिशेल हुलिन (1978)।

55 रोमिला थापर (1966/83), पृ. 241।

56 सुधीर कक्कड़ (1981), पृ. 142।

57 पी.वी. काणे (1971), पृ. 107।

58 आर.बी. पाटणकर, 'श्री अल्टरनेटिव्स' (1984), पृ. 57।

59 यह अनुवाद अ रीडर ऑफ संस्कृत ग्रामेरियंस (1972) में पृ. 99-100 पर रामचन्द्र गोपाल भंडारकर द्वारा किया गया है।

60 समर्थ रामदास, श्री दासबोध, शब्द रंजन संस्करण, भूमिका तर्कतीर्थ लक्ष्मणशास्त्री जोशी (बॉम्बे, 1962/68), पृ. 45।

61 यह अनुवाद ए.के. रामानुजन का है, स्पीकिंग ऑफ शिव (पेंग्विन, 1973/79), पृ. 75।

62 जेम्स स्टुअर्ट मिल (1826), पृ. 50-51।

63 कार्ल दे सेवेनित्ज जूनियर, 'द राइज एंड फॉल ब्रिटिश इंडिया, इम्पीरियलिज्म ऐज इनइक्वलिटी

(न्यूयॉर्क, 1983), भारत में उपनिवेशवाद के समाजशास्त्र का अच्छा लेखा-जोखा पेश करती है।

64 ऑक्सफोर्ड एडवांस्ड लर्नर्स डिक्शनरी ऑफ करेंट इंग्लिश, ए.एस. हॉर्नबाय (ऑक्सफोर्ड, 1974), पृ. 124 इस शब्द को permanent military station, place where soldiers live (especially in India and Pakistan)" के रूप में परिभाषित किया गया है।

65 जेम्स मिल (1826), वॉल्यूम II, पृ. 1, मिल द्वारा सर थॉमस रो के कैंटबरी, चर्चहित के आर्क बिशप को लिखे गये पत्र से उद्धत।

66 फ्रैंकोइस बर्नियर (1891), पृ. 298, मुग़ल वास्तुकला और उस पर इतालवी प्रभाव के विस्तृत अध्ययन के लिए देखें एबा कॉक "पियेत्रा द् यूरा एंड अदर आर्टिस्टिक काटैक्टस बिटवीन द कोर्ट ऑफ द मुग़ल्स एंड दैड ऑफ द मेडिसी', अ मिरर ऑफ प्रिंसेस में, सं. दालु जोंस, मार्ग पब्लिकेशंस (तिथि का उल्लेख नहीं), पृ. 29-56।

67 जेम्स मिल्स (1826), पृ. 1।

68 जॉन रस्किन की भारत पर प्रतिक्रिया पर चर्चा के लिए देखें आर. सेनकोर्ट (1923)।

69 केनेडी बलाहत्वे, रेस, सेक्स एंड क्लास अंडर द राज : इम्पीरियल एटीट्यूडस एंड पॉलिटिक्स एंड देअर क्रिटिक्स (लन्दन, 1980) फैनी इप्सटेन के पूरे मामले पर 'लो लाइफ एंड रेसियल प्रेस्टीज' पृ. 123-43 में चर्चा करता है।

70 वही, पृ. 123।

71 ऑर्थर मेह्यू (1926), पृ. 180-81।

72 ई.एम. फोर्स्टर, अ पैसेज टु इंडिया (पेंग्विन, 1936/69), पृ. 10।

73 एल.एस.एस. ओ'माले (1941), पृ. 568।

74 कार्ल दे स्वेनित्ज (1983), पृ. 79।

75 एल.एस.एस. ओ'माले (1941), पृ. 579।

76 आशीष नन्दी, (1983), पृ. 52-53।

77 इस सन्दर्भ में हालहेड के काम की विस्तृत चर्चा के लिए देखें रोसने रोचेर, ओरियेंटलिज्म, पोयट्री एंड द मिलेनियम : द चेकर्ड लाइफ ऑफ नथानियल ब्रासे हालहेड, 1751-1830 (दिल्ली, 1983)।

78 वही, पृ. 48।

79 फणीन्द्र नाथ बनर्जी, 'इम्पैक्ट ऑफ ब्रिटिश पॉलिसी ऑन द जुडिशियल एडमिनिस्ट्रेशन इन बंगाल इन द एटीन्थ सेंचुरी', वेस्टर्न कोलोनियल पॉलिसी में, वॉल्यूम I, सं. एन.आर. रे, इंस्टीट्यूट ऑफ हिस्टॉरिकल स्टडीज (कलकत्ता, 1981), पृ. 312।

80 ऑलिवर मेंडेलसॅन, 'द पैथौलॉजी ऑफ इंडियन लीगल सिस्टम', मॉडर्न एशियन स्टडीज, वॉल्यूम XV, नं. 4 (1981), पृ. 823-63।

81 बर्नार्ड एल. कोन, 'सम नोटस ऑन लॉ एंड चेंज इन नॉर्थ इंडिया', इकॉनॉमिक डेवलपमेंट एंड कल्चरल चेंज, नं. 8 (1959)।

82 रॉबर्ट एल. किडर, 'कोर्ट्स एंड कांफ्लिक्ट इन एन इंडियन सिटी : अ स्टडी इन लीगल इम्पैक्ट, जर्नल ऑफ कॉमनवेल्थ पोलिटिकल स्टडीज, वॉल्यूम IX, नं. 2 (1973), पृ. 121-39।

83 ऑलिवर मेंडेलसॅन (1981), पृ. 826।

84 वही, पृ. 857।

विस्मृति के बाद

त्रिपक्षीय सम्बन्ध

आधुनिक भारतीय आलोचना के किसी भी विमर्श में जो पद प्रयुक्त होते हैं वे हैं 'उपनिवेशवाद', 'नवजागरण', 'आधुनिकता' और 'पश्चिमीकरण'। इन पदों के प्रयोग के पीछे का तर्क यह है कि उपनिवेशवाद ने भारत में नवजागरण को शुरू किया और पश्चिमीकरण ने साहित्य को आधुनिकता से नवाजा। यह अनुमान लगा लिया जाता है कि भारत में पूर्व और पश्चिम के समन्वय का कारण उपनिवेशवाद था, जिसे ही अब 'नवजागरण' कहा जाता है। साथ ही पश्चिमी साहित्यरूपों और आलोचनात्मक मानदंडों के समन्वय ने भारतीय साहित्य में आत्म-पहचान और आत्मसजगता के उभार को बढ़ावा दिया। इन अनुमानों की सच्चाई को परखने के क्रम में सबसे पहले उनकी रचनात्मक साहित्य के क्षेत्र में उपयोगिता से साहित्यालोचना के क्षेत्र में उपयोगिता को अलगाना जरूरी होगा। इस विभेद का कारण यह है कि भारत में रचनात्मक साहित्य तो हमेशा से फलता-फूलता रहा है, लेकिन आलोचना इसके साथ कदम मिलाकर नहीं चल सकी। भाषाओं में साहित्य की शुरुआत से ही यही भारतीय अनुभव रहा है। साहित्यालोचना में उपनिवेशवाद और नवजागरण तथा पश्चिमीकरण और आधुनिकता के बीच स्वीकार कर लिये गये अनुमान को चुनौती देने की जरूरत है। यदि नवजागरण ने वास्तविक रूपान्तरण को प्रभावित किया होता और मूलभूत संश्लेषणों को जन्म दिया होता तो आधुनिक भारतीय आलोचक साहित्यालोचना की आधुनिक भारतीय परम्परा की शब्दावली में सोचते। वास्तव में यह संश्लेषण तरह-तरह के ऐतिहासिक और सांस्कृतिक स्रोतों से तैयार की गयी विचारों की खिचड़ी थी। विचारों के इस सांयोगिक मिश्रण ने औपनिवेशिक सन्दर्भ के भीतर एक मूल्य हासिल कर लिया। इसी अर्थ में उपनिवेशवाद और नवजागरण परस्पर सम्बन्धित थे।

आधुनिक भारतीय सौन्दर्यशास्त्र पर अपने अध्ययन में एस.के. नन्दी[1] ने रवीन्द्रनाथ टैगोर, ब्रजेन्द्रनाथ सील, श्री अरविन्द और अवनीन्द्रनाथ टैगोर के साहित्यिक

सौन्दर्यशास्त्र की चर्चा की है। नन्दी सभी चारों के "प्राचीन भारत के कला और सौन्दर्य सम्बन्धी विचारों" में एकरूपता पाते हैं। साथ ही वे इनकी स्पिनोजा और कोर्स जैसे पश्चिमी विचारकों के विचारों से भी एकता पाते हैं। उनके निष्कर्षात्मक वाक्य इस तरह हैं :

इस तरह दोनों टैगोर, ब्रजेन्द्रनाथ और श्री अरविन्द का कला और सौन्दर्य के बारे में दर्शन मिलता-जुलता है : क्योंकि इन सबके बुनियादी विचार भारतीय सभ्यता और संस्कृति के एक ही गोदाम से लिये गये थे... ये भारतीय विचारक निकट अतीत में पश्चिम में सौन्दर्यशास्त्र की समस्याओं पर लिखनेवाले प्रखतरम और तार्किक मस्तिष्कों की कोटि में आते हैं।[2]

नन्दी ने जिन चार आलोचकों का अध्ययन किया है वे उस भारतीय नवजागरण काल से सम्बद्ध हैं, जिनकी ऐतिहासिक सीमाओं पर न तो गहराई से बहस हुई है और न ही उन सीमाओं को निर्धारित किया गया है। उनके आलोचनात्मक लेखन में जो प्रतिभा दिखायी पड़ती है, उसकी दाद न देना मुश्किल है। लेकिन सारी व्यक्तिगत प्रतिभा के बावजूद उन्होंने ऐसे समन्वय की कोशिश क्यों की जिसकी नियति असफल होना ही थी? इस सवाल का जवाब देने के लिए उनके द्वारा प्रयुक्त विचारों की परख करने की बजाय उनके लेखन में मौजूद मूल्य प्राप्त करने की प्रक्रिया का अध्ययन करना अधिक उपयोगी होगा। यह देखना उपयोगी होगा कि किस चीज ने उन्हें संश्लेषण के लिए तैयार किया या किस चीज ने उनसे सांस्कृतिक आलोचना के खास रूप चुनवाया।

सांस्कृतिक नृतत्वविज्ञान और अर्थशास्त्र का भी यह स्वीकृत सिद्धान्त है कि जो कुछ भी उपयोगी होता है, वह मूल्य अर्जित कर लेता है। अंग्रेज़ी आलोचक मैथ्यू अर्नाल्ड और एफ.आर. लेविस ने राष्ट्रीय संस्कृति के पूरे स्पेक्ट्रम में साहित्यालोचना को जितना महत्व दिया वह लम्बे समय से अंग्रेज़ी समाज में आलोचना की उपयोगिता की परम्परा का परिणाम है। जैसाकि जॉन सिमॅन अंग्रेज़ी शिक्षा की सामाजिक उत्पत्ति के अपने अध्ययन में संकेत करते हैं कि सात 'उदार' कलाओं—व्याकरण, वक्तृता, तर्क, अंकगणित, ज्यामिति, संगीत और खगोलविद्या—की शिक्षा मध्यकालीन अंग्रेज़ी समाज के लिए आत्म-सुधार की युक्ति थी।[3] यद्यपि व्याकरण और क्लासिकल साहित्य मध्यकालीन इंग्लैंड में विश्वविद्यालय स्तर पर पढ़ाये जाते थे लेकिन साहित्यालोचना को अध्ययन के क्षेत्र में पहचान तभी मिली जब अत्यन्त महत्वपूर्ण भूमि सीमा कानूनों ने समाज में विक्षोभ पैदा करना शुरू किया और तीव्र विभाजनवाली वर्ग संरचनाएँ बनने लगीं। अठारहवीं शताब्दी के मध्य के आस-पास ही इंग्लैंड में साहित्यालोचना ने एक मूल्यवान सांस्कृतिक रूप का दर्जा हासिल किया। अंग्रेज़ी आलोचनात्मक परम्परा की एक क्रान्तिकारी पुनर्व्याख्या में टेरी इगल्टन ने दिखाया कि कैसे अठारहवीं शताब्दी में आलोचना सामाजिक प्रतिरोध का औजार बन गयी और कैसे इसने

वर्गीय 'पोजीशन'[4] का दर्जा हासिल कर लिया। उनकी तरह ही हम कह सकते हैं कि अर्नाल्ड और लेविस के लिए आलोचना अपनी विचारधारात्मक स्थिति और उपयोगिता के चलते अत्यन्त महत्वपूर्ण थी। इस तर्क में भारतीय परिप्रेक्ष्य से एक और पहलू जोड़ना सम्भव है। इगल्टन 'अंग्रेज़ी' के अकादमिक अनुशासन के रूप में उभार के बारे में कहते हैं—

"एक अकादमिक अनुशासन के रूप में 'अंग्रेज़ी' सबसे पहले विश्वविद्यालयों में नहीं बल्कि मकैनिक संस्थानों, कामगार कॉलेजों और विस्तारित भाषण मंडलियों में संस्थाबद्ध हुई थी। अंग्रेज़ी वास्तव में गरीब आदमी का शास्त्र थी...जिसका जोर सामाजिक वर्गों के बीच एकता, 'व्यापक सहानुभूति' का निर्माण, राष्ट्रीय गौरव की प्रतिष्ठा और नैतिक मूल्यों के प्रसार पर था...वास्तव में 'अंग्रेज़ी' का उत्थान कमोबेश 'नैतिक' शब्द के अर्थ में आये ऐतिहासिक बदलावों के साथ-साथ हुआ। अर्नाल्ड, हेनरी जेम्स और एफ.आर. लेविस इसके शीर्ष आलोचक हैं।"[5]

वास्तव में अंग्रेज़ी के ऊँचा स्थान हासिल करने में ब्रिटिश औपनिवेशिक ताकत के विस्तार का वही महत्व है जो वर्ग संरचना में अन्तर्निहित सामाजिक संघर्षों का होता है। उन्नीसवीं शताब्दी तक जो अंग्रेज़ी आलोचना अंग्रेज़ी साहित्य की बहुत कमजोर शाखा के रूप में मौजूद थी, उसने धीरे-धीरे बहुत महत्व हासिल कर लिया क्योंकि उपनिवेशों ने आलोचनात्मक पुस्तकों के लिए बहुत बड़ा और तैयार बाजार मुहैया कराया। अन्ततः अंग्रेज़ी औपनिवेशिक परियोजना की उसी तरह बुनियादी थीम बन गयी जैसे वह विक्टोरियाई वर्ग संघर्ष में थी। उपनिवेशों को अंग्रेज़ी साहित्य की बारीकियों के बारे में शिक्षित करने के लिए यह जरूरी था कि अंग्रेज़ी के लेखकों के भाष्यों को बड़ी संख्या में निर्यात किया जाये। अंग्रेज़ी आलोचना की अन्तर्वस्तु में दार्शनिक तत्व की लगातार गिरावट—शेली के रक्षा, अर्नाल्ड के अध्ययन, लेविस के पाठ/लेखक आधारित मूल्यांकन आदि—के लिए उपनिवेशों में लेखकों और रचनाओं पर आलोचनात्मक टिप्पणियों की बढ़ती हुई आवश्यकता को जिम्मेदार ठहराया जा सकता है। यदि ऐतिहासिक परिप्रेक्ष्य में देखें तो पता चलता है कि अंग्रेज़ी साहित्यालोचना या व्यापक तौर पर योरपीय साहित्यालोचना ने अपनी उपयोगिता के चलते मूल्य अर्जित किया और विकसित हुई। औपनिवेशिक काल के दौरान यह मूल्यवान क्रय-विक्रय योग्य माल और एक व्यावहारिक सांस्कृतिक रूप बन गयी।

जब भारतीय शिक्षा व्यवस्था में अंग्रेज़ी की शुरुआत हुई तब इंग्लैंड में साहित्यालोचना के मूल्य की प्रकृति में बड़ा बदलाव हुआ। केवल मूल्यवान माल होने के बजाय अब यह मूल्य देनेवाली सम्पत्ति बन गयी। अंग्रेज़ी साहित्य की शिक्षा ने इसे प्राप्त करनेवाले को मूल्य दिया जो स्वयं औपनिवेशिक सरकार द्वारा निर्मित रोजगार के बाजार में माल में तब्दील हो गया। अंग्रेज़ी शिक्षा पर जोर देनेवाले

भारतीय नेताओं का मकसद अंग्रेज़ी दिमाग तक पहुँच हासिल करना था, जबकि अंग्रेज़ी शिक्षा देनेवाले अंग्रेज़ों का मकसद अपनी औपनिवेशिक प्रजा से वफादारी हासिल करना था। कोई भी पूरी तरह सफल नहीं हुआ। लेकिन इस सहयोगी प्रयास ने अंग्रेज़ी साहित्य शिक्षा और साहित्यालोचना के अनुशासन का मूल्य बढ़ा दिया। क्योंकि शिक्षा सांस्कृतिक रूप से विस्थापित भारतीयों का एक वर्ग निर्मित करते हुए उपनिवेशित 'मूल निवासियों' को औपनिवेशिक बाजार व्यवस्था में शामिल करने का जरिया थी। इसलिए ऐसा विस्थापन मूल्यवान हो गया। अर्नाल्ड और लेविस आदि की नकल करते हुए इस तबके ने यह मानना शुरू किया कि साहित्यालोचना स्वस्थ संस्कृति का सूचकांक है। इस तरह भारत में पश्चिमी तरह की साहित्यालोचना मूल्य अर्जित कर लेने के बाद प्रयोग में आनी शुरू हुई।

पश्चिम में साहित्य सिद्धान्त और प्रवृत्तियाँ खास स्थानीय सन्दर्भों में पैदा हुई थीं। औपनिवेशिक शिक्षा व्यवस्था के जरिये उनके प्रसार ने साहित्यिक दृष्टियों का ऐसा माहौल पैदा किया जो अब देखने पर काफी बेतुका लगता है। उदाहरण के लिए रोमांटिक गद्य लेखकों की गद्य शैली की विशिष्टता के लिए उनके समकालीनों ने थोड़ी बहुत प्रशंसा की थी, लेकिन बहुत रोचक होने के अलावा नये मुहावरे, वाक्य रचना और साहित्य-भाषा की अवधारणा आदि के मामले में अंग्रेज़ी साहित्य परम्परा में उनका कोई खास योगदान नहीं था। लेकिन ये खासकर थॉमस कार्लाइल और चार्ल्स लैम्बर भारत में गद्य लेखन के आदर्श के रूप में पढ़ाये जाते थे। औपनिवेशिक शिक्षा व्यवस्था में शामिल होने के चलते अंग्रेज़ी के ये 'रोचक' लेखक सार्वभौमिक महत्व के 'अच्छे' लेखक बन गये। कार्लाइल और स्कॉट के लेखन में प्रशिक्षित भारतीय भाषाओं में लिखनेवाले भारतीय लेखकों ने भी उसी शैली में लिखना शुरू किया और लगभग अपठनीय गद्य का सृजन किया। इस तरह अंग्रेज़ी में गद्य शैली की अवधारणा की अपर्याप्तता तब तक जारी रही जब तक कि रूसी रूपवाद और फ्रांसीसी संरचनावाद को अत्यन्त मूल्यवान बताकर सुन्दर पैकेजिंग के साथ औपनिवेशिक साहित्य के बाजार में बेचना नहीं शुरू कर दिया गया।

औपनिवेशिक दृष्टिकोण ने एक और बेतुकेपन को रचा—वह था आलोचनात्मक व्यवहार में अविचारित पुरातनतावाद। एम.एच. अब्राम के अनुसार पाश्चात्य आलोचना विकास के चार बड़े चरणों से होकर गुजरी थी—(1) अनुकरणात्मक, जिसमें साहित्य और ब्रह्मांड के बीच के सम्बन्धों के बारे में केन्द्रित सिद्धान्त थे (2) व्यावहारिक, जिसमें साहित्य और स्रोता के बीच के सम्बन्धों के बारे में केन्द्रित सिद्धान्त थे (3) अभिव्यक्तिमूलक, जिसमें साहित्य और लेखक के बीच के सम्बन्धों के बारे में केन्द्रित सिद्धान्त थे (4) स्वायत्त, जिसमें साहित्य को स्वायत्त सत्ता मीमांसा सम्बन्धी वस्तु मानने के सिद्धान्त थे।[6] पाश्चात्य सिद्धान्तों में यह विकास करीब दो सौ सालों के बीच घटित हुआ। चूँकि औपनिवेशिक माहौल ने हर पश्चिमी चीज को सकारात्मक

मूल्य के रूप में प्रचारित किया इसलिए भारतीय साहित्यालोचना ने चारों तरह के साहित्य सिद्धान्तों के अलग-अलग घटकों को एक साथ प्रयुक्त करना शुरू किया और उनकी उत्पत्ति के इतिहास को कोई महत्व नहीं दिया।

हम औपनिवेशिक काल की भारतीय भाषा आलोचना में संरचना के बारे में अनुकरण सम्बन्धी विचार, शैली के बारे में व्यावहारिक विचार, काव्यात्मक कल्पना में अभिव्यक्ति सम्बन्धी विचार और रूप के बारे में स्वायत्तता सम्बन्धी विचार का एक साथ प्रयोग देख सकते हैं। क्योंकि ये सभी विचार पश्चिमी थे इसलिए इन्हें सार्वभौम रूप से उपयोगी और मूल्यवान मान लिया गया था। वास्तव में इन विचारों की उत्पत्ति विभिन्न आध्यात्मिक और सामाजिक धारणाओं के सन्दर्भ में हुई थी। अनुकरण सम्बन्धी सिद्धान्त का जन्म प्लेटोवाद के ढाँचे के भीतर हुआ था तो उपदेशात्मक अवधारणाएँ ब्रह्मांड के केन्द्र में पृथ्वी को माननेवाली ब्रह्मांड विद्या पर आधारित थीं। अभिव्यक्तिमूलक सौन्दर्यशास्त्र न्यूटनवादी भौतिकशास्त्र और बेकन के तर्कशास्त्र की परिणति या प्रतिक्रिया के रूप में आया।[7] स्वायत्त काव्यशास्त्र भौतिकशास्त्र में बढ़ते सापेक्षतावाद और दर्शनशास्त्र में बढ़ते बहुलतावाद से पैदा हुआ था। इन प्रत्यक्ष विभेदों को औपनिवेशिक भारतीय आलोचकों ने नजरअन्दाज कर दिया तो इसलिए नहीं कि उनमें इन्हें देखने की बौद्धिक क्षमता ही नहीं थी, बल्कि इसलिए कि साहित्य के बारे में सैद्धान्तीकरण सांस्कृतिक जीवन्तता का प्रमाण माना जाता था।

अधिकांश भारतीय आलोचनात्मक प्रतिभा का अपव्यय सिद्धान्त निरूपण में हुआ, ऐसे कामों का ज्यादातर हिस्सा भारतीय साहित्य के लिए अप्रासंगिक रहा है। इसके साथ जो मूल्य जोड़ा गया वह 'आभासी मूल्य' था क्योंकि साहित्य-सिद्धान्त की प्रतिष्ठा उसके 'सांस्कृतिक महत्व' के कारण थी न कि उसकी उपयोगिता के कारण। उपनिवेशवाद के मनोविज्ञान में सैद्धान्तीकरण करना उपनिवेशक का विशेषाधिकार है और इसकी नकल की कोशिश करना उपनिवेशित का दुर्भाग्य। सैद्धान्तीकरण का अर्थ है साहित्य के ब्रह्मांड का सृष्टा होना, इच्छानुसार पदानुक्रम निर्धारण करना, इतिहास को अनुशासित करना, वर्चस्वशाली पुरुष की भूमिका निभाना और पितृवत हो जाना। औपनिवेशिक सफलता और साम्राज्यवादी सौभाग्य ने पश्चिम में सैद्धान्तिक आलोचना की विशेष भूमिका निर्मित की। औपनिवेशिक भारतीय आलोचकों ने सांस्कृतिक 'स्त्री', बच्चे, इतिहास से वंचित व्यक्ति, 'सभ्य' और 'अनुशासित' व्यक्ति की भूमिका के निर्वहन के क्रम में साहित्य-सिद्धान्त निरूपण की पश्चिमी प्रवृत्तियों की नकल करने की कोशिश की। ऐसा करने की उसकी जरूरत थोपी हुई जरूरत थी, जो 'आभासी मूल्य' के सिद्धान्त से संचालित अन्तःक्रिया थी।

इस लेन-देन का सबसे महत्वपूर्ण कारक पाश्चात्य आलोचना के 'अन्य' के बरअक़्स भारतीय आलोचना के 'स्व' को परिभाषित करने का प्रयत्न था। यह दुनिया

के नक्शे के छोटा हो जाने के चलते पैदा हुआ सामान्य तुलनात्मक उद्यम नहीं था। वास्तव में हाल के वर्षों में पाश्चात्य साहित्यिक ग्रन्थों/प्रवृत्तियों की भारतीय साहित्यिक ग्रन्थों/प्रवृत्तियों से तुलना की सम्भावना पर गम्भीर सवाल उठाये गये हैं।[8] भारतीय आलोचना के आत्म को परिभाषित करने के क्रम में 'अन्य' का सतत सन्दर्भ केन्द्रीय आयाम बना रहा। यहाँ बीसवीं शताब्दी से कुछ उदाहरण प्रस्तुत हैं–जी.एस. अमर के संस्कृत काव्यशास्त्र में हास्य विषय पर अत्यन्त विद्वतापूर्ण लेख की शुरुआती पंक्ति ही है "मिरिडिथ का सिद्धान्त–पूर्व का कोई हास्यबोध ही नहीं है जिसकी तुलना पश्चिम के हास्यबोध से की जा सके, संस्कृत साहित्य और साहित्य-सिद्धान्त के साथ न्याय नहीं करता..."[9] कृष्ण रायन रस और ऑब्जेक्टिव कोरिलेटिव के बारे में लिखते हुए टी.एस. इलियट के हेमलेट के बारे में लिखे निबन्ध से उद्धृत करते हैं, टिप्पणी करते हैं कि "यह नवीं शताब्दी के आनन्दवर्द्धन हो सकते थे जो नाटक या कविता के बारे में रस-ध्वनि के आधार पर निर्णय देते हैं।"[10] वी.के. गोकाक कविता के 'भारतीय परिप्रेक्ष्य' की शुरुआत इस तरह होती है, "कार्लाइल ने कविता को सांगीतिक विचार के रूप में परिभाषित किया..." सौन्दर्यात्मक निर्णय की प्रकृति के बारे में विचार करते हुए बी.एस. मारधेकर के निबन्ध की शुरुआती पंक्तियाँ इस तरह हैं :

> *बहुत सारा साहित्य है जो प्रत्यक्ष या परोक्ष रूप से हमारी समस्या से जुड़ा हुआ है। दार्शनिक लिहाज से हम प्लेटो से शुरू कर सकते हैं और यदि हम चाहें तो प्रोफेसर कॉलिंगवुड तक आ सकते हैं। जाहिर है बीच में अपने अप्रतिम योगदान के लिए कांट और क्रोस आयेंगे। मनोवैज्ञानिक लिहाज से फेचनर ने पिछली शताब्दी में जो प्रयोगात्मक कार्य शुरू किया था उसे लेगोव्स्की, योकोयामा, वॉन एलेच, वेबर, बुलेर, वर्दीमर और अन्य मनोवैज्ञानिकों ने आगे बढ़ाया।*[12]

पाश्चात्य विद्वानों का हवाला देने पर जोर, पाश्चात्य अन्य के सन्दर्भ में स्व की पहचान को परिभाषित करने पर जोर, ज्ञान के क्षेत्र में सौन्दर्यानुभूति की दुनिया के बारे में पाश्चात्य विकास के ग्रन्थों के जरिये जानना, ये सब औपनिवेशिक प्रभाव के लक्षण हैं।

आत्म परिभाषा की भारतीय पद्धति भारतीय पहचान की पाश्चात्य परिभाषा का ही प्रतिरूप है। साहित्य के क्षेत्र में यह परिभाषा देनेवाली भारतविद्या कोई अलग-थलग परिघटना नहीं थी, यह पाश्चात्य साम्राज्यवाद के अनुरूप साहित्य के पदानुक्रम निर्धारण की भूमंडलीय योजना का अभिन्न अंग थी। इस भूमंडलीय पदानुक्रम में साहित्यिक कोटियों का क्रम निर्धारण इस तरह होना था कि योरप सबसे ऊपर रहे, फिर श्वेत लोगों के उपनिवेश, पूर्वी देश और तब अफ्रीका क्रमानुसार रहें। हर कोटि के लिए अलग-अलग साहित्य अध्ययन की पद्धतियाँ आरक्षित थीं। इस तरह योरपीय साहित्य के अध्ययन के लिए तुलनात्मक साहित्य और साहित्य सिद्धान्त की पद्धति थी, पूर्वी

देशों के साहित्य के लिए पौर्वात्यवाद या भारतविद्यावाद था और अफ़्रीकी साहित्य के लिए नृतत्वशास्त्र था। हमने पहले विलियम जोंस के भारतविद्यावादी अध्ययन की परियोजना की चर्चा की है। विलियम एस. वेलिस अपने विचारोत्तेजक निबन्ध 'स्केलटन्स इन द एन्थ्रोपोलॉजिकल क्लॉसेट' में टिप्पणी करते हैं कि–

रंगभेद के साथ गोरों का शासन ही वह सन्दर्भ है जिसमें नृतत्वशास्त्र का जन्म हुआ और इसी सन्दर्भ ने नृतत्वशास्त्र के विकास को गढ़ा। उन्नीसवीं शताब्दी में नृतत्वशास्त्र के औपचारिक रूप ग्रहण करने की घटना और कच्चे माल की 'लूट' पर आधारित उपनिवेशवाद के साम्राज्यवाद में बदलने की घटना एक साथ घटित हुई, जो सस्ते और काले कामगारों और उपभोक्ताओं पर नियन्त्रण, शोषण व संरक्षण से मुनाफा कमाती थी। "आदिम" और "सभ्य" के बीच का कठोर विभाजन गलत तरीके से यों बनाया गया कि यह सर्वव्यापी चमड़ी के रंग के प्रतिमान के अनुरूप हो। इस विभेद ने उन काले लोगों और समाजों को नजरअन्दाज कर दिया जो सभ्यता के मानक को पूरा करते हैं और साथ ही उन श्वेत लोगों और समाजों को भी नजरअन्दाज कर दिया जो इस मानक को पूरा नहीं करते...बहुत हद तक नृतत्वशास्त्र समाज विज्ञान की वह शाखा रही है जो आधुनिक श्वेत समाजों के बाहर रहनेवाले गुलाम काले लोगों और उनके पुरखों का अध्ययन करती है।[13]

जिस तरह नृतत्वशास्त्र स्थायी रूप से आदिम अवस्था में रहने के लिए अभिशप्त लोगों के साहित्य अध्ययन और सांस्कृतिक पड़ताल की वह पद्धति थी उसी तरह भारतविद्या स्थाई रूप से क्षीयमान और भाषाई असभ्यीकरण के लिए अभिशप्त देशों के सांस्कृतिक अध्ययन की पद्धति थी। चूँकि सांस्कृतिक पतन का सिद्धान्त भारतविद्या में अन्तर्निहित था इसलिए योरपीय विद्वानों ने मूल्यवान संस्कृत काव्यशास्त्र में रुचि दिखायी लेकिन भाषाओं को इस योग्य नहीं माना कि उनमें साहित्य सिद्धान्त भी निर्मित हो सकते हैं। भारतविद्या का भारतीय विद्वानों द्वारा भव्य स्वागत किया गया और इस तरह चार-पाँच शताब्दी पहले अपनी उपयोगिता खो चुके काव्यशास्त्र को नया 'मूल्य' प्रदान किया गया। कुमारस्वामी, हिरियन्ना और संस्कृत काव्यशास्त्र पर अत्यन्त उत्साह और विद्वता के साथ लिखनेवाले अन्य भारतीय आलोचक साहित्यालोचना की भारतविद्यावादी मूल्य व्यवस्था के साथ गठजोड़ कर रहे थे। भारतविद्या के पतनवाले सिद्धान्त में पश्चिम द्वारा भारतीय समाजों की पूरी और मौजूदा पहचान को स्वीकार करने के प्रति अनिच्छा अन्तर्निहित थी। भारतविद्या का उदय और योरप में अतीत को इतिहास के रूप में देखने के बारे में जबरदस्त जागरूकता एक ही समय में घटित हुए। इसलिए भारतविद्या भारतीय संस्कृति को गतिशील ताकत के रूप में नहीं समझ सकी।

भारतीय नवजागरण के नेताओं ने भारतविद्या की भारतीय संस्कृति को पूरा दर्जा देने के प्रति अनिच्छा का प्रतिवाद करने की कोशिश की। लेकिन ऐसा करने

के क्रम में इस बात पर जोर दिया गया कि सभी योरपीय गुण भारतीय समाज और संस्कृति में विद्यमान हैं। 'प्रतिभा और कल्पना', 'रस और ऑब्जेक्टिव कोरिलेटिव', 'अरस्तू और भरत' जैसे निबन्धों से पता चलता है कि इस शताब्दी का बहुत सा आलोचनात्मक साहित्य नवजागरण की भारतविद्या के प्रति प्रतिक्रिया का परिणाम है। इस तरह साहित्यालोचना के क्षेत्र में आत्म को परिभाषित करने और देशी पहचान बनाने के प्रयास या तो पश्चिम के अनुकरण बन गये या फिर साहित्यालोचना की सभी समस्याओं के अन्तिम उत्तर का दावा करते हुए पश्चिम से होड़ करने लगे।

साहित्यालोचना में 'पश्चिमीकरण' की प्रक्रिया—आत्म परिभाषा के लिए पश्चिम का रुख करने के अर्थ में—किसी भी तरह एकल और संगठित प्रक्रिया नहीं है। इसमें अनेक प्रवृत्तियाँ और अनेक प्रसंग हैं। यह तरह-तरह के कारकों के चलते तेज हुई थी। ईसाई मिशनरियाँ अपने साथ छपाई की तकनीक, अपने धर्मग्रन्थों की शब्दकोशीय परम्पराएँ, योरपीय दवाएँ, भारतीय भाषाओं के माध्यम से शिक्षा देनेवाले प्रारम्भिक स्कूल और जबरन धर्मपरिवर्तन आदि लेकर आयीं। उनके प्रति मुख्य आकर्षण हिन्दू समाज की नीची जातियों और गरीब तबकों में था। भारतविद्यावादियों ने ऐतिहासिक शोध किये, भाषाई सम्बन्धों का अध्ययन किया, संस्कृत ग्रन्थों का अनुवाद किया और उनके भाष्य लिखे। उन्होंने सत्ता के केन्द्र से दूर पंडितों और मुल्लों को अपनी ओर आकर्षित किया। यह भारतविद्या ही थी जिसने आध्यात्मिकता को भारतीय संस्कृति के मूल के रूप में प्रचारित किया। औपनिवेशिक प्रशासन ने भूमि के बँटवारे को प्रभावित किया, 'पश्चिमी' तरह की विश्वविद्यालयी शिक्षा की शुरुआत की और 'अंग्रेज़ी' को शिक्षा के अंग के रूप में शुरू किया। प्रशासन के जरिये आनेवाले पाश्चात्य साहित्य प्रभावों से सीधे प्रभावित होनेवालों में ज्यादातर मध्यवर्गीय ब्राह्मण जनसंख्या थी। भारतविद्यावादियों, मिशनरियों और ब्रिटिश प्रशासन का जवाब राष्ट्रवाद था। यह सामूहिक जवाब अपनी उत्पत्ति की प्रकृति के चलते उदार मूल्यों, रूढ़िवादिता और सांस्कृतिक कट्टरता आदि का मिश्रण था। इस तरह साहित्यालोचना के क्षेत्र के राष्ट्रवाद में उदार पश्चिमी विचारों व साहित्यिक परिप्रेक्ष्य की स्वीकार्यता और संस्कृत काव्यशास्त्र का पुनरुत्थान एक साथ शामिल था। इस क्षेत्र में पश्चिम की आदर्श नकल तब होती जब भारतीय आलोचना को भाषा साहित्यों की ओर उसी तरह मोड़ दिया जाता जिस तरह अंग्रेज़ी आलोचना अंग्रेज़ी साहित्य की ओर उन्मुख थी। लेकिन उपनिवेशवाद ने अनुपयुक्त मॉडलों के प्रति सहनशीलता, सैद्धान्तीकरण के प्रति लगाव और आत्मविश्वास का अभाव पैदा किया। साहित्यालोचना के क्षेत्र में पश्चिमीकरण ने औपनिवेशिक ताकतों के समक्ष आत्मसमर्पण का रूप ग्रहण कर लिया। इस तरह साहित्यालोचना के क्षेत्र में भारतीय संस्कृति के आधुनिक काल ने मार्ग और देशी के द्विपक्षीय सम्बन्ध को मार्ग, देशी और उपनिवेश के त्रिपक्षीय सम्बन्ध में बदल दिया।

आधुनिक भारतीय साहित्य के इतिहासकारों द्वारा आमतौर पर यह माना जाता है कि पश्चिमीकरण/आधुनिकीकरण भारतीय आलोचना की 'परम्परा' से क्रान्तिकारी अलगाव को चिन्हित करता है। पिछले अध्याय में पश्चिमी तरह के अनुबन्ध आधारित कानून के हस्र की जो चर्चा की गयी थी, उससे यह संकेत मिलता है कि भारतीय आलोचक अपनी सुविधा के अनुसार दोनों में हेर-फेर कर सकते थे। आधुनिक भारतीय समाज का समाजशास्त्रीय अध्ययन भी इसी निष्कर्ष की ओर संकेत करता है। भारत में 'आधुनिकीकरण' का एक समाजशास्त्रीय अध्ययन बताता है–

"छोटी और बड़ी भारतीय परम्पराओं के केन्द्र और नेटवर्क कभी स्वतन्त्र रूप से काम करते थे तो कभी आधुनिकीकरण की छोटी और बड़ी परम्पराओं के वाहक के रूप में। भारत में सांस्कृतिक परिवर्तन की मौजूदा प्रक्रियाओं में प्रायः लोगों को गूढ़ लगनेवाला परम्परा और आधुनिकता का स्वतन्त्र अस्तित्व, चाहे वे समन्वयात्मक हों या स्वतन्त्र अस्तित्ववाली, इन प्रक्रियाओं के जरिये व्याख्यायित किया जा सकता है। इसीलिए वर्तमान समय में भारत में तीन उपशाखाएँ मिल सकती हैं–परम्परागत, आधुनिक और परम्परागत-आधुनिक।"[14]

संस्कृति का परम्परागत-आधुनिक रूप वही है जिसे समाजशास्त्री फ्रेड रिग्स 'प्रिज्मीय'[15] रूप में व्याख्यायित करते हैं, या जिसे हमने पिछले खंड में संक्रमणकालीन कहा है। यह सच है कि उपनिवेशवाद अपने साथ साहित्य में पश्चिमीकरण और साहित्यालोचना में औपनिवेशिक प्रवृत्तियाँ लेकर आया। लेकिन यह कहना सही नहीं है कि इसने पहले से चल रही संक्रमण की अधूरी प्रक्रिया का स्थान ले लिया। इसने सिर्फ इतना किया कि पहले भाषा-आलोचना को गढ़नेवाले मूल्य सम्बन्धों में एक और तथा बहुत शक्तिशाली तत्व जोड़ दिया। पूरी तरह से नया विमर्श शुरू करने की जगह वास्तव में यह एक व्याख्यात्मक चक्र पूरा करके अपने साथ और ज्यादा भयावह अड़चन लेकर आया। पिछले एक सौ तीस वर्षों से भारतीय आलोचना तीसरे तत्व को जगह देने के लिए प्रयत्नशील है। इसीलिए वह मार्ग, देशी और औपनिवेशिक के त्रिपक्षीय सम्बन्धों की अभिव्यक्ति बन गयी है। यह त्रिपक्षीय सम्बन्ध इन तीनों परम्पराओं के आपसी संश्रय और मुठभेड़ के विभिन्न रूपों से बना है। औपनिवेशिक अनुभव ने भी साहित्यालोचना की एक विचारधारा निर्मित की है, जो यह स्पष्ट रूप से बताती है कि आलोचना को कैसा होना चाहिए और कैसा नहीं होना चाहिए। इसने आलोचना के महत्व की भारतीय धारणा को प्रभावित किया और आलोचना को आर्थिक आधार भी प्रदान किया।

हमने अकादमिक अनुशासन के रूप में इंग्लैंड में अंग्रेज़ी के उदय के बारे में इगल्टन के विचारों की चर्चा की। वहाँ इसका मकसद निचले आर्थिक वर्गों को उनकी स्थितियों में बनाये रखना था। उपनिवेशित-उपनिवेशक के रिश्तों के सन्दर्भ में भारत में भी निश्चित रूप से उनका यही मकसद था। लेकिन विशेष रूप से

भारत के सन्दर्भ में देखें तो अंग्रेज़ी शिक्षा और अंग्रेज़ी ज्ञान का मतलब था, सरकार में ऊँचा ओहदा। अंग्रेज़ी साहित्य के बारे में कुछ ज्ञान हासिल करने का मतलब सामाजिक रूप से ऊपर उठने के संसाधन हासिल करना भी था। आधुनिक भारतीय विश्वविद्यालय, जो वर्तमान समय में साहित्यालोचना में पश्चिमी प्रवृत्तियों के अभिग्रहण और अनुकरण के केन्द्र हैं, भौतिक उत्थान हासिल करने के केन्द्र भी हैं। ज्ञान के पश्चिमी रूपों के अध्ययन का लाभ प्राप्त करनेवाला वर्ग ही शिक्षा व्यवस्था, प्रकाशन उद्योग, ज्ञान की श्रेणीबद्धता के प्रशासन को नियन्त्रित करता है। इसलिए जाहिर है कि साहित्यालोचना के पश्चिमीकरण में इस वर्ग का स्वार्थ निहित है।

20वीं शताब्दी के भारतीय आलोचकों द्वारा साहित्यालोचना के क्षेत्र में अन्तहीन संकट का भय महसूस करना आलोचना के काम के बारे में वर्ग-आधारित 'पश्चिमी' समझ का परिणाम है। जब आलोचना का पूरा क्षेत्र त्रिपक्षीय सम्बन्धों के कारण बिखरा हुआ है, आलोचना के पश्चिमीकरण पर लगातार जोर बढ़ता गया है। हमने तर्क दिया है कि भारतीय बौद्धिक माध्यमों के पश्चिमीकरण ने आधुनिकता नहीं बल्कि उपनिवेशीकरण की प्रक्रिया को बढ़ावा दिया। साहित्यालोचना के आधुनिकीकरण का एकमात्र तरीका यह है कि भाषा साहित्यों में संक्रमण की उस प्रक्रिया को पूरा होने दिया जाये जो ब्रिटिश-पूर्व शताब्दियों में अधूरी रह गयी थी और औपनिवेशिक काल में जिसका पूरा होना और भी कठिन हो गया था। यह मानना भ्रामक है कि साहित्यालोचना के पश्चिमीकरण ने उसे नयी जीवन्तता दी। इसके उलट इसने भारतीय आलोचकों को अन्धाधुँध सैद्धान्तीकरण की नकलची प्रक्रिया में लगाकर ऐसी साहित्य धारणाएँ और आलोचनात्मक दृष्टिकोण निर्मित कराये जिनमें भाषा साहित्यों को जबरन ठूँसा गया। भाषा साहित्यों के इतिहास की औपनिवेशिक समझ और उससे उत्पन्न सांस्कृतिक विस्मृति ने भारतीय आलोचकों को अक्षम बना दिया कि वे भाषा साहित्यों द्वारा मार्ग आलोचना के समक्ष समर्पण करने से इनकार करने की व्यावहारिक बुद्धि को सराह सकें। हम इस विस्मृति की संरचना को मौजूदा शताब्दी के कुछ बेहतरीन आलोचकों के चुनिन्दा साहित्य सिद्धान्तों में देखेंगे।

श्री अरविन्द, रवीन्द्रनाथ टैगोर और आनन्द केन्तीस कुमारस्वामी भारतीय नवजागरण के तीन सर्वाधिक प्रभावशाली साहित्यालोचक हैं। तीनों के पास पूर्व व पश्चिम दोनों की साहित्य व संस्कृति की परम्पराओं का गहन ज्ञान, बहुभाषाविज्ञता और आत्म-चेतस् राष्ट्रीयता की भावना थी। कुमारस्वामी और श्री अरविन्द, ने सर्वश्रेष्ठ ब्रिटिश विश्वविद्यालयों में शिक्षा प्राप्त की थी, टैगोर और कुमारस्वामी साहित्य के अलावा अन्य ललित कलाओं की भी समझ रखते थे तथा श्री अरविन्द और टैगोर बड़े कवि थे। तीनों ने स्वयं को सिद्धान्त की खोज में लगाया। टैगोर का साहित्य सिद्धान्त अधिकांशतः तुलनात्मक प्रकृति का था। उन्होंने इसे भाषणों व निबन्धों के जरिये प्रस्तुत किया। कुमारस्वामी संस्कृत काव्यशास्त्र की ओर मुड़े और साहित्य व

कला के शाश्वत दर्शन के बारे में बात की। तुलनात्मक रूप से श्री अरविन्द ज्यादा सुसंगत थे और उन्होंने भविष्योन्मुखी कविता का व्यवस्थित सिद्धान्त पेश करने की कोशिश की। हम यहाँ श्री अरविन्द के कुछ विचारों को, भारतीय नवजागरण के प्रतिनिधि विचार मानकर, विश्लेषित करेंगे।[16]

श्री अरविन्द (1872-1950) ने सात वर्ष की उम्र के बाद अपनी पूरी शिक्षा इंग्लैंड में प्राप्त की। उन्होंने योरपीय शास्त्रीय भाषाओं और साहित्य का अध्ययन बड़े मनोयोग से किया। जो वर्ष श्री अरविन्द ने कैम्ब्रिज में बिताये उस दौरान मैथ्यू अर्नाल्ड और ऑस्कर वाइल्ड नायक हुआ करते थे तथा "साहित्यिक अध्ययन का सभ्यताकारक प्रभाव" जैसे विषयों का वर्चस्व था। इसलिए 1891 में जब वे भारत वापस आये तो भारतीय संस्कृति और भारतीय साहित्य की धरोहर से पूर्णतया अपरिचित थे। शुरुआत में उन्होंने अपनी कविता व काव्य-सिद्धान्त अंग्रेज़ी व योरपीय तर्ज पर बनाने की कोशिश की। कोई भी देख सकता है कि उनकी आरम्भिक रचनाओं में बिखरी हुई सौन्दर्यात्मक धारणाएँ सीधे प्लेटो और शेली से ली गयी हैं। लेकिन ऐसा लगता है कि घर वापसी के बाद श्री अरविन्द औपनिवेशिक प्रभाव के बारे में सचेत हो गये थे। बड़ौदा में अध्यापन शुरू करने के बाद शीघ्र ही उन्होंने भारतीय अध्यात्म का अध्ययन किया, भारतीय मिथकों पर आधारित कविताएँ लिखनी शुरू की, राष्ट्रवादी राजनीति में हिस्सा लिया, भारतीय कला, साहित्य व भाषाओं के बारे में गम्भीरतापूर्वक विचार करना शुरू किया और अपने साहित्यिक मूल्यों के पुनर्मूल्यांकन का प्रयास किया। जब अरविन्द बमुश्किल तीस वर्ष के रहे होंगे तब के उनके एक शुरुआती निबन्ध 'द सोर्सेज ऑफ पोयट्री'[17] में हम उन्हें कवि के सृष्टा होने की योरपीय धारणा को खारिज करने के लिए तैयार करता हुआ पाते हैं। कवि के द्रष्टा (seer) होने की भारतीय धारणा के जरिये वे अपने निबन्ध में स्थापित करते हैं कि काव्य अनन्तकाल से अस्तित्वमान का प्रत्यक्षीकरण है। यहीं पर वे काव्य-प्रेरणा के विभिन्न स्तरों को व्याख्यायित करने के लिए सात्विक, तामसिक, राजसिक जैसे संस्कृत पद ले आते हैं। यह निबन्ध भारतीय अतीत को पुनर्जीवित करने की राष्ट्रवादी प्रवृत्ति के साथ ही साथ सैद्धान्तीकरण की औपनिवेशिक अनिवार्यता को भी दिखाता है। यह निबन्ध विस्मृतिपरक भारतीय आलोचना का पहला रोचक दस्तावेज[18] होना चाहिए जो यह दिखाता है कि भक्ति काव्य से उद्भूत अवधारणाओं को किस तरह पुनरुत्थानवाद और औपनिवेशिक प्रभाव दोनों से एकसाथ मुठभेड़ करनी पड़ी।

निबन्ध काव्य की प्रकृति और प्रकारों को समझने के अवधारणात्मक दृष्टिकोण का ढाँचा प्रस्तावित करता है। इसके अनुसार काव्य मूलतः प्रत्यक्षीकरण है, जो प्रेरणा के रूप में कवि की चेतना से गुजरकर स्वयं को किसी कविता के रूप में प्रकट करता है। इसमें यह निहित है कि आदर्श काव्य को प्रत्यक्षीकरण की शर्त अवश्य पूरी करनी चाहिए। निबन्ध प्रस्तावित करता है कि कवि की व्यक्तिगत प्राथमिकताओं से पार

पाकर और उसके व्यक्तित्व की भूमिका को न्यूनतम बनाकर (शाश्वत अस्तित्वमान के) प्रत्यक्षीकरण को प्राप्त किया जा सकता है। आदर्श काव्य कवि की अन्तःप्रज्ञात्मक तर्क, अन्तःप्रज्ञात्मक निर्णय और अन्तःप्रज्ञात्मक बुद्धि को प्रदर्शित करता है। कवि मस्तिष्क के ये उच्चतर कार्य हैं। अनुभव करनेवाला दिमाग और कल्पना व स्मृति जैसे सहायकों के साथ तर्कबुद्धि आदि उसके कुछ निम्नतर कार्य भी हैं।

अन्तःप्रज्ञात्मक बुद्धि काव्य/प्रत्यक्षीकरण को प्राप्त करती है और अतःप्रज्ञात्मक तर्क व अन्तःप्रज्ञात्मक निर्णय प्रत्यक्षीकरण को साँचे में ढालते हैं। प्रत्यक्षीकरण-प्रेरणा-स्वरूप प्रकाशन एक सतत प्रक्रिया है। प्रत्यक्षीकरण चेतना के उस हिस्से का अंग है जो दृश्य से परे तथा बुद्धि और भावनाओं की समझ से परे अविभाजित व अनगढ़ यथार्थ से सम्बद्ध है। इस प्रवाह से जब प्रत्यक्षीकरण कवि की चेतना और भाषा में प्रवेश करता है तब तर्क और निर्णय के दायरे में आ जाता है। मस्तिष्क की क्षमता इसे पुनर्गठित करती है। प्रत्यक्षीकरण और सचेत मस्तिष्क की अन्तःक्रिया के सन्दर्भ में श्री अरविन्द काव्य को तीन भागों—तामसिक, राजसिक और सात्विक—में वर्गीकृत करते हैं। यथार्थ के प्रवाह पर मस्तिष्क की प्रतिक्रिया का स्थाई सम्बन्ध कविता को महान बनाता है। कवि-मस्तिष्क की इस सघन और एकीकृत प्रक्रिया को सन्तत्व का गुण कहा जा सकता है, जो व्यक्तित्व को मूक बनाकर उपदेश का गुण धारण करता है। सारा महान काव्य अपने चरित्र में अनिवार्यतः सन्तत्व के गुणवाला होता है।

काव्य के प्रकारों को दिखाने के लिए श्री अरविन्द ने अधिकांशतः अंग्रेज़ी कविता का उदाहरण दिया है। इसमें प्रयुक्त शब्दावली सांख्यीय ज्ञानमीमांसा की है, जबकि जिन काव्य गुणों का उल्लेख किया गया है उनसे सबसे पहले भाषा परम्पराओं के प्रमुख कवियों की सूची जेहन में आती है। 1907 में लिखे एक अन्य निबन्ध में श्री अरविन्द काव्यानन्द की प्रकृति की व्याख्या करने के लिए 'रस, भोग और आनन्द' जैसे संस्कृत पदों का प्रयोग करते हैं। इस राष्ट्रवादी निबन्ध का शीर्षक है 'नेशनल वैल्यू ऑफ आर्ट'।[19] यह भारतीय सभ्यता के केन्द्र में सौन्दर्य के सिद्धान्तों की व्याख्या का प्रयास है। यह श्री अरविन्द और कुमारस्वामी की साझा रुचि का क्षेत्र है। अंग्रेजियत में रंगे अपने भाई मनमोहन घोष[20] को लिखे एक पत्र में श्री अरविन्द भारतीय कला और कला-मूल्यों का भावुकतापूर्ण बचाव करते हैं और प्रस्तावित करते हैं कि यदि किसी के पास सही सहानुभूति हो तो भारतीय साहित्य विकृतियों और अनगढ़ लोककथाओं का झाड़-झंखाड़ नहीं बल्कि लय और आनन्द की भावना से ओत-प्रोत दिखायी पड़ेगा। साफ तौर पर यहाँ वे भारतीय साहित्य की भारतविद्यावादी अवधारणा पर प्रतिक्रिया व्यक्त कर रहे हैं। खुद का भारतीयकरण करने और अपनी आलोचना के मुहावरे को विउपनिवेशित करने की जरूरत उनके आरम्भिक आलोचना लेखों में स्पष्ट है। फिर भी उनके सौन्दर्यशास्त्र का अध्ययन यह दिखाता है कि अंग्रेज़ी लालन-पालन और अंग्रेज़ी आलोचकों से विरासत में

मिले सौन्दर्यात्मक विचारों से छुटकारा मिलना बहुत मुश्किल था। सारतः उनकी आलोचनात्मक चेतना औपनिवेशिक आलोचनात्मक चेतना थी।

'आर्या' में 1917 से 1920 ई.[21] तक धारावाहिक रूप में प्रकाशित लेखों का संकलन 'द फ़्यूचर पोयट्री' अंग्रेज़ी कविता का एक सर्वेक्षण है। इसका मकसद यह दिखाना है कि अधिकांश अंग्रेज़ी कविता आदर्श कविता से निम्न स्तर की है। यहाँ कविता का आदर्श "यथार्थ का मन्त्र" है। अंग्रेज़ी कविता की उपलब्धियों का मूल्यांकन करने के लिए श्री अरविन्द जो मानदंड अपनाते हैं, वे हैं—"आध्यात्मिक यथार्थ का प्रत्यक्षीकरण", "अन्तःप्रज्ञात्मक बुद्धि" और "अन्तःप्रज्ञात्मक दृष्टि"। अंग्रेज़ी कविता पर उनका आरोप है कि सामान्यतः इसमें आध्यात्मिकता का अभाव है। इसका अनकहा मतलब है अंग्रेज़ी काव्य परम्परा और वेदों-उपनिषदों की प्राचीन भारतीय काव्य-परम्परा की तुलना करना। इसका मकसद भारतविद्या द्वारा स्थापित श्रेष्ठताक्रम को उलट देना है। लेकिन श्रेष्ठताक्रमवाला दृष्टिकोण वही है। 'द फ़्यूचर पोयट्री' ऐसे सिद्धान्त निरूपित करता है, जो भविष्य की अंग्रेज़ी कविता को प्राचीन भारतीय कविता जैसा बनायेंगे। इन सिद्धान्तों का श्री अरविन्द के लिए बड़ा महत्व था क्योंकि वे स्वयं अंग्रेज़ी रूमानी काव्य-परम्परा के भारतीयकरण के प्रयोग में लगे हुए थे। 'द फ़्यूचर पोयट्री' में पेश किये गये श्री अरविन्द के सौन्दर्यशास्त्र का मुख्य बिन्दु संश्लेषण का प्रयास है। शुरुआत में वे काव्य की प्रकृति के बारे में बुनियादी सवाल उठाते हैं :

अतीत और भविष्य पर लागू किये जा सकनेवाले एक सूत्र को प्राप्त करने के लिए इस बात की पड़ताल अनावश्यक न होगी कि हम कविता से किस सर्वोच्च शक्ति की माँग करते हैं। या और व्यापक ढंग से रखें तथा मामले की जड़ के ज्यादा निकट पहुँचें तो कह सकते हैं कि—कविता की प्रकृति, उसका मूलभूत नियम क्या हो और कैसे इससे कविता के यथार्थ के मन्त्र की तरह इस्तेमाल होने की सम्भावना खड़ी होती है।[22]

इस प्रश्न के जवाब में श्री अरविन्द कविता का जो सिद्धान्त प्रस्तावित करते हैं उसे संक्षिप्त में इस तरह से रखा जा सकता है : कविता मनुष्य की आत्म को अभिव्यक्त करती है और कवि सौन्दर्य की जो भी शक्ति 'देख' (द्रष्टा होने के कारण) पाता है, उसी का शब्द रूप होती है। यह तब होता है जब सृजन 'आदर्श' और कवि की आत्म व प्रकृति में आध्यात्मिक अन्तर्दृष्टि से आप्लावित होता है। लयात्मक गतियों की सर्वोच्च तीव्रता, वैचारिक तत्व व मौखिक रूपों की सर्वोच्च तीव्रता और आत्म के द्वारा सत्य के अवलोकन की सर्वोच्च तीव्रता को प्रभावी ढंग से समेकित करने पर काव्य महान बनता है। इन तीन तीव्रताओं से युक्त काव्य पाँच शाश्वत तत्वों या पाँच काव्य-सूर्यों—सत्य, सौन्दर्य, आनन्द, जीवन और आत्मा—की सर्वोच्च संगति को अभिव्यक्त करता है।

कविता के स्वप्नदर्शी गुण पर श्री अरविन्द का इतना जोर 'मार्ग' परम्परा की प्राचीन भारतीय कविता को वरीयता देने की ओर संकेत करता है। लेकिन यह उनकी उच्च रूमानी विरासत द्वारा निर्धारित है। कविता के आध्यात्मिक पक्ष को रेखांकित करने के क्रम में वे संस्कृत काव्यशास्त्रीय पदों को मरोड़ते हैं। उनके द्वारा 'रस' का प्रयोग इसका सबसे मजेदार उदाहरण है। वे इसे इसके मूल वैदिक अर्थ—'एक तरल', 'एक दैवीय भोज्य', 'एक गतिशील वस्तु', और 'पौधे के अर्क'—में प्रयुक्त करते हैं। वे इसका प्रयोग दर्शक द्वारा कला के अनुभव की व्याख्या करने के लिए नहीं बल्कि रचना-प्रक्रिया की प्रकृति की व्याख्या करने के लिए करते हैं। इस तरह यह पद कलाकार-उन्मुख, व्यंजक काव्य-सिद्धान्त निर्मित करने में प्रयुक्त कर लिया जाता है। इसका एक और उदाहरण 'आनन्द' की व्याख्या है। संस्कृत काव्यशास्त्र ने सौन्दर्यानुभूति की व्याख्या करने के क्रम में 'ब्रह्मानन्द' की अवधारणा का प्रयोग अनुरूपता के अर्थ में रूपक की तरह किया है। श्री अरविन्द इस रूपक को कुछ ज्यादा ही गम्भीरता से लेते हैं और ब्रह्मानन्द व काव्यानन्द दोनों को हूबहू एक मान लेते हैं। वे काव्य-आनन्द और आध्यात्मिक-आनन्द के बीच जो भ्रम पैदा करते हैं, वह राष्ट्रवाद और भारतविद्या के हाथ मिला लेने का उदाहरण है। जबकि इनमें से एक भारत के अतीत में कुछ अच्छा मानता था तो दूसरा मानता था कि अतीत में जो कुछ भी अच्छा था वह अध्यात्म तक ही सीमित था। लेकिन यह भ्रम कीट्स, ब्लेक और शेली जैसे उच्च रूमानियों में भी दिखता है। वे काव्य को सत्य, शिव और सौन्दर्य का संकल्प मानते थे। यद्यपि श्री अरविन्द ने औपनिवेशिक संस्कृति के श्रेष्ठताक्रम को उलट दिया लेकिन उनकी 'द फ़्यूचर पोयट्री' की पूरी संरचना शेली के 'अ डिफेंस ऑफ पोयट्री' पर आधारित है। पहले खंड में दोनों काव्य की परिभाषा इसे विज्ञान, दर्शनशास्त्र, तर्कशास्त्र आदि से अलगाने के जरिये करते हैं। बीच के खंड को दोनों कविता के प्रवृत्तिगत सर्वेक्षण को समर्पित करते हैं—शेली योरपीय कविता का सर्वेक्षण करते हैं तो श्री अरविन्द अंग्रेज़ी कविता का। अन्त के खंड में दोनों निबन्धों में इस सम्भावना पर जोर दिया गया है कि काव्य 'आदर्श' स्थितियों में अन्वेषण कर सकता है। यह सम्भव है कि व्यक्तिगत रुचि के लिहाज से श्री अरविन्द को लगा हो कि उच्च रूमानी सौन्दर्यशास्त्र प्राचीन भारतीय काव्य और काव्यशास्त्र से एकदम मेल में है और शायद उन्होंने सोचा हो कि उनका निबन्ध 'फ़्यूचर पोयट्री' दोनों को एक ही काव्यशास्त्र में जगह दे सकता है। संश्लेषण का यह प्रयास सांस्कृतिक आत्म-परिभाषा का भी प्रयत्न था। इस काम के पीछे की प्रेरक शक्ति भावुक राष्ट्रवाद था। श्री अरविन्द का संस्कृत भाषा पर अद्भुत अधिकार था और उनके लेखन से कोई ऐसा उदाहरण नहीं दिया जा सकता जिससे यह साबित हो कि उन्होंने संस्कृत काव्यशास्त्र का अध्ययन नहीं किया था। उन्हें संस्कृत साहित्य का प्रत्यक्ष ज्ञान था, वे कई भारतीय भाषाएँ जानते थे और भाषा साहित्यों से उनका

परिचय था। फिर भी जब उन्होंने साहित्यालोचना की नयी व्यवस्था विकसित करने का विचार किया तो भारतीय साहित्यिक परिस्थिति और आलोचनात्मक परम्परा में ऐतिहासिक परिवर्तन से स्वयं को कटा हुआ पाया। 'अहन'[23] जैसी अपनी कविता में वे भक्ति का गुणगान करते हैं, तब यह कैसे है कि उनकी आलोचना में भाषाओं के बारे में कोई अभिज्ञता नहीं दिखायी पड़ती। इस सवाल का जवाब तभी मिल सकता है जब हम श्री अरविन्द को ऐसा 'औपनिवेशिक' उद्यमशील बुद्धिजीवी मान लें जो हतोत्साहित और विस्मृतिवाले समाज का अंग है और जो एक लगभग नष्ट हो चुकी संस्कृति को पुनर्जीवित करने की हताशापूर्ण कोशिश कर रहा है। उनकी असफलता संश्लेषण की कोशिश और सहयोगी रूप बनाने की कोशिशों के कारण थी; जबकि मुठभेड़ ज्यादा उपयोगी होती। उन्होंने राष्ट्रवाद को एक दृष्टिकोण के रूप में अपनाया जो सारतः औपनिवेशिक था। वे सैद्धान्तिक हो गये जबकि जरूरत ऐतिहासिक होने की थी।

श्री अरविन्द भारतीय रूमानियों की उस पीढ़ी के हैं, जिनकी साहित्य के बारे में धारणाएँ हम अपने 'श्रेष्ठ' 'आधुनिकतावादी' दृष्टिकोण के चलते खारिज कर देते हैं। यह देखना बहुत शिक्षाप्रद होगा कि भारत के तटों पर 'आधुनिकतावाद' के पहुँचने के बाद भारत में आलोचना का क्या हुआ। 'आधुनिकतावाद' योरप में वास्तविक सामाजिक उथल-पुथल और सांस्कृतिक विफलता के चलते पैदा हुआ था। यह भारत में आर्थिक विकास और सामाजिक संकट के चलते नहीं पैदा हुआ बल्कि साहित्य के रूप में पहुँचा था। योरप में आधुनिकतावाद का पहला चरण 1848 की क्रान्ति ने शुरू किया और दूसरा चरण प्रथम विश्वयुद्ध के आस-पास शुरू हुआ। भारत में आधुनिकतावाद 1930 के दशक में शुरू हुआ। इस समय विभिन्न दिशाओं में अनेक चीजें विकसित हुईं। सिद्धान्तबद्ध वामपन्थी लेखन जिसे 'प्रगतिशील आन्दोलन' कहा गया; इतिहास और फँतासी के मिश्रणवाला राष्ट्रवादी लेखन; आदर्शवाद को केन्द्र में रखकर लिखा गया गाँधीवादी लेखन; शैली की प्रशंसा करनेवाला रूपवादी लेखन; अतियथार्थवाद, प्रतीकवाद और बिम्बवाद जैसी तकनीकों का प्रयोग करनेवाला लेखन; सिनेमा आख्यान शैली के साथ-साथ योरपीय आवाँगार्द शैली का प्रयोग करनेवाला कथा साहित्य—इन सबमें भारतीय साहित्य की मुख्यधारा बनने की होड़ लगी हुई थी। एक अर्थ में भारतीय आधुनिकतावाद भारतीय रूमानीवाद की तुलना में ज्यादा चालाकी से पश्चिमी रूपों की नकल करनेवाला था। इसीलिए आधुनिकतावाद आलोचना में छदम-सैद्धान्तीकरण की प्रवृत्ति लेकर आया। इसमें से ज्यादातर सिद्धान्त उन पराये सिद्धान्तों पर आधारित थे, जिनकी भारतीय परम्पराओं के सन्दर्भ में कोई प्रासंगिकता नहीं थी।

मराठी के पहले आधुनिकतावादी बाल सीताराम मारधेकर (1909-1959) इस काल के सबसे महत्वपूर्ण आलोचकों में से एक हैं। उन्होंने मराठी और अंग्रेज़ी दोनों

में आलोचनात्मक ग्रन्थों की रचना की। उनकी पहली आलोचनात्मक पुस्तक 'आर्ट्स एंड मैन' 1938 में अंग्रेज़ी में प्रकाशित हुई। इसके बाद 'वांग्मयिन महात्मता' नाम से एक ग्रन्थ मराठी में और 'टू लेक्चर्स ऑन एन एस्थेटिक ऑफ लिटरेचर' नाम से अंग्रेज़ी ग्रन्थ 1944 में प्रकाशित हुआ। इंग्लैंड से वापस आने के बाद मारधेकर ने साहित्यिक सौन्दर्यशास्त्र पर विस्तार से लिखा और बोला। अंग्रेज़ी में उनके समस्त आलोचनात्मक लेखन को 'आर्ट्स एंड मैन' नाम से मरणोपरान्त 1960 में प्रकाशित किया गया और समग्र मराठी लेखन को 'सौन्दर्य अनि साहित्य' शीर्षक से 1956 में प्रकाशित किया गया।[24]

मारधेकर के साहित्यिक सौन्दर्यशास्त्र की केन्द्रीय समस्या सौन्दर्यबोध है, जो भौतिक रूप से मौजूद कलाकृति को आत्मगत रूप से प्राप्त मूल्य-निर्णय से जोड़ती है। क्लाइव बेल का महत्वपूर्ण रूपों के महत्व का सिद्धान्त और रसेल की दार्शनिक खोज की तार्किक पद्धति, उनकी प्रेरणा के स्रोत हैं। दोनों को साथ लाने की कोशिश मारधेकर का अपना मौलिक प्रयास है। चूँकि उनका मकसद सौन्दर्यशास्त्र का विशद सिद्धान्त निर्मित करना था, उन्होंने सौन्दर्य निर्णय की प्रकृति, सौन्दर्य भावना और सौन्दर्य संगठन जैसे बुनियादी प्रश्नों को उठाया। इस सिद्धान्त की केन्द्रीय धारणा यह है कि सौन्दर्यानुभूति सीधे, बिना किसी माध्यम के जरिये परम और गुणात्मक अनुभूतियों की श्रृंखला का विषय है और सौन्दर्य—जो अन्ततः संगति, असादृश्य और सन्तुलन का लयात्मक पैटर्न है—अपने अनुभवकर्ता से स्वतन्त्र होता है। सौन्दर्य निर्णय सहृदय के मस्तिष्क में लयबद्ध रूपों के द्वारा उद्‌भूत सौन्दर्य भावों का परिणाम है। यदि यह प्रत्यक्ष अनुभव से उत्पन्न नहीं होता तो सौन्दर्य निर्णय नहीं है। मारधेकर अपने इस सिद्धान्त की पुष्टि के लिए "द अजन्ता फ्रेस्कोज आर ब्यूटीफुल" की धारणाओं का परीक्षण करते हैं। इस धारणा का पाठ अपने-आप में सौन्दर्य निर्णय नहीं होगा, जब तक कि सन्दर्भ यह नहीं बताता कि यह व्यक्ति के प्रत्यक्ष अनुभव पर आधारित है। मारधेकर कहते हैं कि जिस क्षण यह किसी दूसरे के द्वारा अभिव्यक्त होता है, उसी क्षण यह सौन्दर्य निर्णय नहीं रह जाता। संगति, विरोध और सन्तुलन की पुंजीभूत लय ही कोई कलाकार अपने खास माध्यम के जरिये रचता है।

अपने केन्द्रीय सिद्धान्त से एक उप-प्रमेय का निगमन करते हुए मारधेकर कला के माध्यम और साधन में अन्तर करते हैं। चित्रकला में रंगद्रव्य (pigment) साधन हैं और रंग (colour) माध्यम है। इसी तरह कविता में नाद संगठन का साधन है और अर्थ माध्यम है। आई.ए. रिचर्ड्स के संज्ञानात्मक अर्थ और भावात्मक अर्थ के विभाजन को आगे बढ़ाते हुए मारधेकर भावात्मक अर्थ के दो उपभाग करते हैं—'सौन्दर्यात्मक' और 'काव्यात्मक'। सौन्दर्यात्मक अर्थ पूरी तरह भावात्मक होता है जबकि काव्यात्मक अर्थ अनिश्चित ढंग से भावात्मक होने के चलते ललित कलाओं के पदानुक्रम में निचले पायदान पर आता है।

मारधेकर का सिद्धान्त अपने पहले प्रकाशन के समय से ही मराठी आलोचकों द्वारा लगातार बहस, विवाद और संशोधन का विषय रहा है।[25] वास्तव में यह आधुनिकतावादी मराठी परम्परा का लगभग केन्द्रीय आलोचनात्मक ग्रन्थ बन गया। यह तर्क देना सम्भव है कि मारधेकर का सिद्धान्त तार्किक, दार्शनिक और आध्यात्मिक रूप से अपर्याप्त है और पिछले 40 सालों में मराठी आलोचकों ने कई बार ऐसे तर्क दिये हैं। दूसरी तरफ यह भी सिद्ध करना सम्भव है कि वे कला और साहित्य के बुनियादी मुद्दों पर विचार करनेवाले अत्यन्त मौलिक आलोचक थे। हमारी चिन्ता का विषय मारधेकर के सिद्धान्त की तार्किक एकरूपता और उनकी परस्पर अनुकूलता नहीं बल्कि उसके अस्तित्व का तर्क है। यदि उन्होंने अपने ही तर्क—सौन्दर्य निर्णय बिना किसी मध्यस्थ के होनेवाला अनुभव है—पर ही और सावधानीपूर्वक विचार किया होता, तो उन्हें सिद्धान्त और परायी बौद्धिक परम्पराओं व अवधारणाओं की मध्यस्थता की अनुपयोगिता का अनुभव होता। उनके सिद्धान्त के आलोक में दोनों महत्वहीन हो जाते हैं। पश्चिमी सन्दर्भों का उल्लेख करने में उनकी व्याप्ति काफी प्रभावशाली है। जिसमें क्लाइव बेल, कालिंगवुड, रसेल, अरस्तू, कांट, क्रोचे, फ्रायड, इलियट, कॉलरिज, अवेरक्राम्बी, टी.ई. हल्म, बोसांके, हर्बर्ट रीड आदि शामिल हैं। अजन्ता के भित्तिचित्रों से सामना होने पर इनमें से कोई भी सौन्दर्यात्मक निर्णय देने में अपनी अक्षमता स्वीकार कर लेता। अजन्ता की कला का स्रोत इतने भिन्न तरह की सौन्दर्य-धारणा और कला दर्शन में है कि पाश्चात्य आलोचना उसके बारे में सौन्दर्य निर्णय देने में सक्षम नहीं हो सकती। फिर भी मारधेकर एक सिद्धान्त गढ़ने के लिए इस भोले विश्वास के साथ आगे बढ़ते हैं कि महत्व और उपयोगिता के लिहाज से कला-सिद्धान्त सार्वभौम होते हैं और भारतीय सौन्दर्यबोध को परिभाषित करने के लिए योरप की बौद्धिक संरचनाओं को सुरक्षित तरीके से प्रयोग में लाया जा सकता है। मारधेकर का सिद्धान्त संस्कृत काव्यशास्त्र के किसी भी हिस्से का उल्लेख नहीं करता। लेकिन वास्तव में सिद्धान्तों की सार्वभौमता में यकीन का अर्थ है संश्लेषण।

मारधेकर मराठी के पहले कवि थे जिन्होंने उत्तर-रूमानी जीवन्तता, भाषा के बारे में जागरूकता, शैली और छन्द को बढ़ावा दिया, जिसे रूमानी काल ने कमजोर कर दिया था। उनकी कविता का मुहावरा मराठी का था, जो एक जीवित देशी परम्परा थी। उन्होंने आधुनिक विषयों पर लिखा लेकिन उनकी कविता की चिन्ताएँ भक्ति-काव्य से विरासत में मिली थीं। इसलिए उनकी कविता विद्रोह की भावना से ओत-प्रोत थी। विद्रोह की भावना भक्ति कविता का सार था। फिर भी मारधेकर की विद्वतापूर्ण और सँवरी हुई आलोचना में परम्परा के सन्दर्भ और विद्रोह की भावना, दोनों का अभाव है। यहाँ तक कि जब वे अरस्तू के काव्य-दर्शन की कमियाँ गिनाने की कोशिश करते हैं, तब भी पाश्चात्य आलोचना के कैनन से बाहर निकलने की

उनकी कोई योजना नहीं दिखती। यह कहा जा सकता है कि सैद्धान्तीकरण की पाश्चात्य प्रवृत्ति, श्री अरविन्द की तरह ही मारधेकर की साहित्यालोचना की रूढ़िवाद और प्राधिकार के खिलाफ विद्रोह की भाषा परम्परा को अस्वाभाविक ढंग से निगल गयी। श्री अरविन्द ने औपनिवेशिक परिप्रेक्ष्यों से बाहर निकलने की कोशिश करते हुए प्राचीन भारतीय कविता की दुनिया में प्रवेश किया। मारधेकर ने ऊबकर मार्ग परम्परा को परे हटा दिया और बौद्धिक रूप से औपनिवेशिक परम्परा को गले लगा लिया। दोनों की प्रेरक शक्ति कुछ नया रचने की चाहत थी, चीजों का देशीकरण करने उन्हें जीवन्त बनाने की इच्छा थी। यह चाहत भाषा परम्पराओं से उत्तराधिकार में मिली थी। श्री अरविन्द और बी.एस. मारधेकर दोनों आधुनिक भारतीय आलोचकों की दो किस्मों के उदाहरण हैं। ये दोनों आलोचना के क्षेत्र का इस हद तक प्रतिनिधित्व करते हैं कि हम कह सकते हैं कि भारत में साहित्यालोचना भाषा, मार्ग और औपनिवेशिक परम्पराओं के त्रिपक्षीय सम्बन्धों को प्रदर्शित करती है। यह सांस्कृतिक विस्मृति से अनुकूलित होने के चलते अभी भी छितरायी हुई है।

देशीवाद

देशीवाद मराठी में हाल ही में उभरी आलोचनात्मक प्रवृत्ति है, जो मराठी साहित्य संवेदना और आलोचना को उपर्लिखित त्रिपक्षीय सम्बन्धों की कारा से मुक्त कराने का प्रयास करती है। यह साहित्य को किसी खास भाषा–जैसेकि मराठी या गुजराती–के भीतर संचालित होनेवाली गतिविधि के रूप में देखती है। देशीवाद यह मानता है कि साहित्य अपनी उत्पत्ति की भाषा के विमर्शों के नियमों से बँधा होता है। यह लेखन को सामाजिक कर्म समझता है और उससे अपनी उत्पत्ति के समाज के प्रति नैतिक प्रतिबद्धता के बोध की उम्मीद करता है। यह साहित्येतिहास को युगों की श्रृंखला मानने के औपनिवेशिक मानकों को खारिज करने के साथ ही मुख्यधारा के साहित्य को एकमात्र प्रामाणिक साहित्य मानने के 'मार्ग' के दावे को भी खारिज करता है। देशीवाद भाषा के आधार पर साहित्य को देखने का तरीका है। यह अवधारणा आधारित सार्वभौम आलोचना की पद्धति को खारिज करता है। इस तरह यह अच्छे व बुरे साहित्य की पूर्वनिर्धारित धारणाओं की जगह आलोच्य साहित्य की परम्पराओं के भीतर से अपने मुख्य आलोचनात्मक मुद्दे और विषयवस्तु इकट्ठा करता है। साथ ही साथ यह इतिहास और परम्परा के महिमामंडन को खारिज करता है और यथार्थवाद को महत्व देता है। भालचन्द्र नेमाड़े मराठी में देशीवाद के मुख्य प्रवक्ता हैं। मराठी में क्षेत्र, जाति व बोलियों के प्रति संवेदनशील कई अन्य प्रवृत्तियाँ भी हैं, जो देशीवाद में आकार ग्रहण करती हैं।

भालचन्द्र नेमाड़े (जन्म 1938) अपने पहले उपन्यास 'कोसला' (1963) से

प्रसिद्ध हो गये। इस उपन्यास ने मराठी उपन्यासों में एक नयी रूपगत प्रवृत्ति और यथार्थवाद के एक नये स्तर को जन्म दिया। उनके अन्य उपन्यास 'बिढार', 'जरीला' और 'झूल' बहुप्रशंसित रहे। उन्होंने लगातार साहित्यिक संस्कृति, शैली और भाषा, अनुवाद और प्रभाव से सम्बन्धित विषयों के बारे में लिखा है। उन्होंने मराठी गद्य की शैली पर अंग्रेज़ी के प्रभाव की समस्या पर भी काम किया है। अंग्रेज़ी के प्रभाव के ज्ञान और मराठी गद्य शैली के ज्ञान को संयोजित करके 1980 में उन्होंने मराठी गद्य की शैली पर एक विस्तारित निबन्ध लिखा। इसे मराठी में बुनियादी महत्व के आलोचना ग्रन्थ का दर्जा हासिल है। 1986 में इसका अंग्रेज़ी में अनुवाद प्रकाशित हुआ।[26] एकदम शुरुआत में ही नेमाड़े अपनी तरह के देशीवाद का एक सम्भावित ब्यौरा पेश करते हैं–

"मौजूदा पीढ़ी में निश्चित रूप से यह देशीवादी जागरूकता होनी चाहिए कि मराठी के उपन्यास मराठी लेखकों की रचनाएँ हैं, जो मराठी समाज की उपज हैं। इससे भी आगे दुनिया की तमाम भाषाओं से रचनाओं को उठाकर मराठी की रचनाओं से उनकी तुलना करने की चल पड़ी रूपवादी और भोंदू प्रवृत्ति से बचा जाना चाहिए। दोनों तुल्य संस्कृतियों के गहन अध्ययन के बिना उनकी तुलना करना आलोचना के लिए खतरनाक है। संस्कृति कोई शीशे का महल नहीं बल्कि जमीन से जुड़ी हुई प्रक्रिया है और साहित्य कोई सैद्धान्तिक निर्मिति नहीं बल्कि जीवित परिघटना है।"[27]

साहित्य को 'अपनी भाषा के भीतर उत्पन्न परिघटना' मानने के चलते देशीवाद 'पश्चिमी अन्य' के सन्दर्भ में स्वयं को परिभाषित करने से बच जाता है।

नेमाड़े का निबन्ध मराठी के उपन्यासों का लेखा-जोखा पेश करता है। मराठी उपन्यास में उत्पन्न हुई विविध प्रवृत्तियों को व्याख्यायित करने के क्रम में वे तीन आलोचनात्मक श्रेणियों का निर्माण करते हैं, जो अपनी प्रकृति में वर्णनात्मक हैं–'रीति', 'कृति' और 'प्रतिकृति'। 'रीति' का प्रयोग रूप चेतना और रूपवाद से प्रभावित शैली को व्यक्त करने के लिए किया जाता है। 'कृति' का प्रयोग उपन्यासकार के कार्य के सन्दर्भ में किया जाता है और 'प्रतिकृति' का प्रयोग भ्रान्ति या छाया के अर्थ में किया जाता है। नेमाड़े इन पदों को परिभाषित करने की औपनिवेशिक मजबूरी से बचते हैं। इन श्रेणियों को व्याख्यात्मक ढंग से प्रयुक्त करने पर उन्हें मराठी उपन्यासों से ऐसे सटीक उदाहरण मिलते हैं जो इनकी व्याख्या करते हैं। इस तरह वे 19वीं सदी के मराठी उपन्यास में तीन मुख्य प्रवृत्तियाँ चिन्हित करते हैं। लक्ष्मण शास्त्री मोरेश्वर शास्त्री हल्बे का उपन्यास 'मुक्तमाला' (1861), यह पहला 'रीति' उन्मुख उपन्यास है, जिससे 'मुक्तमाला' प्रवृत्ति के उपन्यासों की शुरुआत मानी जाती है। दूसरा बाबा पद्‌मनजी का उपन्यास 'यमुनाप्रयत्न' (1857)। यह

'कृति' उन्मुख उपन्यास है, जिससे 'यमुनाप्रयत्न' प्रवृत्ति की शुरुआत हुई। तीसरा है आर.बी. गुंजेकर का उपन्यास 'मोछांगद' (1871)। इससे 'मोछांगद' प्रवृत्ति की शुरुआत हुई। नेमाड़े इन तीन प्रवृत्तियों को मराठी उपन्यास की बुनियादी प्रवृत्ति मानते हैं। उनके विचार से 'मोछांगद' मराठी समाज की सहज प्रवृत्ति को अभिव्यक्त करता है। यह यथार्थवाद और सामाजिक नैतिकता की ओर मजबूत झुकाव प्रदर्शित करता है। जबकि दूसरी तरफ 'मुक्तमाला' की विषय-वस्तु और शैली पर औपनिवेशिक वर्चस्व का प्रभाव स्पष्ट है। 'यमुनाप्रयत्न' का झुकाव कामुकता और फैंटेसी की तरफ है, जोकि पांडित्यवाली मार्ग परम्परा की विशेषता रही है। इस तरह नेमाड़े द्वारा किया गया मराठी उपन्यासों का वर्गीकरण उस त्रिपक्षीय सम्बन्ध के बारे में स्पष्ट जागरूकता प्रदर्शित करता है जिससे आधुनिक भारतीय साहित्य का विमर्श निर्मित हुआ है। स्वाभाविक रूप से वे सामाजिक यथार्थवाद और 'कृति'वाले उपन्यासों को वरीयता देते हैं। वे मराठी उपन्यास के इतिहास को इन तीन बुनियादी प्रवृत्तियों के बीच साझी अन्तःक्रिया के रूप में व्याख्यायित करते हैं और इस इतिहासशास्त्र के आधार पर 1950 के बाद के मराठी उपन्यासों का एक चार्ट तैयार करते हैं। चार्ट यहाँ तालिका के रूप में प्रदर्शित है—

उपन्यास स्पेक्ट्रम

अयथार्थवादी

प्रतिकृति उन्मुख 'मोछांगद' प्रवृत्ति	1	ऐतिहासिक
	2	पौराणिक
	3	जीवनीपरक
	4	फैंटेसी
रीति उन्मुख 'मुक्तमाला' प्रवृत्ति	5	यौनिक
क्षेत्रीय	6	क्षेत्रीय
कृति उन्मुख यमुनाप्रयत्न प्रवृत्ति	7	उप-समुदाय, उप-संस्कृति आधारित
	8	समस्या आधारित
	9	नयी नैतिकता

यथार्थवादी

निबन्ध नेमाड़े के वर्गीकरण को स्पष्ट करने के लिए अनेक मराठी उपन्यासों का तीखा विश्लेषण प्रस्तुत करता है। लेकिन वे मराठी उपन्यासों में सर्वाधिक महत्व

देशीय जागरूकता को देते हैं, जो मानती है कि उपन्यास एक सामाजिक, भाषाई और कलात्मक गतिविधि है। इसलिए मराठी समाज के प्रति इसकी एक नैतिक जिम्मेदारी है। देशीय, नैतिक उपन्यास पर वे टिप्पिणी करते हुए लिखते हैं–

"'यमुनाप्रयत्न' के साथ पैदा हुए नये उपन्यास का यथार्थ से गहन सम्बन्ध है। यह 'कृति' को सृजन का अविभाज्य पक्ष मानता है और मनुष्य के जीवन में एक नया मूल्य मापक प्रस्तुत करता है। यह नयी नैतिकता के गुण के जरिये स्वयं को अन्य प्रवृत्तियों से अलगाता है। यह अपनी विषय-वस्तु का चयन समकालीन जीवन और दुनिया से करने और अपनी शैली को विषयों के अनुरूप आयाम देने में यकीन करता है।"[28]

नेमाड़े के निबन्ध ने मराठी के उपन्यास की आलोचना को नयी दिशा दी है। इसने यह सामान्य जागरूकता फैलायी है कि आलोचना अवधारणाओं और औजारों का सार्वभौम खेल नहीं बल्कि देशी साहित्य परम्पराओं की गम्भीर छानबीन है।

नेमाड़े का निबन्ध उपन्यास का व्यवस्थित सिद्धान्त नहीं पेश करता बल्कि आलोचनात्मक विचार की एक नयी शैली प्रस्तावित करता है। लेकिन इसमें सन्देह है कि मराठी साहित्यालोचना विचार की इस नयी शैली को अपने में पूरी तरह शामिल करेगी। पहले ही इसे कथा साहित्य के नये 'सिद्धान्त' के रूप में देखा जा रहा है और देशीवाद के बारे में सैद्धान्तिक वक्तव्य देने के प्रयत्न हुए हैं। कुछ टिप्पणीकारों ने इसे राष्ट्रीय पुनरुत्थान के नये वक्तव्य के रूप में देखा है।[29] नेमाड़े स्वयं इस बारे में सतर्क हैं कि आलोचना अपने-आपमें मूल्यवान नहीं होती। यह उसी हद तक मूल्य प्राप्त करती है जहाँ तक साहित्यिक संस्कृति के विकास में योगदान देती है। अपने निबन्ध के निष्कर्ष में वे पाठकों को फिर याद दिलाते हैं कि मराठी की साहित्यालोचना को मराठी में लिखे गये साहित्य के बारे में विचार करने के प्रति स्वयं को समर्पित करना होगा :

"मराठी आलोचना के लिए यह आवश्यक हो गया है कि वह रचनात्मक साहित्य के लिए अनुकूल माहौल बनाने के प्रति स्वयं को समर्पित करे। नहीं तो ऐसे सर्वेक्षण एक कायदे की ग्रन्थ सूची तक भी नहीं पहुँच पायेंगे...जो कुछ भी पैदावार हुई है उसकी चर्चाभर कर लेने से हमारी सांस्कृतिक जिम्मेदारी समाप्त नहीं हो जाती; बल्कि ठीक तरह से बीज-वपन और विनाशकारी प्रवृत्तियों के खर-पतवार को नष्ट करने का भी बड़ा सांस्कृतिक मूल्य है। ये चर्चा के लिए अधिक उपयुक्त विषय हैं। यदि आगामी पीढ़ी आलोचना का क्रान्तिकारीकरण करके मराठी की मौजूदा रुचि की दरिद्रता का इलाज नहीं करती तो स्थितियों के अच्छी दिशा में पलटने की सम्भावना बहुत कम है।"[30]

नेमाड़े का निबन्ध साहित्यालोचना में इकलौता लेकिन उत्कृष्ट उदाहरण है।

इसने भाषा परम्पराओं में आलोचना को अवस्थित करने की सम्भावनाएँ खोल दी हैं। यह उस त्रिपक्षीय सम्बन्ध से बाहर निकलने का रास्ता दिखाता है जिसने भारतीय साहित्यालोचना को बिखरी हुई और अमूर्त बना रखा है। अभी यह कहना बहुत जल्दबाजी होगी कि देशीवाद मराठी आलोचना की केन्द्रीय शक्ति बन जायेगी और एक हजार साल पहले राजशेखर के साथ शुरू हुए संक्रमण को अंजाम तक ले जायेगी। लेकिन इतना निश्चित है कि यदि साहित्यालोचना भारतीय साहित्य परम्पराओं के बारे में देशीवादी जागरूकता विकसित करती है तो इससे उसे बहुत लाभ होगा।

भारत अनेक भाषाई संस्कृतियोंवाला विशाल देश है। साहित्यिक रचनात्मकता को देखने के इन भाषाई संस्कृतियों के अपने-अपने तरीके हैं। योरपीय साहित्य का समाजशास्त्र साहित्य की जिन भूमिकाओं को निर्धारित करता है जरूरी नहीं कि भारत में साहित्य वही भूमिका निभाता हो। भारत में साहित्यिक अन्तःक्रियाओं की व्याप्ति व्यापक है। इन अन्तःक्रियाओं को पश्चिम के मुख्यधारा, लोकप्रिय और लोक के स्थापित खाँचों में वर्गीकृत नहीं किया जा सकता। भाषा साहित्यों का अध्ययन यह दिखायेगा कि भारतीय भाषाओं में साहित्य, विद्रोह का विषय रहा है न कि अपना प्राधिकार थोपने का। कम से कम भारतीय साहित्य ने बहुभाषीयता और बहुसांस्कृतिकता की भावना स्वयं में अन्तर्निहित रखी है। योरप के आलोचनात्मक प्रारूप, औजार, मानक आदि एकल भाषाई और तुलनात्मक रूप से एकल-सांस्कृतिक देशों में औपनिवेशिक विस्तार के दौर में 'आदिम' देशों को 'सभ्य' बनाने के उद्देश्य से बने। इसलिए भाषा साहित्यों के सन्दर्भ में इनकी सीमित उपयोगिता है।

आलोचना अलग-थलग और स्वायत्त गतिविधि नहीं है। इसे जीवन, भाषा, मायने और समाज की व्यापक धारणाओं से तत्व और समर्थन चाहिए होता है। प्रत्यक्षतः दिखायी पड़नेवाला आलोचनात्मक सिद्धान्त या वक्तव्य हमेशा ही समाज की व्यापक आधिभौतिक संरचना पर आधारित होता है। यह किसी स्थान विशेष के भूगोल, इतिहास और भाषाई हद पर आधारित होता है। स्वयं को अर्थपूर्ण बनाने के लिए आलोचना को अपने आलोच्य साहित्य के बारे में वही धारणाएँ साझा करनी होती हैं। किसी एक तरह की भाषाई और आधिभौतिक संरचना से उद्‌भूत साहित्य को किसी दूसरी या परायी भाषाई व आधिभौतिक संरचना में उद्‌भूत आलोचना न तो समझ सकती है और न ही उसका अध्ययन कर सकती है। मौजूदा समय में भारतीय आलोचना की हालत इस निबन्ध के आरम्भिक लेख में वर्णित हालत के काफी करीब है। भारतीय आलोचक तीन तरह के राग अलाप रहे हैं—मार्ग, देशी और औपनिवेशिक। आलोचना के क्षेत्र में इस अनचाहे विभाजन को और बढ़ाने के लिए औपनिवेशिक काल ने एक विस्मृति को जन्म दिया। इस विस्मृति ने भाषा साहित्यों की परम्परा की स्मृति को विकृत कर दिया है। इस विस्मृति के चलते भारतीय

आलोचक अपना आत्मविश्वास खो चुका है, उसे नये सिद्धान्त गढ़ने की चिन्ता है और आलोचना में विभाजन है। भारतीय आलोचक आलोचना के क्षेत्र में संकट के भय से त्रस्त है। वस्तुतः यह भय ही वास्तविक संकट है। भारतीय आलोचना को इस भय से पार पाना होगा और यह देशीवादी आत्म परिज्ञान से ही सम्भव है। देशी साहित्य परम्पराओं की स्मृति की वापसी सिद्धान्तों की अनुपस्थिति की चिन्ता को घटायेगी। वर्तमान समय में भारतीय साहित्यों को यथार्थवादी इतिहासशास्त्र की जितनी आवश्यकता है, उतनी सैद्धान्तिक चर्चाओं की नहीं। यदि निबन्ध यह बात उठाने में सफल रहा है कि भारतीय आलोचना की केन्द्रीय समस्या सांस्कृतिक विस्मृति है, तब उससे यह भी निष्कर्ष निकलता है कि विस्मृति के बाद क्या आना चाहिए; वह है देशीवादी इतिहास।

सन्दर्भ

1 एस.के. नन्दी, स्टडीज इन मॉडर्न इंडियन एस्थेटिक्स, इंडियन इंस्टीट्यूट ऑफ एडवांस स्टडी (शिमला, 1975)।

2 वही, पृ. 291-93।

3 जॉन साइमन, द सोशल ओरिजिन ऑफ इंग्लिश एजुकेशन, (लन्दन, 1970)।

4 टेरी इगल्टन, द फंक्शन ऑफ क्रिटिसिज्म फ्रॉम द स्पेनक्टेटर टु पोस्ट-स्ट्रक्चरलिज्म (लन्दन, 1987)।

5 टेरी इगल्टन, लिटरेरी थियरी : एन इंट्रोडक्शन (ऑक्सफोर्ड, 1983), पृ. 27।

6 एम.एच. अब्राम्स, द मिरर एंड द लैम्प (न्यूयॉर्क, लन्दन, 1953)।

7 पाश्चात्य दर्शन और विज्ञान के बदलते हुए दृष्टिकोण की चर्चा के लिहाज से जो सर्वोत्तम पुस्तक मैंने देखी है, वह है ऑर्थर कोएस्टल की द स्लीपवाकर्स (लन्दन, 1939)।

8 जी.एन. देवी, 'कम्पेरेटिव लिटरेचर इन इंडिया', न्यू क्वेस्ट 63-64, मई-जून और जुलाई-अगस्त 1987।

9 जी.एस.अमर, 'लाफ़्टर इन संस्कृत पोयटिक्स' अ क्रिटिकल स्पेक्ट्रम में (औरंगाबाद, 1975), पृ. 154।

10 कृष्णा रायन, 'रस एंड द ऑब्जेक्टिव कोरिलेटिव' द ब्रिटिश जर्नल ऑफ एस्थेटिक्स, वॉल्यूम V, नं. 3, जुलाई 1965, पृ. 247।

11 वी.के. गोकाक, एन इंटिग्रल व्यू ऑफ पोयट्री : एन इंडियन पर्सपेक्टिव (दिल्ली, 1975), पृ. 99।

12 बी.एस. मारधेकर, आर्ट्स एंड मैन : लेक्चर्स एंड एसेज (बॉम्बे, 1960)।

13 विलियम एस. वेलिस जूनियर, 'स्केल्टंस इन द एन्थ्रोपोलॉजिकल क्लॉसेट', रिइवेंटिंग एन्थ्रोपोलॉजी में, सं. डेल हाइम्स (रैंडम हाउस, 1969), पुनर्मुद्रित विंटेज बुक (1974),

पृ. 122-3।

14 योगेन्द्र सिंह, मॉडर्नाइजेशन ऑफ इंडियन ट्रेडिशन (रावत, जयपुर, 1986), पृ. 120।

15 फ्रेड डब्ल्यू रिग्स, एडमिनिस्ट्रेशन इन डेवलपिंग कंट्रीज, योगेन्द्र सिंह द्वारा उद्धृत, पृ. 120।

16 यहाँ से लेकर इस खंड के अन्त तक मैंने अपने लेख 'कोलोनियल एक्सपीरियंस एंड द इंडियन क्रिटिकल ट्रेडिशन' के हिस्सों का इस्तेमाल किया है। यह लेख द कोलोनियल एंड द नियो-कोलोनियल एंकाउंर्स इन कॉमनवेल्थ लिटरेचर, सं. एच.एच. अन्नैया गौड़ा (मैसूर, 1983) में पृ. 135-48 पर है।

17 श्री अरविन्द, 'द सोर्सेज ऑफ पोयट्री', द हार्मनी ऑफ वर्च्यू, जन्मशती पुस्तकालय संस्करण, वाल्यूम III, (पांडिचेरी, 1972) पृ. 105 ft।

18 अगले दो पैराग्राफ मेरे लेख 'श्री अरविन्दोज "सोर्सेज ऑफ पोयट्री" एंड इंडियन पोयट्री इन इंग्लिश' से लिये गये हैं जो अ कॉमन पोयटिक फॉर इंडियन लिटरेचर्स, सं. सी.डी. नरसिम्हैया और सी.एन. श्रीनाथ (मैसूर, 1984) पृ. 104-116 पर संकलित है।

19 श्री अरविन्द, 'नेशनल वैल्यू ऑफ आर्ट', द ऑवर ऑफ गॉड, जन्मशती पुस्तकालय संस्करण, वॉल्यूम ग्टप्प, (पांडिचेरी, 1972) पृ. 231-54।

20 टु माई ब्रदर (पत्र), जन्मशती पुस्तकालय संस्करण, वॉल्यूम XXVII, पृ. 148-62।

21 श्री अरविन्द, द फ़्यूचर पोयट्री, जन्मशती पुस्तकालय संस्करण, वॉल्यूम IX, (पांडिचेरी, 1972)।

22 वही, पृ. 9।

23 'अहन', कलेक्टेड पोयम्स, जन्मशती पुस्तकालय संस्करण, वॉल्यूम V, पृ. 223-36।

24 बी.एस. मारधेकर, आर्ट एंड मैन : लेक्चर्स एंड एसेज (पॉपुलर, बॉम्बे, 1960) और सौन्दर्य अनि साहित्य((मउज, बॉम्बे, 1955)।

25 आर.बी. पाटणकर, (1984), इस विस्तारित और विचारोत्तेजक लेख का हवाला पहले भी दिया गया है। इसमें पाटणकर मारधेकर के मराठी आलोचना पर प्रभाव को दिखाते हैं।

26 भालचन्द्र नेमाड़े, 'मराठी नॉवेल—1950-75', मराठी से अंग्रेज़ी अनुवाद जी.एन.देवी, सेतु : जर्नल ऑफ इंडियन लिटरेचर इन ट्रांसलेशन, वॉल्यूम II, नं. 1, 1986, पृ. 29-70।

27 वही, पृ. 29।

28 वही, पृ. 59-60।

29 मराठी और कन्नड़ साहित्य में देशीवाद विषय पर एक सेमिनार में प्रस्तुत पर्चे न्यू क्वेस्ट (मई, 1982) के विशेषांक में प्रकाशित। इनमें से बहुत से पर्चों की दिशा सैद्धान्तिक थी और देशीवाद को आलोचनात्मक चिन्तन की शैली की जगह एक सिद्धान्त के रूप में पेश किया गया था।

30 भालचन्द्र नेमाड़े, जी.एन. देवी द्वारा अनूदित, सेतु, वॉल्यूम II, नं. 1, 1986, पृ. 68।

उपसंहार

आलोचना की भूमिका

इस निबन्ध का लेखन पूरा करने के डेढ़ साल बाद इसे फिर से पढ़ने पर मुझे यह जरूरी लगा कि एक छोटा खंड और जोड़ा जाये। मैंने इसके लिए 'आलोचना की भूमिका' शीर्षक का चयन किया है। पश्चिमी आलोचना का समृद्ध भंडार इसी शीर्षक या इसके जैसे शीर्षकोंवाले निबन्धों से अँटा पड़ा है। यहाँ मेरा मकसद उनमें से किसी भी विषय की चर्चा करना नहीं है। मेरा मकसद भारत की समकालीन साहित्यिक संस्कृति के सन्दर्भ में आलोचना की भूमिका के बारे में अपनी समझदारी का ईमानदारी से उल्लेख करना है।

समाज के सांस्कृतिक स्वास्थ्य और उसके द्वारा उत्पादित साहित्यालोचना के बीच कोई निश्चित संगति नहीं है। कोई भी संस्कृति साहित्यालोचना की पुस्तकों के बिना नष्ट नहीं हो जायेगी और न ही महत्वपूर्ण आलोचनात्मक ग्रन्थ पैदा करनेवाला समाज श्रेष्ठ मानवीय गुणों से युक्त हो जायेगा। प्रगतिशील संस्कृति और प्रगतिशील आलोचना के बीच का समीकरण तार्किक ढंग से वैध नहीं है। लेकिन यह तथ्य है कि ऐसा समीकरण उत्तर-औपनिवेशिक समाजों में बहुत लोकप्रिय है। इसकी व्याख्या उनके राजनीतिक इतिहास के सन्दर्भ में की जानी चाहिए—योरपीय समाजों के वर्चस्व का इतिहास; जिसने साहित्यालोचना को सांस्कृतिक प्रचार के औजार के रूप में इस्तेमाल किया।

रचनात्मक साहित्य के स्वास्थ्य और साहित्यालोचना के बीच भी कोई अनिवार्य संगति नहीं है। भाषा के मानवीय हुनर होने की अपरिहार्य परिणति है—भाषाई रचनात्मकता। मानव समुदाय भाषाओं को तब तक रचनात्मक रूप देते रहेंगे जब तक कि वे इन भाषाओं का इस्तेमाल सम्प्रेषण के साधन के रूप में करते हैं। साहित्य तब भी रचा जाता था जब साहित्यालोचना ने अपना वह रुतबा हासिल नहीं किया था, जो उसका आज है। किसी भी साहित्य का इतिहास हमें दिखाता है कि साहित्य में आलोचना की गतिविधियों में अचानक उभार अनिवार्यतः रचनात्मक साहित्य में

वैसे ही उभार को जन्म नहीं देता। इसलिए रचनात्मक साहित्य और आलोचनात्मक लेखन के बीच का सम्बन्ध और उनकी परस्पर निर्भरता निरूपित करनेवाले सिद्धान्त तार्किक रूप से वैध नहीं हैं। लेकिन इस तरह के सिद्धान्त मौजूद हैं और उनकी काफी प्रतिष्ठा है। इनकी व्याख्या साहित्य की राजनीति के इतिहास के सन्दर्भ में होनी चाहिए।

भारतीय साहित्य का इतिहास इस दृष्टि से काफी शिक्षाप्रद है। यह दिखाता है कि बिना जीवित साहित्य के भी बहुत उत्कृष्ट आलोचना लिखी जा सकती है। 11वीं शताब्दी के बाद संस्कृत में ऐसा ही था। भारतीय साहित्य यह भी दिखाता है कि बिना सक्रिय आलोचना के भी बहुत महान साहित्य रचा जा सकता है; जैसा भक्ति साहित्य में दिखायी दिया। जब आलोचना की भूमिका पर विचार किया जा रहा हो तो इस तथ्य को याद रखा जाना चाहिए।

साहित्य एक तरह का ज्ञान है : ब्रह्मांड, प्रकृति, समाज और मनुष्य की मानसिक प्रक्रियाओं के सन्दर्भ में मानवीय अस्तित्व का ज्ञान। साथ ही इसे ऐसे पेश किया जाता है कि यह सौन्दर्यात्मक रूप से अनूठा हो। लेकिन साहित्य एक तरह का 'प्राधिकार' बनने की चेष्टा करता है, क्योंकि यह ज्ञान का एक रूप है। यह तब प्राधिकार बनता है जब इसे आदिम समाजों की तरह 'जादू' के रूप में इस्तेमाल किया जाता है। या यह तब प्राधिकार बनता है जब वर्ग विभाजित समाजों में इसका इस्तेमाल किसी एक वर्ग की सम्पत्ति के रूप में किया जाता है। ज्ञान—जोकि प्राधिकार है—को एक पीढ़ी से दूसरी पीढ़ी तक पहुँचाने की जरूरत के चलते आलोचनात्मक विमर्श के विभिन्न रूपों के विकास की आवश्यकता पड़ती है। इसलिए आलोचना का मुख्य काम शिक्षा की प्रक्रिया में एक महत्वपूर्ण माध्यम बनना है। अपने सबसे बुनियादी रूप में साहित्यालोचना कक्षाओं में व्यक्त विचारों का संग्रह है। यह बचकाने पाठकों का परिचय प्रौढ़ रसिकों की दुनिया से कराती है। साहित्य के क्षेत्र में आलोचनात्मक समीक्षाएँ, निबन्ध, पुस्तकें, पत्रिकाएँ, विद्वतापूर्ण शोध, साहित्य सिद्धान्तों का निर्माण व ऊँची कल्पनाएँ सब कुछ कक्षाओं के नोट्स का ही उत्तर-रूप हैं। वे आलोचना को और भी सूक्ष्म व मजबूत बनाने के लिए बार-बार कक्षाओं की ओर लौटते हैं। इस तरह जो समाज औपचारिक या अनौपचारिक तरीके से साहित्य नहीं पढ़ाते उन्हें आलोचनात्मक धारणाओं को सूत्रबद्ध करना जरूरी नहीं लगता। इसका अर्थ यह नहीं कि उनके पास आलोचनात्मक धारणाएँ होती ही नहीं हैं, बल्कि केवल यह कि वे साहित्य के रसास्वाद की क्रिया से अलग नहीं की गयी हैं। वे साहित्य के रसास्वादन की क्रिया से पहले या बाद में भाषाबद्ध नहीं की गयी हैं।

साहित्य के रसास्वादन की वास्तविक प्रक्रिया की तुलना प्रेमी युगल के संयोग के क्षणों या ईश्वर और भक्त के संयोग के क्षणों से की जा सकती है। ये सब प्रवेश करने और प्रवेशित होने की प्रक्रियाएँ हैं। जो समाज महिलाओं पर भौतिक वस्तुओं की तरह मालिकाना हक रखते हैं और बच्चे पैदा करना ज्यादा बड़ी भौतिक

समृद्धि समझते हैं, वहाँ काम का व्याकरण निर्वैयक्तिक ढंग से व्यक्त होता है। कामसूत्र इस प्रवृत्ति का एक उदाहरण है। यही बात उन समाजों के लिए भी सच है जो ईश्वर की खोज और उसके साथ संवाद को सामाजिक स्तर का प्रतीक मानते हैं। धार्मिक अन्धविश्वास और रूढ़िवादी धर्मशास्त्र विशुद्ध आध्यात्मिक अनुभव के अस्थायी क्रमिक रूप हैं। जिन समाजों में साहित्य की कला को वर्ग/जाति के वर्चस्व को संगठित करने के माध्यम की तरह महत्व दिया जाता है वहाँ साहित्यालोचना बहुत महत्व प्राप्त कर लेती है। साहित्यालोचना का उदय उन ताकतों से सम्बद्ध है जो पाठक के साहित्य में प्रवेश या साहित्य के पाठक में प्रवेश के वास्तविक क्षण के पहले या बाद में अस्तित्वमान होती हैं।

एक विचार-व्यवस्था या विचार के तरीके के रूप में साहित्यालोचना आकर्षक ढंग से अत्यन्त सूक्ष्म हो सकती है और रही भी है। लेकिन इसकी वैधता की कसौटी है, इसके द्वारा प्रयुक्त आदर्श सिद्धान्तों के लिहाज से तार्किक और दार्शनिक संगति। लेकिन इस आलोक में साहित्यालोचना दर्शनशास्त्र की शाखा हो जाती है। यहाँ यह विवेक और अविवेक के विभाजन को अतिक्रमित कर जाती है। दर्शनशास्त्र की शाखा के बतौर इसकी प्राथमिक आवश्यकता तार्किक होने, व्यवस्थित होने और इसके लिए सामाजिक रीतियों द्वारा निर्धारित बौद्धिक मानदंडों के अनुकूल होने की होती है। इसका चरम उद्देश्य व कार्य स्वयं को साहित्य के अध्यापकों को सौंप देना है, जो कक्षाओं में अध्यापन के लिए इसका तैयार साधन की तरह इस्तेमाल कर सकें। ये बौद्धिक साधन और उनके बारे में जागरूकता इसे सीखनेवालों को विशेषज्ञों के छोटे से समूह में प्रवेश दिलाने का वादा करते हैं।

जैसेकि यहाँ तर्क दिया गया है, यदि साहित्यालोचना अध्यापन का सहायक अंग है और यह किसी समाज द्वारा अपनायी गयी शिक्षण की प्रक्रिया से उत्पन्न होती है, तो सम्भवतः आलोचना की समस्याएँ वास्तव में साहित्य शिक्षण की समस्याएँ होनी चाहिए। भारत में ऐसा ही है। एकल भाषाई, एकल सांस्कृतिक समाजों में केवल एक भाषा का साहित्य जीवित साहित्य के रूप में पढ़ाया जाता है। उदाहरण के लिए इंग्लैंड और फ्रांस में क्रमशः अंग्रेज़ी और फ्रेंच साहित्य जीवित साहित्य के रूप में पढ़ाये जाते हैं। अन्य दूसरे साहित्यों को 'विदेशी' साहित्य या 'प्राचीन' साहित्य के बतौर पढ़ाया जाता है। इस एकलमार्गी शिक्षा का परिणाम यह है कि इन देशों में साहित्य के बारे में सोच का तरीका एक जैसा है, जिसकी वर्चस्वशाली आलोचनात्मक विमर्श के बतौर व्यापक स्वीकार्यता है। इसके सभी विरोध या इसमें अन्तर्निहित तनाव नेतृत्वकारी विमर्श के सन्दर्भ के साथ उभरते हैं। सुसंगत और सर्वस्वीकार्य प्रभुत्वशाली विमर्शों में एक कालावधि में मूल्य व आत्मविश्वास अर्जित करके 'बड़े' सिद्धान्तों के रूप में सूत्रबद्ध होने की प्रवृत्ति होती है। बहुभाषाई और बहुसांस्कृतिक समाज में स्थिति एकदम अलग होती है।

भारत के विभिन्न विश्वविद्यालयों में अनेक साहित्य जीवित साहित्य के रूप

में पढ़ाये जाते हैं। अनेक 'विदेशी' व 'प्राचीन' साहित्य भी पढ़ाये जाते हैं, जिनके 'विदेशी' या 'प्राचीन' होने के बारे में सचेतनता नहीं होती। अंग्रेज़ी साहित्य और विश्व साहित्य के भारतीय अध्यापक अंग्रेज़ी व विश्व साहित्य के लिए प्रासंगिक आलोचनात्मक मानों का इस्तेमाल करते हैं। संस्कृत के अध्यापक संस्कृत काव्यशास्त्र के अनुशासन को मानते हैं। क्षेत्रीय साहित्यों के अध्यापकों के अपने अलग आलोचनात्मक मान-मूल्य हैं। लेकिन ये सभी अध्यापक या विस्तारित रूप से कहें तो सभी समीक्षक, निबन्धकार, अध्येता और दार्शनिक, जो अपना ज्ञान अध्यापन के जरिये वापस लौटाते हैं, साहित्य आलोचकों के भारतीय समुदाय का निर्माण करते हैं। स्वाभाविक है कि कोई एक आलोचनात्मक विमर्श इस समुदाय में वर्चस्व का दावा नहीं कर सकता। इस समुदाय की आपसी बौद्धिक अन्तःक्रियाओं में बिखरे हुए संवाद और आदान-प्रदान, अविश्वास और भय तथा तनाव और शत्रुताएँ हैं। ये सब एक-भाषाई और एक-सांस्कृतिक साहित्य समुदायों से एकदम अलग है। यदि साहित्य अध्येताओं के भारतीय समुदायों ने संस्कृत, हिन्दी, अंग्रेज़ी या अन्य भारतीय भाषाओं में से किसी एक के प्रति स्वयं को समर्पित किया होता तो उसने साहित्य के सैद्धान्तिक और दार्शनिक चिन्तन के क्षेत्र में कुछ योगदान किया होता। या यदि भारतीय विश्वविद्यालय 'भारतीय साहित्य' नाम का काल्पनिक साहित्य पढ़ाना शुरू कर दें और अलग से क्षेत्रीय साहित्यों को पढ़ाना बन्द कर दें तो शायद नया सैद्धान्तीकरण उभरे, क्योंकि ऐसे हालात में आलोचना का साझा और प्रभुत्वशाली विमर्श अपरिहार्य हो जायेगा। लेकिन निराशा की कोई जरूरत नहीं है। त्रिभाषा फॉर्मूला और बहुभाषाई साहित्य शिक्षा भारतीय समाज का सचेत निर्णय है। यह भारतीय राष्ट्रीय इतिहास के साथ राब्ता बनाने की रणनीति है। साहित्यालोचना में आपाततः दिखायी पड़नेवाले इस विभ्रम से नहीं बल्कि आत्मविश्वास की कमी और सांस्कृतिक विस्मृति से संघर्ष की जरूरत है।

भारतीय बौद्धिक जिस समस्या से दरपेश हैं, वह केवल भारत की ही समस्या नहीं है। बहुत से दूसरे उत्तर-औपनिवेशिक समाज भी ऐसी ही समस्याओं से दो-चार हैं। लैटिन अमेरिकी लेखक एडुआर्डो गैलियानो की पुस्तक 'मेमोरी ऑफ फायर' की समीक्षा करते हुए शामलाल ने लिखा—

"चिलचिलाती दोपहर का पागलपन, सर्वग्रासी लालच, परपीड़क क्रूरताओं, पवित्र झूठों, गहन अन्धविश्वासों और कुतरनेवाली चिन्ताओं की रचना के जरिये गैलियानो उम्मीद करता है कि वह लोगों को उनकी खोई हुई स्मृति लौटा सकेगा।"[1]

अन्य लैटिन अमेरिकी लेखकों ने भी अपने लेखन में विस्मृति की समस्या से मुठभेड़ की है। इसका सबसे प्रसिद्ध उदाहरण गैब्रियल गैर्सिया मार्खेज का उपन्यास 'वन हंड्रेड ईयर्स ऑफ सॉलिट्यूड' है। इस उपन्यास में मार्खेज भाषा की स्मृति के लोप को लैटिन अमेरिका के औपनिवेशिक अनुभव से जुड़ी सांस्कृतिक समस्या के रूप में दिखाते हैं। भाषा की स्मृति के लोप को वे इतना हास्यास्पद हद तक खींचते

हैं कि लोगों को याद रखने के लिए हर वस्तु का नाम लिखकर रखना पड़ता है। एक अमेरिकी चिन्तक वेलिकोव्स्की ने अपनी पुस्तक 'मैनकाइंड' इन एम्नेशिया'[2] में सांस्कृतिक विस्मृति के बारे में गहन अध्ययन किया है। वे विस्मृति को—जो सामूहिक विस्मृति होती है—अतीत के प्रति अपराधबोध का परिणाम मानते हैं। वे लिखते हैं—

"विस्मृति से पीड़ित व्यक्ति ऐसे पड़ोसियों के बगल में हो सकता है जो उसकी पीड़ा से पूर्णतया अनभिज्ञ हों। वह नौकरीशुदा व शादीशुदा भी हो सकता है और ऊपरी तौर पर अन्य लोगों की तरह ही व्यवहार कर सकता है। लेकिन वह एक निश्चित तारीख के पहले का सब कुछ भूल चुका है। वह अपना नाम नहीं जानता और अपनी स्वयं की परेशानी को छिपाने के लिए नया नाम ले लेता है। उस तारीख के पहले के अपने बचपन, किशोरावस्था या प्रौढ़ावस्था की उसे स्मृति नहीं होती। वह किस कस्बे या शहर से आया है नहीं जानता और मौजूदा निवास स्थान पर कैसे पहुँचा यह भी नहीं जानता। उसे यह भी नहीं याद रहता कि पहले उसका विवाह हुआ था या नहीं या फिर उसके बच्चे हैं या नहीं। यदि वह दो पत्नियाँ रखकर कानून का उल्लंघन करता है तो शायद मनोचिकित्सा केन्द्र में पहुँच जाये..."[3]

यदि वह बहुविवाह के अपराध में फँसता है तो क्या होगा? भारतीय आलोचनात्मक समुदाय का हर आलोचक भारत में पढ़ाई जानेवाली एक या दूसरे साहित्य के प्रति अपनी वफादारी का दावा करता है जबकि वह कई साहित्यों से 'विवाहित' है। इस परिस्थिति की पश्चिम के देशों में फल-फूल रही प्रवृत्तियों से तुलना करने की कोई जरूरत नहीं है। तथ्य यह है कि बहुभाषाई, बहुसांस्कृतिक शिक्षा वर्तमान में भारतीय संस्कृति की सबसे बड़ी शक्ति है। बहुभाषिकता और बहुसांस्कृतिकता 12वीं शताब्दी से भारतीय समाज की ताकत रहे हैं। अतीत में बहुलता को अधमता के रूप में देखा जाता था तो वर्तमान में कमजोरी के रूप में देखा जाता है। आधुनिक भारतीय आलोचनात्मक विमर्श निर्मित करने के लिए हमें जरूरत है कि इतिहास के प्रति खुली दृष्टिवाले दृष्टिकोण के जरिये हम अपराधबोध से मुक्त हों।

सन्दर्भ

1 शाम लाल, ए क्योर ऑफ एम्नेशिया, द टाइम्स, ऑफ इंडिया (अहमदाबाद संस्करण), 19 मई 1990, पृ; 6।

2 एम्मानुएल वेलिकोव्स्की , मैनकाइंड इन एम्नेशिया (एबाकस, लन्दन, 1982/3)।

3 वही, पृ. 9।

□□